"十三五"江苏省高等学校重点教材(编号2020-2-053)

高等院校"金课"系列教材建设·人力资源管理专业

总主编　赵曙明

员工招聘管理

秦伟平　张戍凡　主编

立体化资源

南京大学出版社

图书在版编目(CIP)数据

员工招聘管理 / 秦伟平，张戌凡主编． — 南京：
南京大学出版社，2021.4
 ISBN 978-7-305-24231-1

Ⅰ．①员… Ⅱ．①秦… ②张… Ⅲ．①企业管理—招聘—高等学校—教材 Ⅳ．①F272.92

中国版本图书馆 CIP 数据核字(2021)第 025873 号

出版发行	南京大学出版社
社　　址	南京市汉口路 22 号　　邮　编　210093
出 版 人	金鑫荣

书　　名　员工招聘管理
主　　编　秦伟平　张戌凡
责任编辑　徐　媛　　　　　　编辑热线　025-83592315
照　　排　南京南琳图文制作有限公司
印　　刷　南京百花彩色印刷广告制作有限责任公司
开　　本　787×1092　1/16　印张 15.25　字数 361 千
版　　次　2021 年 4 月第 1 版　2021 年 4 月第 1 次印刷
ISBN 978-7-305-24231-1
定　　价　45.00 元

网址：http://www.njupco.com
官方微博：http://weibo.com/njupco
官方微信号：njupress
销售咨询热线：(025) 83594756

* 版权所有，侵权必究
* 凡购买南大版图书，如有印装质量问题，请与所购
　图书销售部门联系调换

高等院校"金课"系列教材建设·人力资源管理专业

编 委 会

主 任 委 员　赵曙明
副主任委员　刘　洪　李燕萍　龙立荣　刘善仕
　　　　　　唐宁玉　罗瑾琏
委　　　员　（按姓氏笔画排序）
　　　　　　王德才　龙立荣　刘　洪　刘　燕
　　　　　　刘善仕　刘嫦娥　孙甫丽　杜　娟
　　　　　　杜鹏程　李燕萍　杨　东　张　弘
　　　　　　张　捷　张正堂　张戌凡　陈志红
　　　　　　罗瑾琏　周路路　赵宜萱　赵曙明
　　　　　　秦伟平　贾建锋　唐宁玉　黄昱方
　　　　　　曹大友　蒋建武　蒋昀洁　蒋春燕
　　　　　　程德俊　潘燕萍　瞿皎姣

总 序

改革开放后,我国一些学者将西方人力资源管理理论和方法引进国内,率先在个别高校开设人力资源管理课程,如我1991年由美国学成回国后,在南京大学率先开设"人力资源管理与开发"课程。后来,一些高校开设人力资源管理专业培养专门人才,如1993年中国人民大学在全国首次开设人力资源管理专业招收本科生。在这些高校的带动下,我国高等院校人力资源管理专业教育经历了一个从无到有、从课程到专业、从单一性到综合性的发展过程,现在又呈现出从独立专业到学科方向的良好发展态势。从事人力资源管理问题研究的学者越来越多,人力资源管理已成为一个独立的、专门的研究领域。目前越来越多的高校开设了人力资源管理本科专业,不少高校还开设了人力资源管理学科方向的硕士、博士研究生专业,甚至建立了人力资源管理方向的博士后流动站,为国家经济建设和社会发展培养了一大批人力资源管理专门人才。

作为实践性很强的专业,人力资源管理专业的发展离不开国内企事业组织人力资源管理的持续变革与创新实践。1978年改革开放以来,中国经济快速发展,市场竞争日趋激烈,企业经营管理面临着日益复杂多变的环境,人力资源管理实践更是实现了从计划经济体制下的劳动人事管理向现代人力资源管理的巨大跨越,并依次经历了人力资源管理理念的导入、人力资源管理的探索、人力资源管理的系统深化以及近年来的人力资源管理创新时期,相应地,人力资源管理专业教育教学也顺势而变,进入了一个前所未有的变革时代。

回顾过去,才能更好地理解现在,展望未来。作为国内较早开展人力资源管理教学和研究的学者,我有幸亲历了整个过程。20世纪80年代初期,人力资源管理在美国兴起，并迅速成为美国管理研究的热点之一。然而在20世纪90年代初期的中国，无论是政府管理部门还是企业界，仍以为"人力资源管理"就是"人事管理"，很多人甚至连"人力资源"这个词都没有听过。我当时就深切地感觉到，要改变这种状况，首要任务就是要系统地了解和研究发达国家在人力资源管理领域的理论、思想与方法。于是，我倾力撰写了《国际企业：人力资源管理》一书（1992年由南京大学出版社出版第一版，到2016年出版了第五版），系统地介绍西方发达国家在该领域的研究成果和发展趋势，以使读者不仅能够概括了解西方人力资源管理的全貌，而且能够接触到学术研究的前沿，把握其发展规律。

人力资源管理在当时的我国还是新兴的研究领域，最大的困难在于如何构建具有中国特色的知识体系。于是从1993年开始，我的主要精力都集中在解决这一关键问题上。受国家自然科学基金科研项目资助，经过两年多的研究，我于1995年完成并出版了《中国企业人力资源管理》这部专著，从宏观的角度探讨了我国人力资源的配置机制和政策体系，从微观的角度分析了中国企业人力资源管理各环节的优势和劣势。自1995年起，我开始集中研究中国企业人力资源管理的模式选择，这是中国国有企业推行科学管理所面临的紧迫课题。到20世纪90年代末期，我着手进行"中国企业集团人力资源管理战略"等国家自然科学基金资助的课题的研究，力求从战略人力资源管理的视角，探索中国企业的战略人力资源管理模式。21世纪以来，我和我的研究团队又相继开展了"企业人力资源开发的理论基础与管理对策""转型经济下我国企业人力资源管理若干问题研究""中国企业雇佣关系模式与人力资源管理创新研究""基于创新导向的中国企业人力资源管理模式研究"等国家自然科学基金重点课题的研究，着手对中国情境下的人力资源管理理论与实践问题进行更加深入的研究和探讨，以期在中国的人力资源管理领域做出一些贡献。

回顾这些年来中国人力资源管理发展之路，我最深刻的印象就是变化无处不在，人力资源管理的运作环境、管理职能和运行边界正日益复杂化、动态化和模糊化。首先，人力资源管理的环境发生了极大改变。经济全球化、信息网络化、知识社会化、人口城镇化、货币电子化等构成了这个时代的主要特征。每个人都身处移动互联网、大数据、云计算、物联网、人工智能之中,这些正在影响着我们的工作和生活方式,甚至取代了许多人赖以为生的岗位。这些变化对组织人力资源管理的能力提升提出了新的、更高的要求,例如,如何通过培训帮助员工尽快适应转岗等现实问题已迫在眉睫。

其次,组织结构和组织管理体系发生了变化。伴随着创新驱动发展带来的新业态、新组织、新技术的出现以及共享经济的兴起,企业组织从高度集权的金字塔式的组织结构,逐步地向扁平化、网络化、虚拟化、平台化的方向发展,中国一些企业开始学习和引进发达国家先进的人力资源管理理论并在实践中不断进行创新,如腾讯和阿里巴巴采用的三支柱模式、阿米巴经营模式等,均取得了明显成效。在这个过程中,一些企业还结合中国实际,将西方国家人力资源管理理论与中国企业管理实践相结合,创造性地提出具有中国特色的人力资源管理新模式、新方法,受到越来越多的关注,如华为的员工持股计划、海尔集团的"按单聚散、人单合一"模式、苏宁的事业经理人制度等。这些成功的案例启发我们,组织结构和组织管理体系的变化,需要我们从战略高度上去设计新的人力资源管理理论框架和知识体系。

第三,员工的需求日益多元化。员工忠诚度一直是人力资源管理的重要命题之一。新的趋势是从过去强调员工的忠诚度转变到员工幸福感与员工忠诚度并重,强调工作、家庭、生活与学习的多重平衡。尤其是"90后""00后"等新生代员工现已成为职场的主力军,他们对待工作的态度、个性特点、需求特征均与以往代际的员工有所不同,他们更加关注工作、家庭和生活的平衡,更多地追求和强调幸福感,员工体验甚至已经成为吸引、保留、激发人才活力的新战略和新方向。在此背景下,组织如何留住这些新生代员工,要给他们什么样的发展空间,如何满足他们多样化的需求,不断提升他们的满意度和幸福感,就成为人力资源管理中迫切需要解决的现实问题。

第四,工作方式日益创新。在零工经济背景下,远程办公、移动工作、灵活用工、共享员工等取代了传统单一的雇佣方式。零工经济是由一组相互作用但又半自治的实体借助网络平台实现精准交易的生态化经济系统。传统上,雇佣关系是组织进行人力资源管理的逻辑前提,但零工经济下的多方参与实体之间并不存在可识别的直接雇主与雇员关系。网络平台一方面极力避免与零工建立雇佣关系,但另一方面又在工作时间、工作地点、工作效率、工作行为和产出等方面对零工行使控制权。那些在传统组织下频繁进行的人力资源管理活动已成为网络平台实现零工生态系统治理的手段,而当前对网络平台的人力资源管理实践模式及其运作机理还知之甚少。

第五,人力资源管理的外延和对象有所拓展。党的十九大提出要加快建设人力资源协同发展的产业体系,着重发展人力资源服务业。人力资源服务业作为第三产业服务业的分支,能满足组织对于成本管控和人才优化配置的需求,是一个令人瞩目的朝阳产业。过去人力资源管理的对象更多的是组织内的员工,而现在人力资源管理的外延在扩大,对象也变得多元化。此时,人力资源管理在职能边界、知识体系与内容构成等方面均与传统的基于组织内部的人力资源管理有很多区别。

上述五方面的变化需要我们重新思考人力资源管理教学的知识体系与理论框架。总体来看,人力资源管理专业建设取得了长足发展,但在人才培养目标、课程设置、知识体系、教材建设上却滞后于经济社会发展的时代需求。当前,传统商科走向了新商科,在以大数据、云计算、物联网、人工智能、区块链等新商业技术为支撑的商科专业发展背景下,人力资源管理专业人才的培养也面临着新的机遇和挑战。教育部发布的《关于加快建设高水平本科教育 全面提高人才培养能力的意见》中也特别指出,要注重新商科人才的培养。尤其是在一流专业建设和金课建设工作中,课程教材改革需要与时俱进,因为教材是专业建设的核心要素,直接影响人才培养质量。人力资源管理专业作为一门实践性、应用性很强的专业,教材建设必须紧紧把握时代发展趋势和潮流。

南京大学人力资源管理研究和教学团队一直非常重视人力资源管理专业教材编写和课程教学工作。从1991年起,我作为课程负责人开始在南京大学开设"人力资源管理"课程。2000年开始采用电子信息化教学手段和相应的教学方法。该课程后来成为南京大学重点建设课程,并于2003年入选第一批国家精品课程。多年来,我同时致力于人力资源管理专业师资的培养。作为教育部指定的人力资源管理课程师资培训基地,南京大学商学院已成功举办20届全国人力资源管理师资培训研讨会,全国几千名人力资源管理教师参加了培训。该研讨会现已成为我国人力资源管理学科领域参与专家人数众多、最具规模和最具影响力的师资研讨会,为推动我国高等院校人力资源本科专业教育以及MBA教育做出了应有贡献。为了给全国从事人力资源管理研究的学者搭建一个学术交流的平台,由南京大学商学院、华中科技大学和《管理学报》等联合发起的、由我任主席的中国人力资源管理论坛于2012年成功举办,至今已举办了8届,产生了良好的学术影响。

基于多年的科学研究、教学实践、师资培训、人才培养、同行交流等方面的经验,结合当前人力资源管理的发展变化趋势,我们精心梳理了人力资源管理专业相关教材的内容,出版了这套人力资源管理系列丛书。

本套丛书是南京大学出版社在教育部工商管理类专业教育指导委员会的支持下,邀请国内具有丰富人力资源管理教学经验的学者精心编写而成的,旨在为人力资源管理专业的师生提供一套专业、系统、前沿、理论与实践并重的人力资源管理系列教材,并为业界人士发现、分析和解决企业人力资源管理实践中遇到的问题提供分析方法和工具。

本套丛书共分十三册,包括:《人力资源管理总论》《人力资源战略与规划》《组织设计与工作分析》《员工招聘管理》《人力资源测评》《人力资源培训与开发》《员工职业生涯管理》《绩效管理与评估》《薪酬管理》《企业劳动关系管理》《创业企业人力资源管理》《国际企业:人力资源管理》《人力资源专业英语》等。本套丛书有以下五个特点:

(1) 注重体系完整性。本套丛书从人力资源管理战略的高度审视各个模块的相互联系,每个模块都有非常完整的知识体系设计,让读者能从企业经营管理的整体视角去理解人力资源管理各个模块的内容。

(2) 强调知识的前沿性。将当前外部环境的变革融入到教学内容中,如新生代员工管理、大数据、共享经济、网络型组织结构、企业大学、疫情危机下的企业人力资源管理等知识点,在本套丛书中均有所体现。特别值得一提的是,在创新创业这一时代主旋律下,人力资源管理对创业企业的存续与发展产生日益重要的影响。本套丛书基于创业企业在人力资源管理中的特殊性,编写了《创业企业人力资源管理》一书,希望人力资源管理能够真正成为推动创业企业发展的核心要素。

(3) 注重知识的实用性。本套丛书有大量的实例及案例素材,分别以开篇案例、章后应用案例等形式体现。案例教学内容从知识点的讲解出发,通过案例说明知识点的具体适用范围,从而帮助学生透彻地掌握相关知识点。学生通过对案例的分析与解读,可以将这些知识点与未来工作情境相关联,培养学生发现问题、分析问题并解决问题的能力。

(4) 融入当前企业人力资源管理新实践。本套丛书吸收了当前企业人力资源管理中的新模式、新经验,如三支柱模式、阿米巴经营模式、华为的员工持股计划、海尔集团的"按单聚散、人单合一"模式、苏宁的事业经理人制度等,在本书中均有所体现。

(5) 用全球化的视野思考人力资源管理问题。本套丛书特别设计了《国际企业:人力资源管理》《人力资源专业英语》,希望借此引发读者对人力资源管理国际化的思考。中国企业家曹德旺先生的福耀玻璃在美国开工厂遇到的工会问题以及解决措施等内容,在书中均有所介绍。

总之,本套丛书力图在人力资源管理专业知识体系和内容结构上有所创新,使读者既能够把握人力资源管理专业完整的基础理论知识,同时还能够感受到专业学科发展前沿和未来发展趋势。付梓之际,衷心希望该丛书对我国人力资源管理专业人才的培养产生积极作用。

本套丛书的出版得到了南京大学出版社的大力支持!南京大学出版社社长金鑫荣教授在该套丛书建设研讨会上提出了宝贵建议,使我们受到很多启发;南京大学出版社高校教材中心蔡文彬主任对本套丛书的出版自始至终给予了很多关心和帮助;南京大学出版社责任编辑们对本套丛书进行了精心编校。在此向他们一并表示衷心感谢!

在本套丛书编写过程中,我们力求完美,但囿于能力,存在的问题和不足之处在所难免,敬请各位读者批评指正!

南京大学人文社会科学资深教授
商学院名誉院长
行知书院院长
博士生导师

2020 年 12 月

前　言

招聘，对"打工人"来说是找工作；对企业来说，是汇聚人才高地占领发展先机；对地方政府来说，每个地方政府都希望自己的城市是一座"来了就不想走的城市"；对于国家来说，人才发展已经写进了我国国民经济和社会发展第十四个五年规划，"全方位培养、引进、用好人才，充分发挥人才第一资源的作用。"

《员工招聘管理》这本教材将在广泛吸收国内外最新研究成果的基础上，既全面系统地结合实际介绍员工招聘与选拔的理论与方法，也启发读者朋友们共同探讨在新技术、新产业、新业态、新模式交织的"灯火阑珊"中如何有效觅得"众里寻他千百度"的那个他。

招聘管理的目标就是选出适宜的人员并予以录用、妥善培养，以满足企业发展的需要。企业是船，员工是桨，众人划桨开大船。企业要想在竞争激烈的市场中崭露头角，就必须持续改善人力资源管理水平，逐步构建符合自己发展状况的招聘管理体系，敞开"五湖四海"选人用人的宽广胸怀，人岗相适、人事相宜、人尽其才，才能在竞争中抢占先机。搏击商海，赢在人才。

本教材注重融理论性、可读性与应用性为一体，在编写体例上进行了大胆创新。全书主要分为三部分，以招聘概述篇、操作篇、应用篇三个篇章为主体全面介绍了招聘与甄选的理论、程序和方法。

第一部分为招聘概述篇，介绍了招聘的基本概念和招聘的原则、招聘工作的组织基础以及招聘的策略和制度；第二部分为操作篇，详细解读了员工招聘与甄选的每个流程；第三部分为应用篇，侧重于对公务员与外资企业人员的招聘与录用方法的说明，并从大数据视角启发读者对招聘与录用的深层思考。每章开篇新颖地设计了"学习目标"和"开篇故事"，让读者从典型情景切入，明确本章学习重点和核心内容。每章末都会进行"本章小结"，使读者对本章内容有更全局和深入的思考。每章最后都附有"复习思考题""案例讨论""实训游戏"，以引发读者动手、动脑模拟和训练，使其在一个相对轻松的氛围里掌握相关理论知识和实际操作经验。

本教材力求在讲清楚理论知识的同时,通过具有针对性、启发性、趣味性、实用性内容的大量安排,提高读者的阅读兴趣和实践能力。

本教材内容翔实、案例丰富,既可以作为高等院校相关专业的通用教材,也适用于专业人士和高层管理者的培训,还可作为自学考试、函授及成人教育的自学参考用书。为了将诸多偏理论前沿的知识更好地组织起来并方便读者阅读,本教材的编者做出了真诚的努力。作者衷心希望本教材所提供的丰富内容能帮助读者朋友们加深对招聘与甄选的理解,并锻炼人力资源管理实际操作的能力和技巧。

务实、超越是一个永恒的主题,也是我们的不懈追求。如果您认为本教材中存在不足之处,恳请您提出宝贵的意见和建议,以使之日臻完善。

编　者

2021 年 3 月

目 录

第一篇 招聘概述篇

第一章 招聘管理 ·· 3
  第一节 招聘管理概述 ·· 4
  第二节 招聘管理的原则 ·· 7
  第三节 基于 HRBP 模式下的招聘管理体系 ······················ 10

第二章 招聘管理的组织基础 ·· 17
  第一节 人力资源规划 ·· 18
  第二节 工作分析 ·· 24
  第三节 胜任力素质模型 ·· 29

第三章 招聘管理的运行机制 ·· 36
  第一节 招聘策略 ·· 37
  第二节 制度建设 ·· 42

第二篇 操作篇

第四章 招聘计划的制订 ·· 53
  第一节 招聘计划 ·· 54
  第二节 招聘者 ·· 61

第五章 招聘渠道管理 ·· 67
  第一节 招聘渠道概述 ·· 68
  第二节 内部招聘 ·· 69
  第三节 外部招聘 ·· 71
  第四节 招聘渠道的比较 ·· 81
  第五节 招聘渠道的广告编写 ···································· 83

	第六节	招聘广告的媒体选择	86
第六章	人员甄选管理		90
	第一节	人员甄选的概述	91
	第二节	常见的甄选技术	94
	第三节	甄选决策	154
第七章	录用与入职管理		157
	第一节	录用管理	159
	第二节	新员工的入职管理	169
	第三节	试用管理	176
第八章	招聘评估管理		181
	第一节	招聘评估概述	182
	第二节	招聘成本核算	187
	第三节	招聘评估总结	191
	第四节	招聘评估方案	192
	第五节	面试评估管理	192
	第六节	录用评估管理	195

第三篇 应用篇

第九章	公职人员与外资企业人员的招聘与录用		205
	第一节	公职人员招聘与录用	207
	第二节	外资企业员工招聘与录用	208
第十章	基于大数据的人员招聘与管理		216
	第一节	大数据与人力资源管理	217
	第二节	基于大数据的人员招聘流程	219
	第三节	大数据时代招聘模式存在的问题	222
	第四节	解决方式	223
	第五节	大数据时代招聘模式的创新策略	224

参考文献 227

第一篇

招聘概述篇

第一章 招聘管理

 学习目标

学习本章节后应该能够：
- 掌握招聘、招聘管理的内涵；
- 理解招聘管理的各项原则；
- 了解招聘管理体系。

 **开篇故事**

迪士尼高管去抖音，张一鸣挖人很有一套

张一鸣转向海外业务的第 69 天，北京字节跳动科技有限公司（以下简称：字节跳动）全球管理团队迎来了一位重要的新成员。

2020 年 5 月 19 日，字节跳动宣布，任命迪士尼前高管凯文·梅耶尔（Kevin Mayer）担任字节跳动首席运营官兼 TikTok 全球首席执行官，任命于 2020 年 6 月 1 日起生效。

据字节跳动的官方消息，凯文·梅耶尔将负责 TikTok、Helo、音乐、游戏等业务，同时负责字节跳动全球职能部门（不含中国），包括企业发展、销售、市场、公共事务、安全、法务等，直接向张一鸣汇报。与此同时，TikTok 原总裁 Alex 朱骏将转任字节跳动产品与战略副总裁，负责公司战略和产品设计。

除了京东可能会在"6·18"当天在港交所上市之外，近期最受人关注的可能就是字节跳动挖来了迪士尼高管 Kevin Mayer 担任公司 COO 和 Tik Tok 的 CEO 这条消息。

有些人可能还没听过凯文·梅耶尔的大名，这位前迪士尼高管一直是传奇掌门人鲍勃·艾格最可靠的左膀右臂，迪士尼最近几年的大动作并购：皮克斯、漫威、21 世纪福克斯等都与 Kevin 有关。

同时，Kevin 也在负责迪士尼的流媒体业务，掌管着 ESPN＋和 Hulu 等流媒体平台，这使得迪士尼这家传统老牌公司在新时代技术发展的流程中提前布局多种平台，横跨电视、电脑和手机等。

Kevin 曾经说过，在他看来，一个有创新精神的公司不仅仅需要创造好的内容，更重要的是通过更先进的技术，将优质内容分发给全世界的消费者。

其实，这位在迪士尼任职 20 多年的高管选择加入字节跳动，还是挺出人意料的。毕竟迪士尼 CEO 一年多后就要退休，Kevin 则是之前媒体认为最热门的接班人，他能放弃迪士尼一把手的身份,选择加入字节跳动,侧面证明字节跳动似乎给了他"难以拒绝"的优厚条件。

在迪士尼园区里,Kevin Mayer 有一个很有趣的昵称,叫巴斯光年。他的体型和脸部轮廓跟《玩具总动员》里巴斯光年的形象很接近。更重要的是,这位高管展现出来的自信、强硬和冒险精神,与那位坚毅的巴斯光年如出一辙。

前 CEO Bob 曾形容 Kevin 为"专家级的战略家,促使交易达成的关键人物"。考虑到 Kevin 在迪士尼并购方面以及在流媒体业务上的表现,他曾被许多同僚视为迪士尼内部竞争首席执行官的最热门人选。

远在东方,一家估值高达 750 亿美元的中国公司也看中了 Kevin 的能力。离开了已有 97 年历史的迪士尼,Kevin 将加入一家年轻的中国公司。届时,他将直接向字节跳动创始人兼 CEO 张一鸣汇报,助张一鸣实现布局全球化的雄心。

应用数据公司 Sensor Tower 的数据显示,受疫情影响,人们在 3 月份下载 TikTok 的次数达到了 1 100 万次,几乎是去年 12 月份的两倍。今年第一季度,TikTok 的下载量达到了 3.07 亿次,高于全球其他任何 App。

但 TikTok 并不是没有烦恼。据《华尔街日报》去年报道,2018 年,抖音和 TikTok 在全球范围内为字节跳动创造了超过 10 亿美元的营收。但据知情人士,这种盈利并没有持续。所以,字节跳动"挖角"Mayer,是希望他"从其数百万用户中获得更多的收入,而这些用户中很多是消费能力有限的青少年。"张一鸣同时在声明中称,"Mayer 非常有能力将公司的产品组合推向新的高度。"

而对于字节跳动来说,Mayer 的到来恰逢其时,但在增长和监管上,它不是没有烦恼。张一鸣期待这样一位流媒体行业老兵为字节跳动带来新的经验。

资料来源:https://m.sohu.com/a/399139121_201359(有删改)

请分析:在疫情的特殊环境下,张一鸣如何做到"挖人"成功?有哪些因素可能促使字节跳动"挖角"Mayer?

第一节 招聘管理概述

企业拥有什么样的员工,在一定程度上决定了企业在市场竞争中的地位。谁能率先招聘到适合自己的员工,打造人才优势,谁就能在市场中获得竞争优势。正如美国人力资源管理协会副总裁布赖恩·格莱德(Brian J. Glade)所言,"在竞争压力下,人力资源管理人员行事必须果断迅速,以帮助企业更有效地竞争"。可见,成功的人员招聘、甄选与录用管理,对于构建和维持一个成功的企业运营体系至关重要。

一、招聘管理概述

1. 招聘管理的概念

招聘管理是指根据企业人力资源规划和工作分析的要求,通过考核、选拔、录用等程序,把符合企业价值观和发展需要的人才及时、合理地安排在所需要的岗位上,形成一定的结构效应,并使之与其他经济资源相结合,做到人尽其才,从而提高人力资源利用率,最大限度地为企业创造更多效益。招聘管理包括员工招聘、甄选、录用与评估等过程,一般包含两个方面的含义。

(1) 招聘的目的是满足企业自身的发展需要。招聘主要是对企业人力资源的供需矛盾进行调和,为企业战略目标的实现奠定人才基础。

(2) 招聘的依据是企业人力资源规划和拟招聘岗位的工作说明书。企业只有将招聘与人力资源规划和工作说明书相结合,才能保证招聘的人员符合企业的发展需求,进而有利于企业的发展壮大。

传统意义上的招聘概念侧重于员工招聘、甄选的过程,其中招聘与甄选是核心环节,但招聘的全过程除了招聘和甄选之外,还包括将员工录用到合适岗位上。随着人们对招聘工作性质认识的不断深入,评估也被列入招聘工作。因此,为了更好地体现招聘在人力资源管理中的主要职能,体现招聘的全过程性,学术界目前更倾向于用"招聘管理"代替"招聘"。招聘管理作为企业人力资源管理的子系统,通过招聘、甄选、录用、评估等一系列的规范化活动,增强企业活力,提高企业效益。

2. 招聘管理的流程

招聘管理是一个复杂、完整、连续的程序化操作过程,它大致可分为招募、甄选、录用和评估 4 个阶段。招募是为了吸引更多、更好的应聘者而进行的若干活动,它包括招聘计划的制订和审批招聘信息的发布、应聘者申请等;甄选则是企业从职位需要出发,从招聘获得的候选人的信息中,挑选出适合本企业岗位的人,包括资格审查、初选、考试、面试、体检、甄选等;录用是企业对甄选出的员工予以录用,它包括录用决策、初始安置、试用、正式录用等;评估则是企业对招聘活动效益与录用员工质量的评估。这 4 个阶段的关系,如图 1-1 所示。

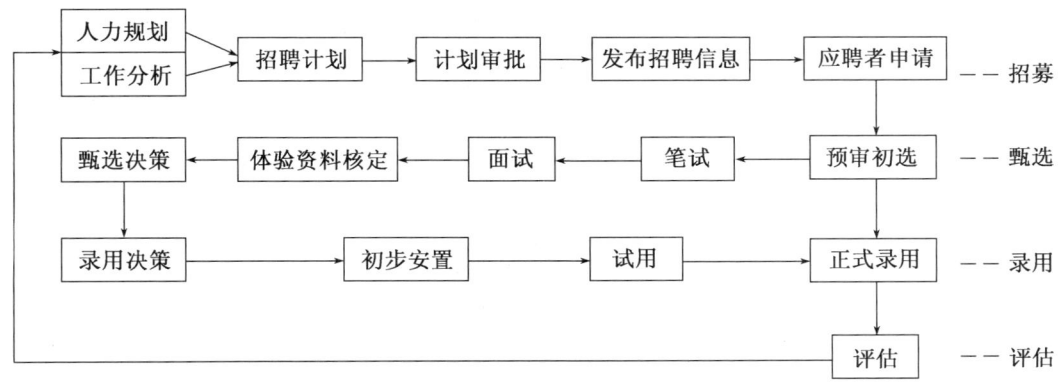

图 1-1 招聘管理 4 个阶段的关系图

(1) 招募(Recruitment)。招募包括搜寻和获得足够数量的合格的职位候选人,以便企业能够从中挑选出最合适的人员来填补职务空缺。招募主要包括招聘计划的制订和审批、招聘渠道的选取、招聘信息的设计与发布。

(2) 甄选(Selection)。甄选是为了决定应该雇用谁来填补企业出现的长期或短期的职位空缺,获取应聘者的信息并对其加以运用的过程。甄选包括对潜在员工进行分类、排序，并决定哪些应聘者最终将收到企业的录用通知，这是一个选择的过程。它包括资格审查、初选、笔试、面试、心理测验以及其他测试、体检、个人资料核实等内容。这一阶段管理工作的质量将直接影响企业最终的录取质量，也是招聘实务中技术性最强和难度最大的阶段。

（3）录用（Employment）。录用包括新员工上岗引导、新员工培训和访查等工作内容，目的是帮助新员工适应工作岗位，尽快熟悉和掌握工作内容。录用工作是唤起新员工工作热情，使其顺利融入企业文化的关键。有不少企业由于不重视录用阶段的工作，甚至要求新员工被录用后在对企业和本职工作缺乏认识和适应的情况下直接上岗，导致新员工无法较快胜任本岗位，难以表现出令企业满意的工作绩效。

（4）评估（Evaluation）。评估是招聘过程中必不可少的一个环节。该环节的内容包括：招聘结果的成效评估，如成本与效益评估、录用员工数量与质量评估；招聘方法的成效评估，如对所采用的选拔方法的信度与效度加以评估。

3. 招聘管理的意义

在人力资源管理活动中，招聘管理是企业成功的关键所在，对企业和员工均具有重要意义和深远影响。对于企业而言，招聘管理是用人的基础，用人是人力资源管理活动的中心环节之一。招聘管理是否合理有效、经济适用，在很大程度上会影响企业与人力资源之间的和谐发展。对员工来讲，招聘管理是充分发挥其作用、获得物质与精神回报、最终实现自我价值的必要条件。

（1）有效的招聘、甄选和录用员工的方法是企业提高核心竞争力的重要路径。

新经济时代，人们对知识和智力资本的关注程度远远超过了以往任何时代。拥有并创造知识和智力资本的人是企业核心竞争力的源泉。企业的竞争就是人力资本的竞争。企业兴衰的关键是能否获取优秀的员工，能否拥有富有竞争力的人力资本。企业的发展根系于人的发展，人才质量成为衡量企业整体竞争力的标志。放眼世界各国，企业都在不惜代价地吸引和保留有竞争力的人力资源，以获得持续的内在竞争力。

（2）合理的招聘、甄选和录用员工的手段是一个企业形成人力资源的前提基础。

招聘管理是企业获取人力资源最直接、最有效的手段。招聘管理的首要目标就是保证企业人力资源得到充足的供应，使人力资源得到高效的配置，提高人力资源的投资效益。招聘管理是其他人力资源工作开展的前提和基础，直接决定了新进员工的知识背景、技能水平、基本素质、文化适应性等是否符合企业发展的要求，其对人力资源的使用、留用、培养等工作具有决定性的影响。

（3）正确招聘、甄选和录用员工对企业发展和个人提高的影响重大。

正确与不正确的招聘管理可能产生的后果如图 1-2 所示。

	没有为应聘者提供空缺的职位	为应聘者提供空缺的职位
高绩效水平	应聘者和企业员工还将继续为搜寻工作支付成本，这是没有必要的。 直到职位空缺被填补之前，企业员工一直被要求承担额外的工作。 应聘者可能会接受另一份工作，而这份工作可能与自己的能力和兴趣并不太相符。 应聘者还将继续保持没有必要的失业状况，错过了许多本该得到的报酬。 应聘者可能会认为受到歧视而提起法律诉讼。 由于企业人员配备不足，顾客的需求未能得到满足。 拒绝了一名合格的应聘者（错误的决策）	员工的工作非常出色。 员工因为高绩效而得到了很好的报酬。 员工会很喜欢自己的工作。 其他员工能够从新员工高绩效的水平和高昂的士气中得到鼓舞。 管理人员能够有效达到企业和自己的目标。 顾客得到了符合自己期望的产品和服务。 接受了一名合格的应聘者（正确的决策）
员工表现如何/将如何开展工作 低绩效水平	企业继续寻找更加合适的员工。 应聘者继续寻找更加合适的工作。 企业可能决定提供更多的培训，从而更多的应聘者会得到雇佣机会。 应聘者决定接受更多的培训。 顾客不会因为低水平的员工而蒙受产品和服务上的损失。 在企业继续寻找员工的过程当中，其他员工还将担当更多的额外工作，但是，他们不至于因为差劲的同事产生的错误而蒙受损失。 拒绝了一名不合格的应聘者（正确的决策）	接受了一名不合格的应聘者（错误的决策） 员工表现很差。 由于绩效水平很差，员工会失去尊严，而且他们无法得到高绩效者能够得到的报酬。 其他员工会因为这些蹩脚员工的工作而蒙受损失。 由于员工的绩效水平低，顾客的期望未能得到及时、有效的满足。 管理人员未能达成企业和自己的目标。 由于员工的能力水平低，可能会发生伤害、事故以及其他的工伤问题。 员工最终会寻找新的工作，员工流动还会产生其他额外的成本。

图 1-2 正确与不正确的招聘管理可能产生的后果

第二节 招聘管理的原则

员工招聘是一项经济活动，也是一项社会性、政策性较强的活动。为了保障招聘管理的有效性，应当遵循以下原则。

一、招聘原则

在招聘阶段遵循的原则如下。

（1）人岗匹配原则。人岗匹配原则是指人的能力与岗位需要相契合，人能够胜任岗位的各项工作，并最大限度地发挥其自身的才能。人岗匹配具有两层含义：一是岗位要求与任职者的知识、技能、能力等素质相匹配，可以从专业、能力、特长、个性特征等方面衡量应聘者与岗位之间是否匹配；二是工作报酬与工作动机相匹配。招聘工作，不是一定要最优秀的应聘者，而是应量才录用，做到人尽其才，用其所长，职得其人，这样人力资源的作用才能持久、高效地发挥。

（2）效率优先原则。效率优先原则是指企业应根据不同的招聘要求灵活地选择招聘形式，在保证所聘员工素质的前提下尽可能降低成本。

（3）平等竞争原则。平等原则是指对所有录取者一视同仁，不得人为地设置各种不平等的限制（如性别歧视）或不平等的优先优惠政策；竞争原则是指选用科学而客观的考核方法，以严格的标准，对候选人进行测评，根据测评结果确定人选，防止徇私舞弊等现象的发生。

（4）双向选择原则。双向选择原则是指企业在招聘时和应聘者在应聘过程中，双方根据自己的需要进行选择。双向选择原则是劳动力市场上资源配置的基本原则，这一原则既可以促使企业不断提高效益，改善自身形象，增加吸引力，又可以使劳动者为了获得理想的职位而努力提高自己的素质和能力。

二、甄选原则

在甄选阶段遵循的原则如下。

（1）因事择人原则。因事择人就是以工作的需要、岗位的空缺为出发点，根据岗位对任职者的资格要求来选择人员。它要求招聘应根据工作的需要进行，应严格按照人力资源规划中的人员供需计划来甄选员工，人员配置切莫出自业务部门领导或人力资源部门领导的个人需要或长官意志，也不能借工作需要来达到个人的某种目的。只有这样，才能实现事得其人、人适其事、人事结合的目的。

（2）用人所长原则。坚持用人所长的甄选原则，就是在甄选工作中，要克服求全责备的思想，树立主要看人的长处、优点的观念。由于世上本无完人，因此选人时就不该"求全"。同时，人力资源管理与传统人事管理的本质区别在于，人力资源管理以主动开发人的能力作为重要目标，注重人现有能力的有效利用和潜在能力的发掘。因此，在甄选活动中，企业必须把寻找人的长处、优点作为择人目标，看一个人，主要是看他能做什么，看他的资格条件是否符合空缺岗位的资格要求。当然，在用人之长的同时也要正确对待其短处。如果短处直接影响长处的发挥，则要采取积极的态度和措施，使其在发挥所长的过程中，把短处的干扰降到最低限度。

（3）民主集中原则。企业甄选职工，特别是选拔和晋升各级管理人员时要坚持民主集中原则，这样做有助于选准人才，获选人员也能得到员工的认同和拥护。发扬民主，就是在甄选工作中要采取切实可行的措施，让员工有更多的发言权。企业一般有 3 个机会让员工参与甄选过程：一是让他们推荐优秀的候选人；二是协助 HR 审核候选人的简历与资格；三是协助 HR 面试候选人，评估他们的潜力是否"适合"企业的需求。

三、录用原则

一般来说，员工的岗位均是按照招聘的要求和应聘者的意愿来安排的。为了达到用人之所长、学用一致、有效利用人力资源的目的，人员录用必须遵循以下原则。

（1）任人唯贤原则。任人唯贤，强调用人要"出于公心，以事业为重"，而不是"以自己的小圈子为重""以宗派为重"，只有这样，才能做到大贤大用，小贤小用，不贤不用。能否做到任人唯贤，是衡量管理人员是否称职的标准之一。在人员的安排与使用过程中，管理人员要纠正错误的观念，避免用人上的失误。当然，任人唯贤的原则还需要其他条件的配套，如管理人员对每一个工作岗位的责任、义务和要求要非常明确，要学会对人才进行鉴别，掌握基本的人才测试、甄别、选拔的方法，应了解什么样的岗位安排什么样的人。只有管理者对所任用的员工了如指掌，并能及时发现人才、使用人才，才能使每个人都能够充分施展自己的才能。

（2）用人不疑原则。这个原则要求管理者要给予员工充分的信任和尊重。管理者如果对员工存有疑虑，不如干脆不用；既然要用，就一定要明确授权，放手大胆使用，使员工充分发挥才干。事实上，试用期员工与正式员工在使用上并无本质上的差异，关键是管理者能否给他们以充分的信任和权利，大胆放手让他们在自己的岗位上发挥才能。

（3）严爱相济原则。员工在试用期间，管理者须为其制定工作标准和绩效目标，对其进行必要的考核。考核可以从能力、工作成绩和行为模式等方面进行。例如，管理者应在生活上对试用期的员工给予更多的关怀，尽可能帮助员工解决后顾之忧，在工作上要指导和帮助员工取得进步，用情感吸引他们留在企业中。同时，保证员工享有法律规定应有的权利。这些对员工是否愿意积极努力地、长期稳定地为企业工作能够起到积极作用。

四、评估原则

在评估阶段遵循的原则如下。

（1）遵纪守法原则。企业招聘员工，贯彻先培训后就业的原则，面向社会、公开招收、全面考核、择优录用。在招聘过程中，企业应严格遵守《劳动法》及相关的劳动法规，坚持平等就业，反对性别歧视、年龄歧视、信仰歧视。

（2）效益优先原则。招聘的效益是指招聘投入与产出的关系。所谓效益优先原则是指以较少的招聘成本获取适合职位的最佳人选。企业的招聘必须以企业的发展目标为基础，既不是盲目地扩大员工队伍，更不是为了解决职工子女就业，而是为了保证企业生产经营活动的正常进行，为企业选拔符合空缺职位需要的人才，使企业的经济效益能够不断提高。

（3）程序规范原则。企业的人员招聘必须遵循一定的标准和程序。科学合理的选拔标准和聘用程序，是企业招聘到优秀人才的重要保证。招聘管理中的评估工作必须考察招聘过程的每一个环节是否合乎程序、合乎规范。

第三节 基于 HRBP 模式下的招聘管理体系

HRBP 又称人力资源业务合作伙伴,实际上就是企业派驻到各个业务部门或事业部的人力资源管理者,他们主要协助各业务单元高层及经理在员工发展、人才发掘、能力培养等方面的工作。其主要工作内容是负责公司的人力资源管理政策体系、制度规范在各业务单元的推行落实,协助业务单元完善人力资源管理工作,并帮助培养和发展业务单元各级干部的人力资源管理能力。

一、HRBP 招聘体系概述

HRBP 管理模式下的招聘体系是对传统招聘计划、招聘、选拔、录用和评估过程的一种优化,其借助乌利齐(Ulrich)的三角模型对招聘工作的分配与协调进行了重大的整合,从各个环节来提高招聘的效度(见图 1-3)。HRBP 管理模式招聘体系仅适用于公司规模大、业务范围广的企业,因为需要建立先进的信息系统,相对而言成本较高。而且该招聘体系需将企业人力资源部门的共同业务从原有分散的企业中剥离出来再集中统一,对原有僵化的企业结构进行改革。这是对原有企业文化的一种挑战,需要获得企业高层管理者的肯定、多方的支持,才能破除企业内、外部的压力。

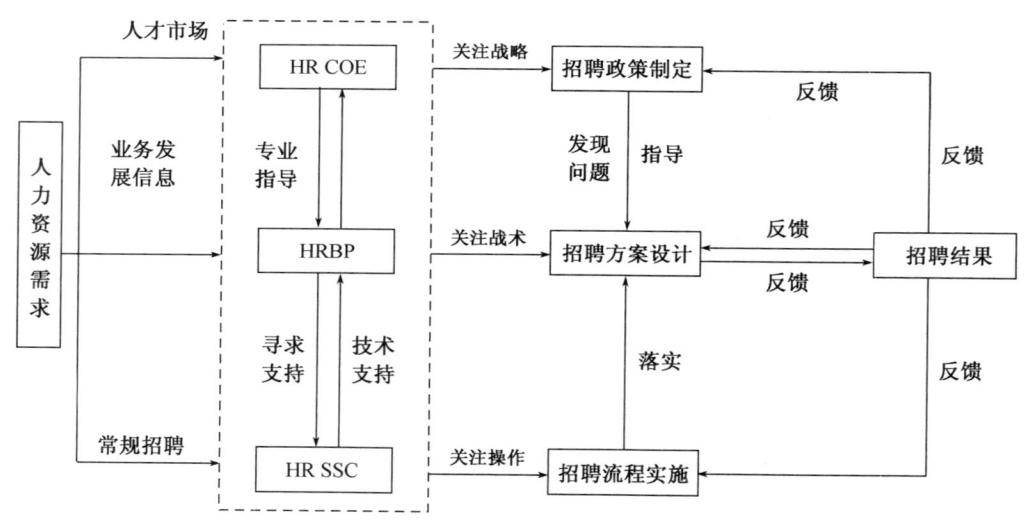

图 1-3 HRBP 管理模式下的招聘体系

HR 的领域专家(Center of Expertise or Center of Excellence,HRCOE)根据企业的战略目标制定人力资源规划,通过岗位分析制定职位说明书,并依据企业实际情况形成规范的招聘政策及流程;HRBP 根据各业务部门的情况制订部门人力资源计划,落实人才战略,管控招聘环节;人力资源共享服务中心(HR Shared Service Center,HRSSC)在 HRCOE 制定的招聘政策指导下,进行招聘、选拔等操作。HRCOE、HRBP、HRSSC 应各尽所能、各司其职、保证招聘工作的顺利完成,其招聘工作内容如表 1-1 所示。

表 1-1　HRCOE、HRBP、HRSSC 招聘工作内容

	规划	实施	反馈
HRCOE	(1) 制定人力资源战略,规范企业招聘制度 (2) 系统进行岗位分析,设计岗位说明书 (3) 构建胜任力模型,完善招聘评价体系	监督制度规范落实	接受意见反馈,完善相应政策
HRBP	(1) 制订人力资源计划,提供部门招聘方案 (2) 贴合岗位说明书,明确部门招聘标准	推进招聘流程实施	反映业务需要,提供结果反馈
HRSSC	根据招聘方案,着手具体筹划	(1) 进行招聘信息发布 (2) 提供咨询解疑服务 (3) 筛选简历安排复试 (4) 登记入职人员信息	发现操作难点,解决相关问题

二、HRBP 招聘体系的特点

与传统的招聘体系相比,HRBP 招聘体系具有如下特点。

(1) 招聘基础专业化。企业的岗位规范与招聘政策是企业开展招聘工作的基础。HRCOE 利用其丰富的经验与专业的知识对企业内部工作进行分析,形成相应的岗位规范,制定招聘政策及流程。这种专业性的设计改进了招聘的基础,使企业的招聘政策与制度更具有指导意义。

(2) 招聘过程协作化。HRBP 管理模式下的招聘体系更注重分工与协作,招聘工作不再是人力资源部对事务性工作的承包。不同层次的工作交由相应能力的人员处理,大大减少了人力资源管理者在行政事务上所花费的时间。这不仅节约了人力成本,更关注了企业的战略问题,提高了已有人力资本的价值。

(3) 招聘结果精确化。人力资源管理者在 HRBP 管理模式招聘体系下能够深入业务部门,了解业务需求,把握招聘标准。且 HRBP 管理模式招聘体系拥有庞大的信息交换平台和较强的信息处理能力,可为企业解决因规模扩大带来的繁重的流程性工作。同时,HRSSC 能为外部人员提供个性化的服务,使其更加准确地了解企业的用人标准。这都使招聘结果更加符合企业的要求,提高了招聘结果的效度。

三、HRBP 招聘体系的建立原因

受外部竞争环境、公司业务发展及 HR 企业建设需求的多重影响,全球范围内的众多企业内部出现了业务部门骨干员工频繁离职、人力资源管理与业务的背离、人力资源管理部门工作积极性较低等不良现象。因此,许多企业开始对企业结构和人力资源机制进行变革,HRBP 管理模式也应运而生,它对各企业公司的原有招聘体系带来巨大冲击和变革。不同层次、角度的成因机制不断推动着 HRBP 招聘体系的建立、变革与完善。

(1) 原有招聘体系存在的问题

① 人力资源规划的缺失。招聘作为影响企业可持续发展的管理工作,必须具备一定的前瞻性,能够科学地预见、满足企业的人才需要,人力资源部不能在人员短缺后才考虑申请计划,被动、仓促地开展招聘人员的工作。当今世界范围内,随着企业规模的不断扩张,人力

资源管理者需要投入更多的精力到烦琐、复杂的招聘工作中。同时,许多企业原有的招聘体系更多地聚焦于操作层面而忽略了整体的战略规划,缺乏战略指导。在实务操作中,招聘工作并非是自上而下的"主动落实",往往沦为自下而上的"被动补充"。

② 岗位说明书的失效。在许多企业中存在着岗位说明书失效的问题。招聘者往往忙于操作流程,加之对于具体业务的陌生,导致了岗位说明书的作用与价值并未充分发挥;尽管岗位说明书很详细、明确,但还是沦为一纸空文,导致企业在招聘的选拔及录用环节做出不符合用人需求的决策。岗位说明书的失效会造成招聘标准难以贯彻落实,如此情况下的企业招聘失效也就不足为奇了。

③ 工作分配合理性的欠缺。对工作进行合理的分配往往能够达到事半功倍的效果,但许多企业却面临着招聘体系单一的问题,不能为企业的有效招聘提供支持。部分企业原有的招聘体系以招聘经理为主导,下设若干招聘专员,他们分担了企业招聘管理的工作,但往往陷入收集简历、地点协调、入职手续办理等操作层面的工作。单一架构下的招聘体系无疑使得简单、重复的流程工作占据了招聘专员的大部分时间,造成了人力资本的浪费,影响了企业管理的专业化提高,忽略了整体的战略规划,缺乏战略的指导,增加了企业的用人成本。

(2) HRBP 管理模式下招聘体系的成效与意义。随着 HRBP 管理模式的不断推进,招聘体系的日趋完善,大批优秀的管理型知识人才进入企业的招聘管理过程中,企业构建了 HRBP 模式下的知识型员工为主体的人才结构。

① 有效贯彻企业人才发展战略。原有招聘体系下,人力资源管理者身陷日常事务之中而疏忽了对企业宏观层面的考虑,导致其无法为企业提供有效的招聘指导。在 HRBP 管理模式下,HRCOE 是人力资源管理者的首脑和"智囊",其凭借自身扎实、系统的专业知识,对企业战略方向的把握以及对 HRBP 反馈问题的及时分析,制定出合理、有效的人才发展战略及招聘流程,为企业的人力资源管理工作明确了战略目标。只有在招聘过程中始终坚持发掘具有创新力的核心人才,才能使企业吸引大批优秀的创新人才,实现企业的高速发展。

② 实现日常管理信息化。原有模式下的招聘工作是由人力资源部承包的,大量的信息与事务都需要人力资源管理者亲自处理。而新的招聘体系下 HRSSC 利用科技手段,使用相关管理软件,将各类烦琐的工作批量化处理,做到了日常管理的信息化。应聘者可通过 HRSSC 服务平台查询系统详细了解招聘的有关事宜;企业可以通过 HRSSC 为录用人员办理入职手续,建立人才信息储备库;人力资源预警系统也会提醒企业及时制订人才引进计划。这些信息化的操作,极大地减轻了人力资源管理者的工作压力,从而使人力资源管理者成为企业政策的推动者。

③ 提高管理者专业程度。HRBP 管理模式下的招聘体系,可以有效地避免原有模式下人力资源管理者被迫充当多面手的局面。HRBP 管理模式主要从三个层面展开招聘管理:HRCOE 从企业全局的角度提出人才发展战略;HRBP 基于对业务的熟悉而负责招聘全程的把控;HRSSC 对具体流程的掌握而有针对性地提供咨询服务。三者相辅相成,从战略、战术、操作三个层面系统性地进行招聘工作。这不仅使各类员工得以发挥所长,提高了管理者的专业程度,更是在流程上进行了优化,提高了办事效率,节约了招聘成本。

④ 贴合业务部门用人需求。原有模式下人力资源管理者需处理大量的事务性工作,且较远离业务部门,使其无法详细了解业务部门的工作内容与招聘需求。HRBP 模式下使人

力资源管理者摆脱了这种尴尬的境地,使其能够与业务部门长期合作,从人力资源管理的角度参与业务部门的管理工作,制订并执行业务部门的人力资源年度工作计划,使得人力资源管理者与业务经理建立良好的合作关系。这种参与式的职能管理让人力资源管理者对业务知识有清晰的认识,为企业找到更合适的人才做好充分准备。

⑤ 促进企业管理动态发展。HRBP 管理模式下招聘体系的优化是企业跟随时代潮流、学习创新的产物,提高了企业招聘的效率与效果。招聘管理工作不是一成不变的,只有在不同发展阶段,不断更新人力资源招聘与配置的策略,使各阶段的人才招聘都符合外部环境及企业发展战略的需要,企业才能在竞争中获得长久的人才优势。

四、HRBP 招聘体系的实施流程

HRBP 管理模式下的企业招聘流程原则上仍然采用一般的招聘流程体系,企业根据自身发展的需要,按照人力资源管理规划和工作分析的要求,从企业内部和外部获取人力资源的过程。招聘流程包括员工招聘、甄选、录用与评估等。但 HRBP 模式下十分强调 HRBP 中心与共享服务中心两者的有效互动与协作。图 1-4 展示了 HRBP 管理模式下的招聘流程。

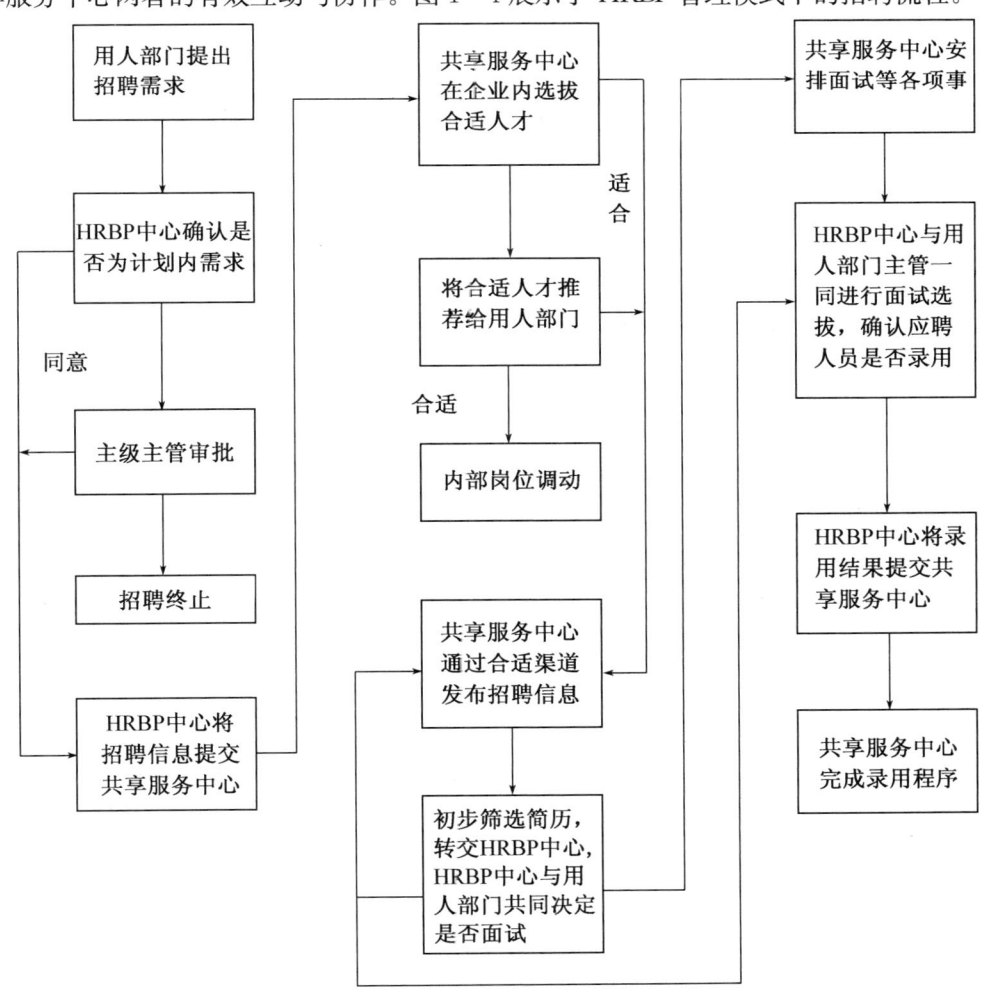

图 1-4 HRBP 模式下招聘流程

如图 1-4 所示，通过分析 HRBP 模式下的招聘流程不难发现，HRBP 中心和共享服务中心发挥着至关重要的作用，两者密不可分，共同完成了 HRBP 管理模式下的招聘流程。HRBP 中心与共享服务中心的联系最为密切，两者的互动协作占据重要地位。HRBP 招聘者之所以能从琐碎繁杂的人事日常事务中解放出来，专注更需要思考的人事问题，大部分是 HRBP 管理模式共享服务中心起到了主要作用。HRBP 招聘者将重复性、操作层面的工作交给共享服务中心，共享服务中心对相关工作进行分类处理，能够使用人力资源管理系统处理的都用系统处理，系统处理不了的事务交给人事服务外包团队进行外包专业化处理。通过这种方式，共享服务中心为 HRBP 中心提供服务支持，解决了其后顾之忧，使 HRBP 能够把更多的精力和时间放在与业务相关、更具针对性、更专业的问题处理上。

人力专家中心为共享服务中心制定标准，这些标准不仅包括流程制度，还包括一些具体的操作细则。HRBP 中心的工作人员常驻业务部门，一般服务于业务部经理，从 HR 角度解决业务经理有关人事方面的服务请求。当 HRBP 遇到解决不了的问题时，或者当其需要制度支持时，则将该需求反馈到人力专家中心。人力专家中心则为 HRBP 的工作提供制度指导和需求解决。

本章小结

招聘、甄选与录用工作是现代人力资源管理系统最重要、最核心的环节，是组建一支高素质员工队伍的根本。如何通过招聘吸引人才，如何通过甄选鉴别人才，如何通过录用配置企业人才，是企业人力资源管理工作者共同面临的一个十分重要而现实的问题。

复习思考题

1. 招聘与招聘管理之间的区别是什么？
2. 招聘管理的流程是什么？
3. 招聘管理在人力资源管理系统中的地位如何？
4. 我国企业在招聘管理方面存在哪些误区？
5. 我国企业招聘管理的趋势是什么？

案例讨论

NLC 化学有限公司是一家跨国企业，主要以研制、生产、销售医药、农药为主，耐顿公司是 NLC 化学有限公司在中国的子公司，主要生产、销售医疗药品。随着生产业务的扩大，为了对生产部门的人力资源进行更为有效的管理开发，2000 年初始，耐顿公司总经理把生产部门的经理于欣和人力资源部门经理王建华叫到办公室，商量在生产部门设立一个处理人力资源问题的职位，主要负责生产部与人力资源部的协调工作。最后，总经理希望通过外部招聘的方式寻找人才。在走出总经理的办公室后,王建华便开始了一系列工作,在招聘渠道的选择上,王建华设计了两个方案。第一种方案是在本行业专业媒体中进行专业人员招聘,费用为3 500元,好处是应聘的对口人才比例会高一些,招聘成本低;不利条件是企业宣传力度小。第二种方案是在大众媒体上进行招聘,费用为8 500元,其好处是企业影响力度很大;不利条件是应聘的非专业人才的比例很高,前期筛选工作量大,招聘成本高。王建华通过比较后初步决定选用第一种方案。总经理看过招聘方案后认为,公司在中国处于初期发展阶段,不应放过任何一个宣传企业的机会,于是选择了第二种方案。

在一周的时间里,人力资源部收到了800多份简历。王建华和人力资源部的人员在800多份简历中筛选出70份有效简历,进一步筛选后,留下5人。他来到生产部门经理于欣的办公室,将筛选中的5人的简历交给了于欣,并让于欣直接约见面试。于欣经过筛选后认为可从两人中做选择——李楚和王智勇。他们将所了解的两人资料对比如下。李楚,男,企业管理学士学位,32岁,有8年一般人事管理及生产经验,在此之前的两份工作均有良好的表现,可录用。王智勇,男,企业管理学士学位,32岁,7年人事管理和生产经验,曾在两个单位工作过,第一位主管评价很好,没有第二位主管的评价资料,可录用。从以上的资料可以看出,李楚和王智勇的基本情况相似。但值得注意的是:王智勇在招聘过程中,少上一个公司主管的评价。公司通知两个人一周后等待通知,在此期间,李楚在静待佳音,王智勇给人力资源部经理王建华打过几次电话,第一次表示感谢,第二次表示非常想得到这份工作。

生产部门经理于欣反复考虑后,与王建华商谈录用哪个人的问题,王建华说:"两位候选人看来都不错,你认为哪一位更合适呢?"

于欣回答说:"两位候选人的资格审查都合格了,唯一存在的问题是王智勇的第二家公司主管给的资料太少,但是虽然如此,我也没看出他有什么不好的背景,你的意见呢?"

王建华说:"于经理,显然我们对王智勇的面谈表现都有很好的印象,人嘛,有点圆滑,但我想我会很容易与他共事,相信在以后的工作中不会出现大的问题。"

于欣回答说:"既然他将与你共事,当然由你做出最后的决定。"

于是,公司最后决定录用王智勇。

王智勇到公司工作了六个月,在工作期间,经观察发现,王智勇的工作不如期望的那样好,指定的工作他经常不能按时完成,有时甚至表现出不胜任其工作的行为,所以引起了管理层的抱怨,显然他对此职位不适合,必须进行处理。然而,王智勇也很委屈:在公司工作了一段时间,他感觉招聘信息中所描述的公司环境和各方面情况与实际情况并不一样。原来谈好的薪酬待遇在进入公司后又有所减少,工作的性质和面试时所描述的也有所不同,公司也没有正规的岗位说明书作为岗位工作的基础依据。

那么,到底是谁的问题呢?

请回答下列问题:

(1)在上述案例中,你觉得耐顿公司招聘的主要问题有哪些?

(2)你对该公司的招聘有哪些更好、更具体的建议?

1 【实训游戏】

《D》杂志因业务发展需要招聘新的商务经理,主要职责包括:为《D》杂志拓展外部合作资源,与品牌方、媒体方进行合作谈判;撰写活动文案,能够执行线上线下活动。公司希望候选人具备以下素质:善于沟通和发现合作对象及机会;有坚忍不拔的毅力和积极心态;了解《D》杂志,能基于杂志的品牌找到合适的合作伙伴,突破并且达成目标;有1～2年工作经验为佳。工作地点为上海或者北京。

请根据以上要求为《D》杂志编写一则招聘广告。

第二章 招聘管理的组织基础

 学习目标

- 了解人力资源规划这一概念及其过程和技术。
- 理解工作分析的内涵和技术流程。
- 掌握胜任力模型的内涵及其在招聘管理中的运用。

 **开篇故事**

商人与少年

一位非常成功的商人来到一个偏僻的山村度假,遇到一个敦厚的少年。商人看到少年非常淳朴,也许是一个可造之才,于是决心带他出去闯闯。

商人问少年想不想将来当大老板,少年说不想,因为他不知道什么是老板。商人耐心解释什么是老板,并循循善诱,说了许多当老板的好处。少年心动,随商人离开了小山村。

少年来到了城市,刚开始只是打打短工,他看到了灯红酒绿,也看到了城市中劳动人民的平常与艰辛。

一年之后,少年找到了商人,说自己想当老板了。商人问他知不知道老板要做什么。少年回答:"在大办公室里签字,坐高级轿车去吃饭"。商人听完之后,觉得自己很失败,认为是自己教导不够,把一个淳朴的少年变得如此贪图享受,也让少年误解了老板的工作。从此,商人让少年跟随自己,亲眼看见老板要做些什么。

又过了一年,少年再次提出想自己当老板,商人又问了同样的问题。少年朗朗而答:"老板就是 Boss,要分析信息、进行决策、制定计划、组织资源、领导员工、监督执行、协调内部、联系外界、处理突发事件……"少年足足说上半小时。商人认为少年已经很清楚一个老板的工作内容,便将一个子公司交给少年经营治理。

然而不到一年,子公司不得不宣布停业整顿。商人质问少年,你不是知道应该做些什么吗?少年吞吞吐吐地说:"我只知道要做什么。但我并不知道如何去做呀!"商人顿时醒悟,要将一个无知少年变成一个成功的老板,必须让他知道老板是什么、要做什么以及如何去做。

资料来源:http://www.hrsee.com/? id=1383(有删改)

请分析:商人与少年的故事与人力资源管理的基础性工作——工作分析息息相关,请思考工作分析的作用及其主要工作包括哪些?

第一节 人力资源规划

人力资源规划（Human Resource Planning），也称人力资源计划，是企业根据发展战略与目标要求，科学地分析和预测企业在发展变化的环境中的人力资源供给和需求，制定必要的政策和措施，在确保企业人力资源供给和需求平衡的同时，实现企业利益和个人利益的最大化。

一、人力资源规划的概念

人力资源规划是建立在对企业人力资源环境了解的基础上，预测企业未来人力资源需求、预测企业未来人力资源供给以及对企业人力资源供需平衡进行分析。其总体目标是提高人力资源的配置效率，具体目标如下。[1]

（1）获取并保持一定数量的具备特定知识、技能和能力的人员。

（2）充分利用现有人力资源，为人力资源管理的其他各项工作，如招聘、培训和开发等环节提供良好的条件。

（3）预测企业中潜在的人员过剩或人员不足问题，在供求平衡发生之前及时进行有针对性的调整，以降低人力资源的管理费用。

（4）与企业中的业务规划相联系，保持人力资源的合理配置，为优化业务规划提供支持。

（5）建设一支训练有素、运作灵活的劳动力队伍，增强企业适应未知环境的能力。

（6）减少企业在关键技术环节对外部的依赖性，唤起企业中各层级人员对人力资源管理重要性的认识。

二、人力资源规划的基本流程

人力资源规划的制定需要同时考虑两方面内容：一方面，盘点企业现有人力资源的数量、质量和结构等情况；另一方面，科学预测企业未来的人力资源需求和劳动力市场相关人力资源的供给趋势，以便及时对人员进行调整、配置和补充。总体而言，人力资源规划的步骤主要包括调查分析和预测两个阶段。理想的人力资源规划框架如图2-1所示。

1. 调查分析阶段

作为整个人力资源规划活动成功与否的关键要素之一，分析企业的内、外部环境是人力资源规划的第一步，它为其后进行的人员供求分析提供了基础和依据。

（1）外部环境信息

这些信息包括两类：第一类是经营环境的信息，如社会环境、政治、经济、文化以及法律环境等，由于人力资源规划同企业的生产经营活动是紧密联系在一起的，因此这些影响企业生产经营的因素都会对人力资源的供给和需求产生作用；第二类是直接影响人力资源供给

---

[1] 孙健敏. 人力资源管理. 北京：科学出版社，2013：73.

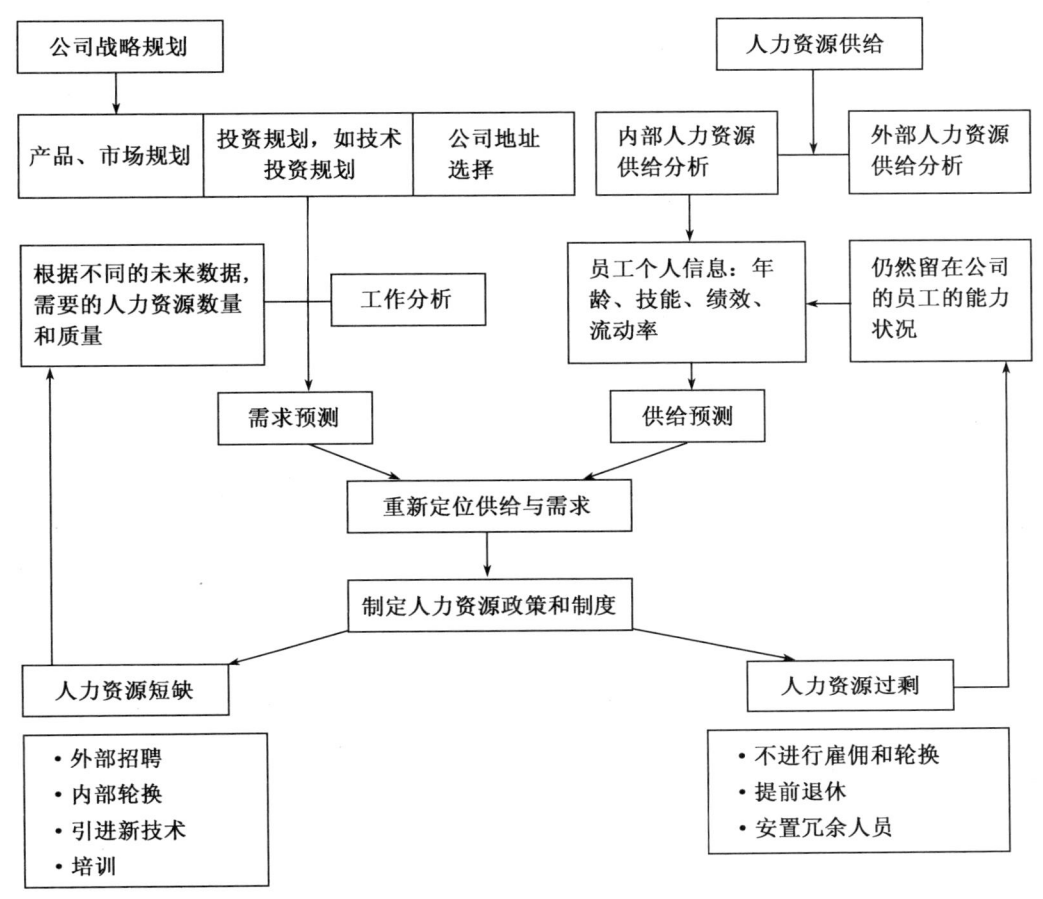

图 2-1 理想的人力资源规划框架

和需求的信息,如外部劳动力市场状况、竞争对手的人力资源管理政策等。人力资源规划的部门可以从当地劳动力市场、国内和国际劳动力市场上收集这些数据。

(2) 内部环境信息

这些信息也包括两个方面:一是企业环境的信息,如企业的发展战略、经营规划、生产技术以及产品结构等,生产技术、产品结构等是对企业现实状况的简单描述,能够帮助企业识别现实的优缺点,而企业战略等关注的焦点是企业未来的发展方向,它可能对企业未来需要的人力资源数量和种类产生影响;二是管理环境的信息,如企业的企业机构、企业文化、管理风格、人力资源管理政策等,这些因素都直接决定着企业人力资源的供给和需求。

(3) 现有人力资源的信息

对于企业内部的人力资源供需与利用情况的调查分析,通常是人力资源计划中最重要的部分。这一部分一般包括现有员工的一般情况(年龄、性别等)、知识与经验、能力与潜力、兴趣与爱好、目标与需求、绩效与成果、人力资源流动情况、人力资源结构与现行的人力资源政策等,只有及时准确地掌握企业现有的人力资源状况,人力资源规划才有意义。因此,需要借助于完善的人力资源信息系统,以便能够及时更新、修正和提供相关的信息。

2. 预测阶段

这一阶段主要的任务就是要在充分掌握信息的基础上,选择使用有效的预测方法,对企业未来一段时期的人力资源供给和需求做出预测。通常,劳动力需求预测都是围绕与企业当前及未来某种状态有关的具体工作类型和技能领域来进行的。一旦确定了工作和技能的类型,规划者就需要搜集相关信息进行预测:企业未来对具有某种特定技能的人或从事某种类型工作的人的需要是会上升还是会下降。当预测出劳动力需求之后,企业还需要得到关于所能够得到的劳动力供给的指标。内部劳动力供给的确定要求企业对当前分布在企业内部的各种不同工作类型的员工人数进行详细的分析;然后还要根据企业在不久的将来会因员工退休、晋升、调动、自愿流动以及解雇等原因引起的变化来对上述分析稍做调整。这一阶段的工作重点包括以下两个方面。

(1) 人力资源需求预测

人力资源需求预测(Forecasting Human Resource Needs)是指根据企业的战略目标、发展规划和工作任务,在综合考虑各影响因素后,对企业未来人力资源的数量、质量和结构进行估计的活动。它是人力资源规划的关键因素之一,是制定人力资源规划的目标、政策的基础。人力资源需求预测分为现实人力资源需求预测、未来人力资源需求预测和未来人力资源变化预测三部分。人力资源需求预测流动如图 2-2 所示。

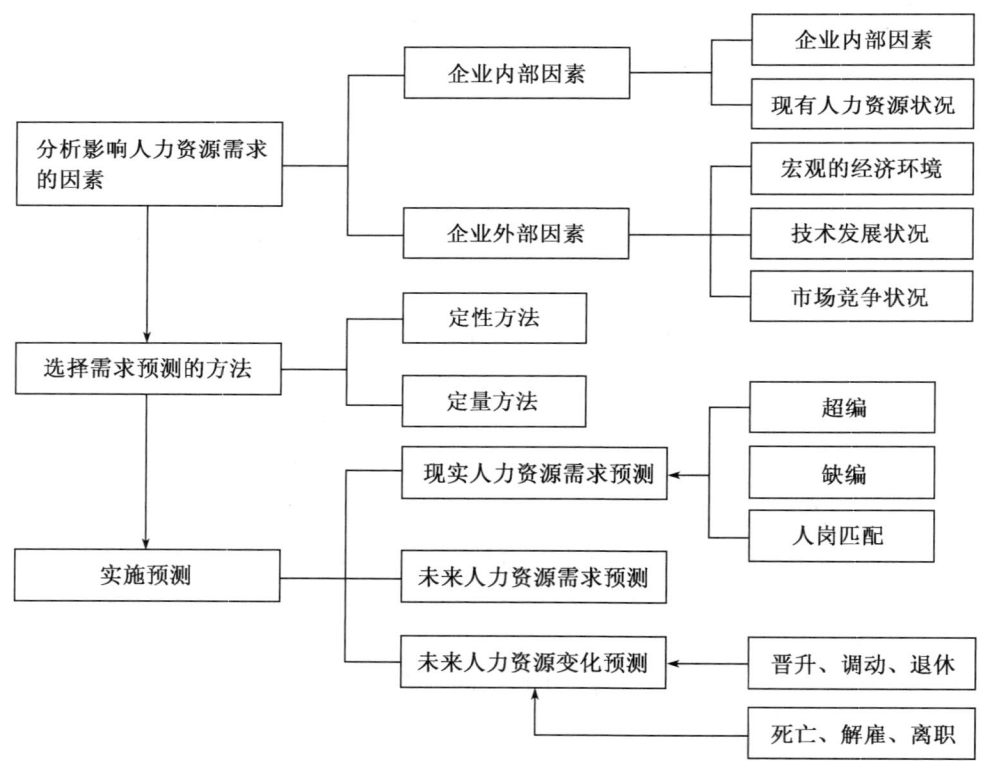

图 2-2 企业人力资源需求预测流程

人力资源需求预测的实施步骤如下。

① 根据企业结构和职位设置状况,确定岗位编制和人员配置。

② 盘点现有人力资源状况,包括登记员工的数量、质量、结构、分布、工作情况、劳动负荷情况等,检查是否存在人员缺编、超编现象,考察当前员工是否符合岗位资格要求。

③ 与部门管理者讨论上述统计结构并确定各部门的人力资源需求。

④ 根据企业未来的发展战略和经营计划,确定未来的企业结构设置。

⑤ 根据未来的生产任务计划、生产因素及工作量的增长情况,确定各部门还需增加的职务及人数并进行汇总统计,该统计结果即为未来的人力资源需求。

⑥ 统计预测期内即将退休的人员。

⑦ 根据历史数据,预测未来可能发生的晋升及离职情况。

⑧ 汇总来自第⑥、⑦个步骤的统计和预测结果,得出未来流失人力资源的趋势。

⑨ 汇总上述现实人力资源需求、未来人力资源需求和未来流失人力资源的数据资料,得出企业整体人力资源需求预测。

人力资源需求预测的影响因素大体分为企业外部环境、企业内部因素和个体因素。

(2) 人力资源供给预测

人力资源供给预测是指根据企业未来一段时期的内、外部各类人力资源补充来源情况进行预测的过程。企业人力资源供给来自两个方面,即企业内部人员供给和企业外部人员供给。相应地,企业人力资源供给预测也包括两个方面,即企业内部人力资源供给预测和企业外部人力资源供给预测,其流程如图2-3所示。

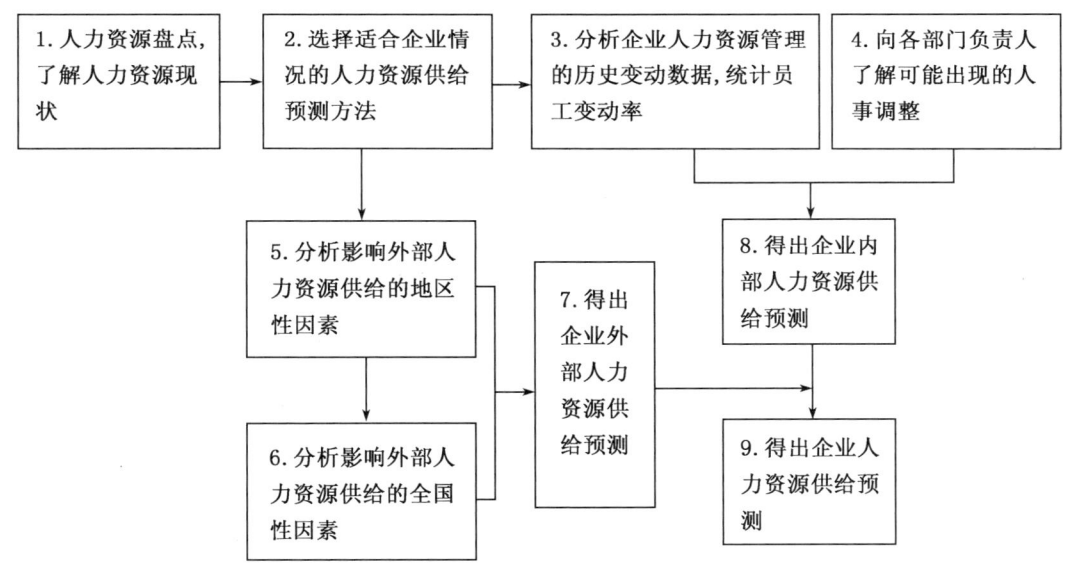

图2-3 企业人力资源供给预测流程

① 企业内部人力资源供给预测。在进行企业内部人力资源供给预测时,人力资源部门需要详细地评估企业内部现有人力资源状况和他们的运动模式,即离职率、调动率、省钱率。在预测未来的人力资源供给时,人力资源部门首先要明确的是企业内部人员的特征,如年龄、级别、素质、工作经历、工作任期、知识、经验和技能等;其次是收集和储存有关人员的发展潜力、可晋升性、职业目标以及培训目标等方面的信息。预测未来的人力资源供给不仅要

掌握目前的人员供给状态，而且必须考虑人员在企业内部的运动模式，即人员的流动模式和变动率。人员的流动模式通常有以下几种：死亡、伤残、退休、离职、平行岗位流动、在企业内提职或降职等。人员的变动率包括离职率、调动率和省钱率，这可以由相应的公式计算得出，如"人员离职率＝一定时期内（通常为一年）离职人员数/年内在职员工平均数×100％"。

②企业外部人力资源供给预测。企业外部人力资源供给预测主要是指在未来一段时期内对劳动力市场上的相关人力资源供给状况进行预测的过程。

三、人力资源规划的供求平衡

人力资源规划的最终目的是要实现企业人力资源供给和需求的平衡，因此，在预测出人力资源供给和需求之后，应对这两者进行比较，并根据比较的结果采取相应的措施。一般而言，人力资源需求与人力资源供给存在以下4种关系。

（1）供求平衡：人力资源需求和人力资源供给相等。

（2）供不应求：人力资源需求大于人力资源供给。

（3）供过于求：人力资源需求小于人力资源供给。

（4）结构失衡：某类人员供不应求，而某类人员又供过于求。

在整个企业的发展过程中，企业的人力资源状况始终不可能自然地处于供求平衡的状态，即使是在总量上持平，也会在质量和结构上存在差异。企业常处于人力资源的供需失衡状态，大体有以下几种情况，如表2-1所示。

表2-1 企业发展不同阶段的人力资源供需状态

企业发展状态	企业人力资源表现状况	企业人力资源供需状况
扩展时期	人力资源需求旺盛，供不应求	供给不足
稳定时期	人力资源数量稳定，有退休、离职、晋升、降职、职位调整、补充空缺等情况	结构失衡
衰退时期	人力资源需求量小，离职人员多于补充人员	供大于求

当企业在不同的生命发展周期，面临人力资源富足或是短缺的情况下，可以采取相应措施人为调整企业人力资源供需状况，力求达成相对平衡的结果，表2-2给出了供需不平衡时分解方式的示例。

表2-2 需求和供给分解表

如果需求超过供给	
增加外部供给	提高内部供给
• 改变招聘和甄选的标准 ——不同的年龄、性别 ——不同的技术、技能和经验 • 改变招聘和甄选活动 ——改变做广告的方式 ——把目标锁定在不同的劳动力市场上	• 培训和开发现有员工 • 改变内部流动模式 ——不同的晋升方式 ——鼓励多向流动 • 提高保持力 ——改变工作条件和环境

（续表）

——引入新的甄选技术 ——提供职业再定位 　• 改变条件和环境 ——更大弹性的工作 ——提高工资和福利	——更具弹性的工作模式 　• 减少旷工
• 减少需求 • 重新设计工作 ——用不同的方式利用现有员工 ——加班 ——利用多技术工人 ——高绩效工作团队 　• 转包工作 　• 对工作重新定位 　• 自动化操作	
如果供给超过需求	
减少供给 　• 提前退休 　• 被动性/自愿冗员 　• 援助职业变化选择性的雇佣 　• 暂借、休假和职业暂停	
不鼓励保持力 　• 短期合同 　• 兼职合同	
增加需求 　• 扩大产品和服务的市场 　• 多样化	

人力资源供需平衡的方法在实施过程中具有不同的效果。例如，靠自然减员来减少供给，过程就比较长；而裁员的方法见效比较快，表2-3展现了不同供需平衡方式比较的示例。

表2-3　人力资源供需平衡的方法比较

	方法	速度	员工受伤害的程度
供给大于需求	裁员	快	高
	减薪	快	高
	降级	快	高
	工作分享或工作轮换	快	中等
	退休	慢	低

(续表)

	方法	速度	员工受伤害的程度
	自然减员	慢	低
	再培训	慢	低
	方法	速度	可以撤回的程度
供给小于需求	加班	快	高
	临时雇佣	快	高
	外包	快	高
	培训后换岗	慢	高
	减少流动数量	慢	中等
	外部雇佣新人	慢	低
	技术创新高	慢	低

第二节　工作分析

一、工作分析的基本概念

工作分析也称岗位分析、职务分析，它是现代人力资源管理所有职能工作的基础和前提。工作分析就是对企业中某个特定工作职务的目的、任务或者职责、权力、隶属关系、工作条件、任职资格等相关信息进行收集与分析，以便对该职务的工作做出明确的规定，并确定完成该工作所需要的行为、条件、人员的过程。

工作分析为企业招聘和选拔提供标准。企业实施招聘，就是要找到合适的应聘者并将其放在合适的岗位上，从而达到人与岗位的最佳契合。岗位分析的结果能够提供具体岗位的工作内容、主要职责及任职资格条件等方面的信息，为企业的招聘与选拔提供客观依据，进而帮助招聘者在对应聘者进行面试和考评时，能有针对性地进行提问和测试，避免面试和评估的盲目性。

二、工作分析的主要内容

工作分析的客体是工作岗位，工作分析的对象是与工作岗位相关的因素及其相互关系。无论是工作分析的客体还是对象，其本身都是非操作化的实体。要对其进行操作化的分析，必须将其转化为具体的工作分析内容。所谓工作分析内容就是分析对象内涵与外延的具体形式与范围的总和，即分析对象的载体形式或表现形式。例如，把办公室主任的工作职责作为工作分析的对象，针对这一工作责任，必须分析办公室主任每天、每月、每年所做的具体工作是什么，为什么做这些工作，怎样完成这些工作，这些内容即成为工作分析的内容。

1. 工作分析的要点

工作分析要从以下 8 要素(7W1H)开始,其主要内容如下所示。

(1) Who:指对从事该项工作人员的必备要求,主要包括:身体素质要求;知识技能要求;教育与培训要求;经验要求;个性特征要求。

(2) What:在员工要完成的工作任务当中,哪些属于体力劳动的范畴,哪些属于智力劳动的范畴。主要包括:任职者所要完成的工作活动;任职者的工作结果或产出;任职者的工作标准。

(3) Whom:为谁做,即客户是谁。这里的客户不仅指外部的客户,也指企业内部的员工,包括与从事该工作有直接关系的人(直接上级、下级、同事等)。包括工作的请示汇报对象;工作的信息提供对象或工作结果提交对象;工作监控与指挥对象。

(4) Why:为什么做,即工作对从事该岗位的工作者的意义所在。主要包括:工作的目的;工作在企业中与其他工作之间的联系与影响。

(5) When:工作任务应该在什么时间段内完成。主要包括:工作时间安排是否有固定时间表;工作活动的开展频度区分,如每日进行的活动、每周进行的活动以及每月进行的活动等。

(6) Where:工作的地点、环境等。主要包括工作的自然环境,工作的社会和心理环境。

(7) What qualifications:从事这项工作的员工应该具备哪些资质条件。

(8) How:如何从事或者要求如何从事此项工作,即工作流程、规范以及为从事该项工作所应享有的权利,包括工作活动程序与流程、工作活动设计的工具及其设备、工作活动设计的文件记录、工作中的关键控制点。

2. 工作分析的结果输出

通过工作分析,将得到岗位的工作描述和任职资格说明,最后形成岗位说明书。

(1) 工作描述

工作行为的研究结果常常表现为有关工作流程与行为的工作描述。当分析重点是任务的时候,工作分析的结果常常是工作任务描述。一位员工每日的工作会被总结归纳,一组任务的结合就是一个工作,而对于这些任务组合应该被如何完成的描述就是工作描述(Job Description)。总的说来,工作描述包括工作标识、工作名称、工作概要、工作内容总结、为了达到工作目标所需的行为。在大多数情况下,工作描述还包括完成工作所需的个人特征,包括技能、能力以及教育背景。

工作描述(Job Description)和岗位描述(Position Description)常常被同时使用。岗位描述通常是针对豁免员工,如公司的中高层经历职位以及专业人员,他们通常通过其技能、能力与工作的专业性塑造自己的工作。日常性工作(Daily Work)员工更多的是使用工作描述。工作描述和岗位描述的格式往往是相同的,两者的区别在于工作性质不同、责权范围不同以及工作结果衡量周期不同。此外,工作描述关心的是基于具体工作行为完成的报酬计算,岗位描述关心的是基于计划、责任、等级制度关系的报酬计算。

工作描述的格式有很多种,人们根据自己不同的喜好来选择工作描述的格式。工作描述的主要内容一般包括以下几个方面:工作识别项目、工作结果(目标)、工作概要、工作职责、工作关系、工作条件和工作环境。表 2-4 给出了工作描述的表格形式的示例。

表 2－4　工作描述的内容

工作识别项目	工作名称、工作地点、工作代码、直接上级职位、直接下级职位、所辖管理人数、所属部门或地区、薪资等级、薪酬水平、撰写人、审核人。
工作输出	
工作概要	
工作职责	

表 2－5 是某公司培训主管职位的工作描述的表格示例。

表 2－5　培训主管工作描述

职位名称:培训主管		所在部门:总部人力资源部
职位编码:122－418		编制日期:20××年5月7日
职位概要:在人力资源部部长的领导下,对公司员工进行培训,丰富员工的业务知识,提高员工的工作技能。		
主要关系		
直接上级	人力资源部部长	
直接下级	无	
内部沟通	部门内其他人员	
外部沟通	管理咨询公司、政府劳动部门和人事部门、教育机构、公司其他部门和事业部等	
职位职责		绩效标准
1. 制度规范 (1) 草拟公司的培训制度,提交部长。 (2) 拟定公司培训工作的流程及程序,提交部长。 (3) 制定新员工手册,编制企业内部培训教材		制度可行、完备、有效 流程规范、清晰 培训材料适用
2. 培训活动 (1) 制订新员工的入司教育计划,并具体负责实施。 (2) 根据各部门和各事业部提交的培训需求,并结合公司实际拟定年度培训计划,提交部长。 (3) 按照培训流程,具体实施公司通用技能的培训。 (4) 负责公司中高层专业知识和技能的培训		新员工及时融入公司 培训费用节省 培训对象满意
3. 业务指导 (1) 指导各部门和各事业制订本单位的培训计划。 (2) 帮助各单位处理在培训过程中出现的问题。 (3) 检查各单位培训计划的实施情况		各事业部满意 计划落实完好
4. 其他 (1) 对各单位外出参加的培训进行审核,并备案。 (2) 领导交办的其他工作		领导满意
职位环境和条件		
经常性工作场所:总部办公室		
工作设备:台式计算机		
工作时间:每周五天,每天八小时		

(2) 任职资格

任职资格又称为工作者说明书,常常与工作描述文件合并在一起。纯粹的工作描述文件是对工作自身的结构化的叙述,而任职资格则是对于任职者或者应聘者应该具有的个人特质的要求。其中包括特定的技能(如焊接技术等)、能力(如逻辑思维能力、书面表达能力、口头表达能力等)、知识(如货币银行相关知识等)要求;身体素质要求(嗅觉、身体灵活性等);教育背景要求(如本科等);工作经验(如从事儿童教育工作1年以上);个人品格与行为态度(如工作积极性、责任感、忍耐力、成就动机等)等。任职资格独立性较强,关注的是完成工作内容所需的人的特质,因此任职资格常常被认为应该从工作描述文件中提取出来,单独成为工作任职资格说明书。

任职资格关注的应该是工作或者是岗位,而非任职者本身。例如,"能够经常举起100公斤以上的重物"而非是"必须很强壮"。资格要求本身要符合工作的实际要求,不能夸大或者降低,这对于能否将适合该工作的人配置到岗位上是很重要的。

任职资格水平确定的是履行工作职责的最低要求,而不是理想要求或者期望要求。原因是对工作绩效的确定以及工资等级的确定,是依据各种在企业中的相对功能和相对价值基础点,而不是理想点或期望点。表2-6是某岗位的任职资格的表格示例。

表2-6　某岗位任职资格

内容	必备条件	期望条件
教育水平	(1) 大学本科毕业(含同等学力),具备财务、经营计划相关专业知识 (2) 熟悉财务会计和经济法律政策法规 (3) 了解行业管理的一般特点及相关业务知识	(1) 硕士毕业 (2) 具备中等的英语阅读水平,翻译水平
工作经验	具有8年以上工作经验,其中管理工作5年以上	熟悉公司规章制度、业务流程
特殊技能和能力	(1) 核心能力:外部沟通、分析判断、内部协调、发现问题 (2) 基本能力:领导、计划、信息管理	创新能力、良好的决断能力
个性品质	沉稳、具有较强的开拓精神、承受心理压力、责任心强、忠诚、协作精神、服务意识	对细小差错的敏锐洞察力,前卫的管理理念,巧妙的工作艺术和工作技巧
体格要求	身体健康	较强的生理心理承受能力

3. 岗位说明书

岗位说明书是对工作职责任务的说明。它是岗位分析人员根据某项职务的物质和环境特点,对岗位任职人员的资格能力、责任权限及工作标准的详细说明。岗位说明书由岗位描述和岗位规范两个部分组成,表2-7给出了岗位说明书的表格形式的示例。

表2-7 岗位说明书的内容说明

内容框架	具体内容说明
岗位描述	（1）岗位基本信息，即对职位的名称、编号、职务所属部门、编写日期等内容进行说明
	（2）工作概述，又称工作综述，用于描述工作的整体性质
	（3）岗位职责和权限，即该岗位的责任和权力，权责要对应
	（4）工作关系，包括沟通关系、上下级之间的关系、部门协调关系等
	（5）工作设备及其他，包括工作所需要的设备、辅助设备和其他支持条件
	（6）岗位环境，包括正常的温度、适当的光照度、通风设备、安全措施等
岗位规范	从事该岗位工作所应该具备的学历、知识、技能、能力、体格和个性特征等要求以及工作的流程、标准等内容

（1）岗位说明书的编写规范

① 岗位名称和上、下级关系。明确岗位名称和本岗位的上、下级关系，岗位名称要与前一部分"岗位设置"中的名称一致。每个岗位只能有一个直接上级，不能有多个直接上级，但可以有多个下级。对下属人员还要分出哪些是直接领导，哪些是间接领导以及他们的岗位级别。例如部门经理、主管、专员、一般职员。

② 任职资格与条件。每个岗位均要由学历、经验、专业知识、业务了解范围等方面来确定本岗位的任职资格与条件，同时要界定在某种情况下招聘时优先考虑。

③ 岗位目的。在编制岗位说明书时，要将设置这个岗位的主要目的以及这个岗位在整个企业运行中所起的作用阐述清楚，同时填写在"岗位目的"栏中。

④ 企业内外部沟通关系。在岗位说明书中，要明确本岗位在企业内外部的沟通关系。在企业内部，要明确它与内部的哪些岗位、哪些部门具有沟通关系。在企业外部，要明确它与社会上的哪些单位（如相关政府部门，上、下游或关联企业，客户企业，社会团体，学术单位等）具有沟通关系。

⑤ 责任范围。每个岗位的责任范围应根据本岗位所在的部门或单位的职能分解来确定。一个部门经理通常要对本部门的全部职能负责，而其下属可能只对本部门的某几项职能负责。通常我们认为部门经理级的责任范围应在8~12项，而单个职员的责任范围应在4~8项。

⑥ 责任程度。每个岗位的责任程度分为全责、部分和支持三种。全责是指本岗位要对该项任务负全部责任。部分是指本岗位要对该项任务负一部分责任。支持是指本岗位要对该项任务负支持或保障的责任。同一级别的职员中，对某项工作负全责的只能有一个人，负部分和支持责任的可以有多个人。

⑦ 建议考核内容。在岗位说明书中，除要明确本岗位的责任范围和责任程度外，还要明确某一项责任的建议考核内容。针对某项责任的考核内容一般规定2~3项，而且应尽量选择较容易量化的指标。例如，完成工作量、完成时间等。

（2）岗位说明书编写中需要注意的问题

① 注意岗位描述和企业结构设计、职能分解、岗位设置的一致性和衔接性。岗位描述和企业结构设计、职能分解、岗位设置是人力资源管理的几个密切相关的环节。要注意这几

项工作的一致性和衔接性,图2-4展现了上述四者内在一致性和衔接性的表现形式。

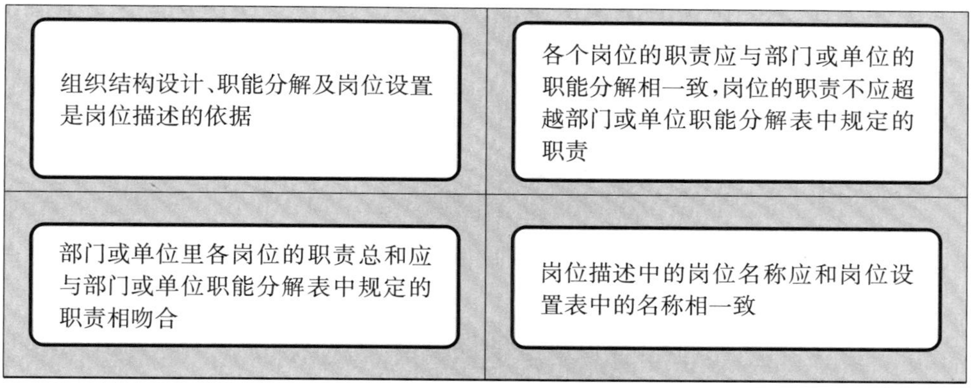

组织结构设计、职能分解及岗位设置是岗位描述的依据	各个岗位的职责应与部门或单位的职能分解相一致,岗位的职责不应超越部门或单位职能分解表中规定的职责
部门或单位里各岗位的职责总和应与部门或单位职能分解表中规定的职责相吻合	岗位描述中的岗位名称应和岗位设置表中的名称相一致

图2-4 岗位描述和企业结构设计、职能分解、岗位设置一致性和衔接性的表现

② 任职条件中的学历、经验等要适度掌握。任职条件中的学历、经验等要根据企业规模、岗位需求进行适度掌握,不可过于苛求。表2-8是某公司岗位、学历与经验对应关系的表格示例。

表2-8 某公司相关岗位的学历与经验对应关系示例表

职位	学历	经验
高层管理者	大本以上、硕士优先	8年或10年以上
中层管理者	大本以上	3年或5年以上
基层管理者	大专以上	2年以上
一般职员或工人	中专以上	—

③ 职责划分要清晰。编制岗位说明书时,要将每个岗位的职责划分清晰,各个岗位间的职责既不能重叠,也不能留有空白。

第三节 胜任力素质模型

胜任力素质又称胜任特征,是指能将某一工作(或企业)中有卓越成就者与表现平平者区分开来的个人的潜在特征,它可以是动机、特质、自我形象、态度或价值观、某领域的知识、认知或行为技能。具体包括3个方面:深层次特征、引起或预测优劣绩效的因果关联和参照效标。胜任力素质模型,是指担任某一特定的任务角色所需要具备的胜任特征的总和,即针对特定职位表现优异的那些要求结合起来的胜任特征结构。

一、胜任力的概念溯源

"胜任力"这个概念最早由哈佛大学教授戴维·麦克利兰(D. C. McClelland)于1973年正式提出,是指能将某一工作中有卓越成就者与普通者区分开来的个人的深层次特征,它可以是动机、特质、自我形象、态度或价值观、某领域知识、认知或行为技能等任何可以被可靠测量或计数的并且能显著区分优秀与一般绩效的个体特征。有的学者从更广泛的角度定义胜任力,认为胜任力包括职业、行为和战略综合三个维度。职业维度是指处理具体的、日常任务的技能;行为维度是指处理非具体的、任意的任务的技能;战略综合维度是指结合企业情境的管理技能。

胜任力素质具有综合性、可测量性、关联性、适用性、区分性、差异性、变化性七个方面的特性。

(1) 综合性。胜任素质包含个人特质、知识、技能、认知方式、行为模式、动机、自我概念、社会角色、态度、价值观等综合性要素。

(2) 可测量性。胜任素质是可衡量的,用科学的测量技术可以揭示胜任素质的数量特征。

(3) 关联性。并不是所有知识、技能、行为模式等都可称之为胜任素质,胜任素质是特指那些与高绩效相关联的知识、技能、行为模式等。

(4) 适用性。胜任素质与个体在实际工作场所的工作实践相关,胜任素质是在特定的工作条件和环境下发挥作用的,有一定的适用范围。

(5) 区分性。胜任素质可以对绩效优秀者和绩效一般者做出明显的区分。

(6) 差异性。在企业中,胜任素质因职位不同而有所差异,如企业高层管理者可能更需要战略管理能力,中层管理者可能更需要沟通能力,而基层管理者可能更需要较多的专业能力。

(7) 变化性。胜任素质不是一成不变的,它会随着人们在不同的年龄、阶段、层级和环境等有所转化。

二、胜任力素质模型的结构要素

构建胜任力素质模型要重点关注胜任力的特征结构,具体包括个体特征、行为特征和工作情境。

1. 个体特征

个体特征——人可以(可能)做什么,即胜任力中的"力"。它表明人所拥有的特质属性,是一个人个性中深层和持久的部分,决定了个体的行为和思维方式,能够预测多种情景或工作中的行为。个体特征分为五个层次。

(1) 知识,即个体所拥有的特定领域的信息、发现信息的能力、能否用知识指导自己的行为。

(2) 技能,即完成特定生理或心理任务的能力。

(3) 自我概念,即个体的态度、价值观或自我形象。

(4) 特质,即个体的生理特征和对情景或信息的一致性反应。

(5) 动机/需要,即个体行为的内在动力。

其中第(1)(2)项大部分与工作所要求的直接资质相关,我们能够在比较短的时间使用一定的手段进行测量。可以通过考察资质证书、考试、面谈、简历等具体形式来测量,也可以通过培训、锻炼等办法来提高这些素质。第(3)(4)(5)项往往很难度量和准确表述,又少与工作内容直接关联。只有其主观能动性变化影响到工作时,其对工作的影响才会体现出来。考察这些方面的内容,每个管理者有自己独特的思维方式和理念,但往往因其偏好而有所局限。管理学界及心理学有一些测量手段,但往往过于复杂,不易采用。

这五个方面的胜任特征组成一个整体的胜任力结构,其中,知识和技能是可见的、相对表面的人的外显特征;动机和特质是隐藏的、位于人格结构的更深层;自我概念位于二者之间。表面的知识和技能是相对容易改变的,可以通过培训实现其发展;自我概念,如态度、价值观和自信也可以通过培训实现改变,但这种培训比对知识和技能的培训要困难;核心的动机和特质处于人格结构的最深处,难以对它进行培训和发展。

上述特质可以用水中漂浮的一座冰山来描述,如图2-5冰山模型所示。其中,知识和技能是可以看得见的,这个相对较为表层的、外显的个人特征,漂浮在水上;而价值观、态度、自我形象等则是个性中较为隐蔽、深层和中心的部分,隐藏在水下,而潜在的特征是决定人们行为表现的关键因素。麦克利兰认为,水上冰山部分(知识和技能)是基准性特征,是对胜任者基础素质的要求,但它不能把表现优异者与表现平平者准确区别开来;水下冰山部分可以统称为鉴别性特征,是区分表现优异者和表现平平者的关键因素。但不同层次的个人特质之间存在相互作用的关系。

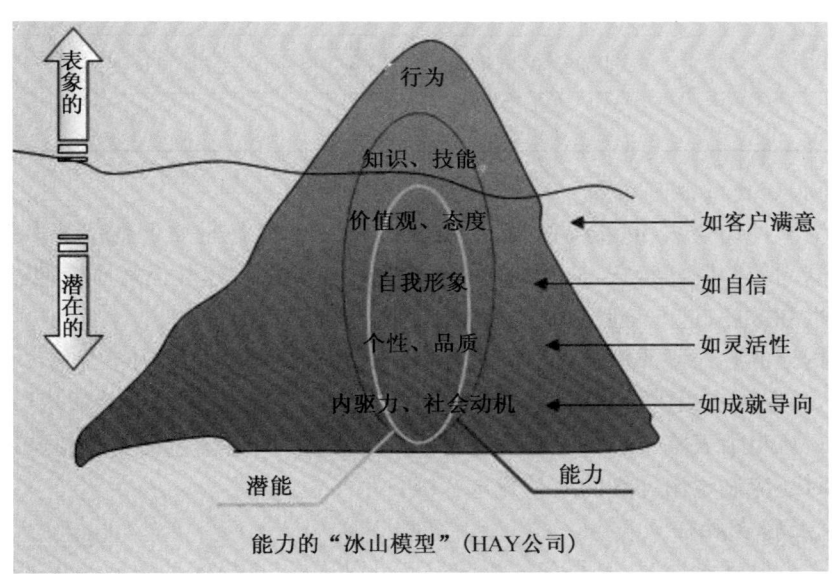

图2-5 冰山模型

2. 行为特征

行为特征是指人会做什么,它可以看作是在特定情景下对知识、技能、态度、动机等的具体运用。有理由相信,在相似的情景下这种行为特征可能反复出现。与胜任力关联的行为特征即指在相似情景下能实现绩优的关键行为。

3. 工作情境

胜任力是在一定的工作情景中体现出来的。研究发现,在不同的职位、不同行业、不同文化环境中的胜任特征模型是不同的,这就要求我们将胜任力概念置于人—职位—企业三者相匹配的框架中。

三、基于胜任力素质模型的招聘管理

胜任力素质模型对人员选拔工作发挥着基础性作用，为人员选拔提供了一个深层次的依据。当运用胜任素质模型进行招聘时，需完成以下六项工作，即确定招聘需求、明确招聘岗位胜任特征、测试应聘者胜任素质、比较分析吻合程度、做出录用决策并考核、胜任素质模型的检验。

1. 确定招聘需求

当企业中出现了新的职位或职位空缺后，就有了招聘的需求。在企业中，一般会通过正式的战略性的人力资源规划完成招聘需求分析这一规划性的工作。当企业内部职能部门、业务部门确定有新员工需求时，需要向人力资源部提出正式的人员需求表，人员需求表如表2-9所示。

表2-9 人员需求表

** 公司人员需求表		
部门：	填表人：	填表时间：
人员需求职位：是否属于新增加的职位：□是 □否		
需求性质：□永久需求 □临时需求（时间期限： ） □合同约定（时间长度： ）		
需要时间：		

2. 明确招聘岗位胜任特征

通过行为事件访谈法、问卷调查法、专家小组法、工作胜任素质评估法等多种途径建立适合企业招聘岗位的胜任特征，从而构建胜任素质模型。在构建胜任素质模型的过程中，要确保其准确性和效度，这是将胜任素质模型应用于招聘环节的根基。

根据已构建的胜任素质模型，完善岗位说明书，使岗位说明书的内容与具体的胜任素质模型相匹配，以保证在招聘过程中做到有的放矢。此外，还应制作基于胜任素质模型的《应聘者申请表》，该申请表除了包括应聘者基本的个人信息外，还应包括与胜任特征相关的一些问题。同时还应制定出详细的人员甄选标准。

3. 测试应聘者胜任素质

测试应聘者胜任素质时，有很多的测试类型可以选择，选择何种类型的测试取决于企业招聘的预算限制、目标岗位工作的复杂性和难度、应聘者的数量和质量、目标岗位要求的素质特征等。下面主要对两种常用的应聘者胜任素质测试进行介绍。

（1）工作样本测试。工作样本测试要求应聘者在给定的条件下完成实际工作中所涉及的样本工作，招聘者以此对应聘者工作的数量和质量进行打分，并和其他应聘者的工作业绩进行比较。如对计算机程序员进行编程测试、对经理人员进行文本框模拟测试等。工作样本测试具有直观性，并和工作业绩有着明显的联系。在很多甄选情境中，工作样本测试被证明是所有甄选测试中最有效的。

（2）认知能力测试。经常采用的认知能力测试有韦斯勒成人智力测试、加利福尼亚心理成熟度测试、明尼苏达图版测试、明尼苏达文书测试等。

另外，应聘者胜任素质测试还有思维运动能力的模拟测试、个性和性格测试、测谎仪和诚实测试等。

4. 比较分析吻合程度

在完成应聘者胜任素质测试后，应运用比率分析法、趋势分析法、结构分析法、相互对比法等对胜任素质测评结果进行分析，从而使测评结果数据化。在此阶段，招聘工作人员应能够用定量评价和定性评价相结合的方式展现测试结果，并运用文字描述、数字、表格与图形的表现手段对应聘者进行总体评价。

在完成以上工作后，招聘工作人员应将测试结果、对应聘者的总体评价与招聘岗位胜任特征进行比对，分析其吻合程度。

5. 做出录用决策并考核

录用决策主要有两种结果，一是应聘者不具备招聘岗位所需的胜任特征，需要重新进行招聘；二是应聘者的素质特征与招聘岗位胜任特征相吻合，此时可以向该应聘者发放录用通知，并签订录用合同。当员工正式上岗后，需要通过胜任素质模型为基础的考核体系，对员工履行岗位职责和执行岗位任务所获得的成果进行客观的评价，有利于真实地反映员工的综合素质。

6. 胜任素质模型的检验

胜任素质模型的检验方法主要有3种。

第一种方法是利用行为事件访谈法对随机抽取的绩效优秀员工和绩效一般员工的样本组进行数据收集，分析建立的胜任素质模型是否能够区分绩效优秀员工和绩效一般员工。

第二种方法是根据胜任素质模型编制评价工具，评价绩效优秀者和绩效一般者在上述胜任素质模型中的关键因素，考察两者在评价结果上是有否显著差异。

第三种方法是使用行为事件访谈法或其他测评进行招聘与配置，或运用胜任素质模型进行培训，然后跟踪相关的参与人员，考察他们在以后的工作中是否表现得更加出色。

本章小结

企业要想招聘合适的员工，首先需要对企业的人员需求有充分的了解，并在对自身企业准确认识的基础上对候选人员进行合理的筛选。人岗匹配对于企业的发展和个人的职业生涯都具有极大的意义，因而采取各种方法做好人岗匹配是招聘的重要环节。

复习思考题

1. 人力资源规划的基本流程是什么？
2. 工作分析包含哪些具体内容？
3. 工作分析在招聘管理中的地位如何？
4. 胜任力素质模型如何构建？
5. 胜任力素质模型的结构要素有哪些？

案例讨论

得胜公司是一家发展中的公司,它有15年的历史,拥有10多家连锁店。在过去的十几年中,从公司外部招聘来的中高层管理人员中,大约有50%的人员不符合岗位的要求,工作绩效明显低于公司内部提拔起来的人员。在过去的两年中,从公司外聘的中高层管理人员中有9人不是自动离职就是被解雇。

从外部招聘来的商业二部经理因年度考评不合格而被免职之后,终于促使董事长召开了一个由行政副总裁、人力资源部经理出席的专题会议,会上分析了这些外聘的管理人员频繁被更换的原因,并试图得出一个全面的解决方案。

首先,人力资源部经理就招聘和录用的过程做了一个回顾,公司是通过职业介绍所,或者在报纸上刊登招聘广告来获得职位候选人的。人员挑选的过程包括一份申请表,三份测试(一份智力测试和两份性格测试),有限的个人资历检查以及必要的面试。

行政副总裁认为,他们在录用某些职员时,犯了判断上的错误。那些职员的履历表看上去挺不错,说起话来也头头是道,但是工作了几个星期之后,他们的不足就明显暴露出来了。

董事长则认为,根本的问题在于没有根据工作岗位的要求来选择适用的人才,"从表面上看,几乎所有我们录用的人都能够完成领导交办的工作,但他们很少在工作上有所作为,有所创新"。

人力资源部经理提出了自己的观点,他认为公司在招聘时过分强调了人员的性格特征,并没有重视应聘者过去在零售业方面的记录,例如在7名被录用的部门经理中,有4人是来自与其任职无关的行业。行政副总裁指出,大部分被录用的职员都有某些共同的特征,例如他们大都在30多岁,经常跳槽;他们都雄心勃勃,并不安于现状;在加入公司后,他们中的大部分人与同事关系不是很融洽,与直属下级的关系尤为不佳。

会议结束的时候,董事长要求人力资源部经理,彻底解决公司目前在人员招聘上存在的问题,采取有效措施从根本上提高公司人才招聘的质量。

请回答下列问题:

(1) 得胜公司管理人员的招聘有什么问题?造成这些问题的原因是什么?

(2) 您对该公司管理人员的招聘有哪些更好、更具体的建议?

【实训游戏】

假如你是B公司人力资源部的经理,一日,总经理把你叫到办公室商量明年招聘规划的事情,之前你已经调查过公司现有的人员情况数据:总经理办公室定编6人,现有4人,其中有1人下个月将被调到财务部;研发部定编8人,现有5人;采购部定编5人,现有3人;工程部定编6人,现有4人,其中有1人将在下个月离职;财务部定编6人,现有5人;人事部定编8人,现有6人;行政部定编6人,现有4人;战略发展部定编5人,现有4人。你把这些数据给了总经理过目,他认可了现状,同时对你也提出了要求。

他要求你用三周的时间做出明年的招聘需求表(见表2-10),并于第三周开会前交给他。

表 2-10 某某年招聘需求表

部门	定编(人)	现有(人)	预期人事变动					实际需求(人)
			调岗	晋升	辞职	退休	其他	
总计								

第三章　招聘管理的运行机制

 学习目标

- 掌握招聘管理常使用的策略。
- 熟练掌握招聘管理的具体流程。
- 理解招聘管理的制度建设。

 **开篇故事**

腾讯总监路边摆摊招聘

疫情过后,在政府的鼓励下,"地摊经济"开始在全国各地兴起。而对于摆地摊,有网友觉得那是一件很丢面子的事,即使自己想尝试赚钱,也不敢落实到行动上。

2020年6月3日,"腾讯总监摆地摊招聘"的画面走红。当天,腾讯公司公关总监张军发文印证了事情的真实性,这不是段子,的确是腾讯官方的真实招聘现场。看着"腾讯总监"坐在地上,脚下摆着招聘信息,真的很接地气。

地摊也是生意,历练中养家糊口,没有什么丢人的,我认为笑话摆摊的人才是无知。有些人物质生活优越的条件,都是父母给的,开豪车炫富没有什么真本事,让我敬佩的人是穷而拼搏奋斗的人,穷的什么也不做,富的啥也不会做才是最悲哀的。

大部分人都有这个心理障碍,很难跨出第一步。如果把心态放对了,清楚自己摆摊的目的是为了赚钱,是不是就不会那么尴尬了呢?或许这可能不是你擅长的事情,就像世上只有一个比尔·盖茨,一个马云,如果马云去摆地摊了,可能他不会创造奇迹了,所以各方面多试试,说不准你的亮点还真的就在地摊上,你们觉得呢?

跟正常工作相比,摆地摊是一份辛苦差事,当然不丢人了。上班的人,只需要按时按点、朝九晚五出入公司,就可以收到稳定的薪水,每个月还有固定工资可以发,只要不出现重大意外,不需要担心收入的问题。摆地摊就不同了,风里雨里前行,不管有没有生意都要出摊。有没有生意要看天气情况、人的购买力、产品的热销度,不定因素太多,能不能赚钱全凭天时地利与人和。

摆摊也好,开大公司也好其实只是投资多少的问题,本质上都是谋利,都是凭本事挣钱不是跟谁讨钱,搞清这个问题路自然就宽了。

人力成本快速增加,过去找一个程序员也许月薪万元就很不错,现在放到大城市月薪两万都未必找得到合适的人。所以对给不出高薪的中小企业来说,招聘确实成了一件很头疼的事情。

另外人才的供给与企业方需求不匹配,放眼人才市场里,可能人头涌动,但真正符合企业岗位需要的人才却屈指可数。我曾经就尝试过为公司招聘一位懂西班牙语的外贸业务员,结果去了当地人才市场的招聘会一天都没有碰见一个能满足我们期待的候选人。

所以,这次腾讯总监摆地摊招聘的行为,也是给了广大 HR 和企业管理者一种新思路,在人才重于泰山的时代,我们应该"广开才路",尝试一切可能吸引到候选人的方法。

资料来源:https://www.toutiao.com/a6834764811943805444/(有删改)

请分析:你如何看待腾讯总监摆地摊招聘的行为?

第一节　招聘策略

企业战略是指企业的方向和实现这一方向的方法,而策略是战略的细分与措施,是可以实现战略目标的一系列方案的集合。在企业生命周期的全生长过程中,策略是在实现战略目标的过程中,根据形势的发展和变化来制定或者选择相应的方案。

一、企业招聘策略的 4C 模型

人力资源招聘管理的策略是指在战略指导下确定的实现战略目标的理念和方法,它决定招聘计划的制订,二者共同构成战略实现的方法体系。每个企业的企业文化不同,所处的发展阶段不同,受到的环境影响也不同,招聘管理的策略的差异必然存在,因此在招聘之初要明确自己的招聘策略,再辅以正确的招聘理念,才能找到适合企业文化的优秀人才。

图 3-1 展现了企业招聘策略中常使用的 4C 模型。

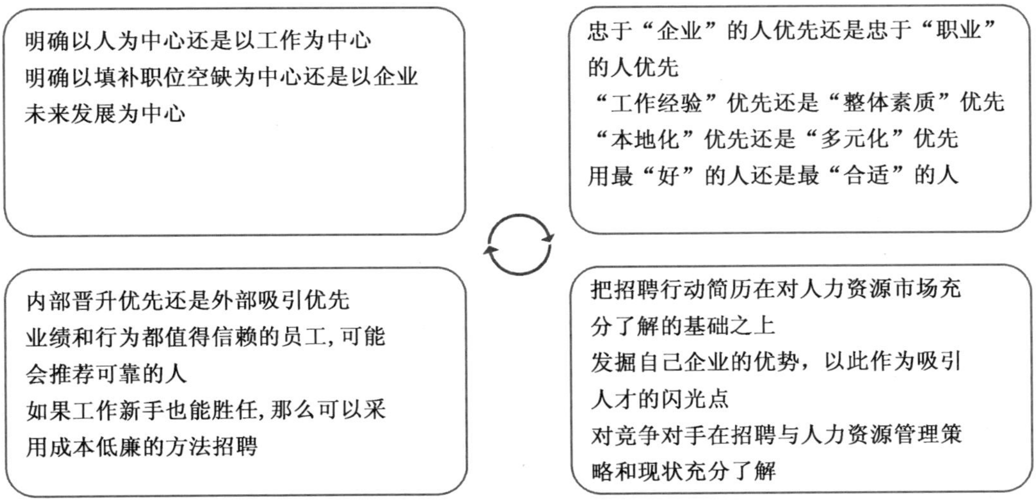

明确以人为中心还是以工作为中心 明确以填补职位空缺为中心还是以企业未来发展为中心	忠于"企业"的人优先还是忠于"职业"的人优先 "工作经验"优先还是"整体素质"优先 "本地化"优先还是"多元化"优先 用最"好"的人还是最"合适"的人
内部晋升优先还是外部吸引优先 业绩和行为都值得信赖的员工,可能会推荐可靠的人 如果工作新手也能胜任,那么可以采用成本低廉的方法招聘	把招聘行动简历在对人力资源市场充分了解的基础之上 发掘自己企业的优势,以此作为吸引人才的闪光点 对竞争对手在招聘与人力资源管理策略和现状充分了解

图 3-1　企业招聘策略的 4C 模型

1. 要素(Core)一:中心选择
(1) 要明确所进行的招聘是以"人"为中心还是以"工作"为中心。
(2) 明确招聘的目的是以填补职位"空缺"为中心还是以企业"未来发展"为中心。
2. 要素(Culture)二:文化影响
(1) 要明确是忠于"企业"的人才优先还是忠于"职业"的人才优先。
(2) 要明确在招聘中,是"工作经验"优先还是"整体素质"优先。
(3) 要明确"本地化"优先还是"多元化"优先(支持战略的)。
(4) 明确要用最"好"的人还是用最"合适"的人。
3. 要素(Competition)三:竞争分析
(1) 要把招聘行为建立在对人力资源市场充分了解的基础之上。
(2) 注意发掘自己企业的优势,以此作为吸引人才的闪光点。
(3) 要对竞争对手在招聘以及人力资源管理方面的策略和现状方面充分了解,因为他们通常都提供潜在应聘者的替代性工作机会。
4. 要素(Channel)四:渠道判断
(1) 明确内部晋升"优先"还是外部"吸引"优先。一般而言,寻找优秀人才的第一场所是企业内部。但是,应该注意的是:轻易不要从其他部门招聘人才,除非你提供的职位能使他们升迁;否则,你就是在挖别人的墙脚。
(2) 业绩和行为都值得信赖的员工,可能会推荐可靠的人。
(3) 如果工作新手也能胜任,那么可以采用成本低廉的方法招聘。
(4) 在外部参加各种活动的时候,注意留心具有专业资格的人,并把他们纳入你的"预期"档案。
(5) 以前曾经为企业工作过的人,是可以考虑的,因为他们离开企业的原因可能与绩效无关。

招聘策略是一个更宽泛的概念,相对于我们经常遇到的"强势企业的人才营销"问题,应关注两个方面:一是当企业未具备对人才足够的吸引力时,应采取何种招聘策略;二是如果将招聘看作一个持续的规程,对新员工应采取何种策略才能使招聘过程效率最高,使后续工作实现录取工作的有效过渡,甚至能够挖掘更大的招聘价值回报。

二、工作吸引策略

应聘者在整个招聘过程中将受到许多力量的影响。这些力量包括劳动力市场、法律及法规、招聘选拔过程、对工作要求和报酬的了解。图3-2呈现了基于此目的的一个有用的工作吸引策略模型。这个模型说明了工作吸引三个基本的成分:招聘活动、诱因、应聘者资源。在这里,诱因是与利益相关的。因为它代表报酬(金钱上的或外部的,非金钱的或内部的)成为工作吸引的一部分。招聘活动和应聘者资源特征也是重要的成分。

Worldat Work公司调查了2 554家企业的人力资源专家,其中72%的专家宣称他们关注如何吸引、保留人才问题,也提出了许多吸引人才的措施。使用最多的10种措施及百分比分别是:市场调查/增加基础工资(62%);额外津贴(60%);工作环境的改善,比如弹性工作制、压缩工作时间、相关着装规范和远程办公等(49%);留任津贴(28%);升迁和职业发展机会(27%);高于市场平均工资水平(24%);专门的培训及教育机会(22%);个人现金红利(22%);股票计划(19%)以及项目阶段性或完成奖(15%)。

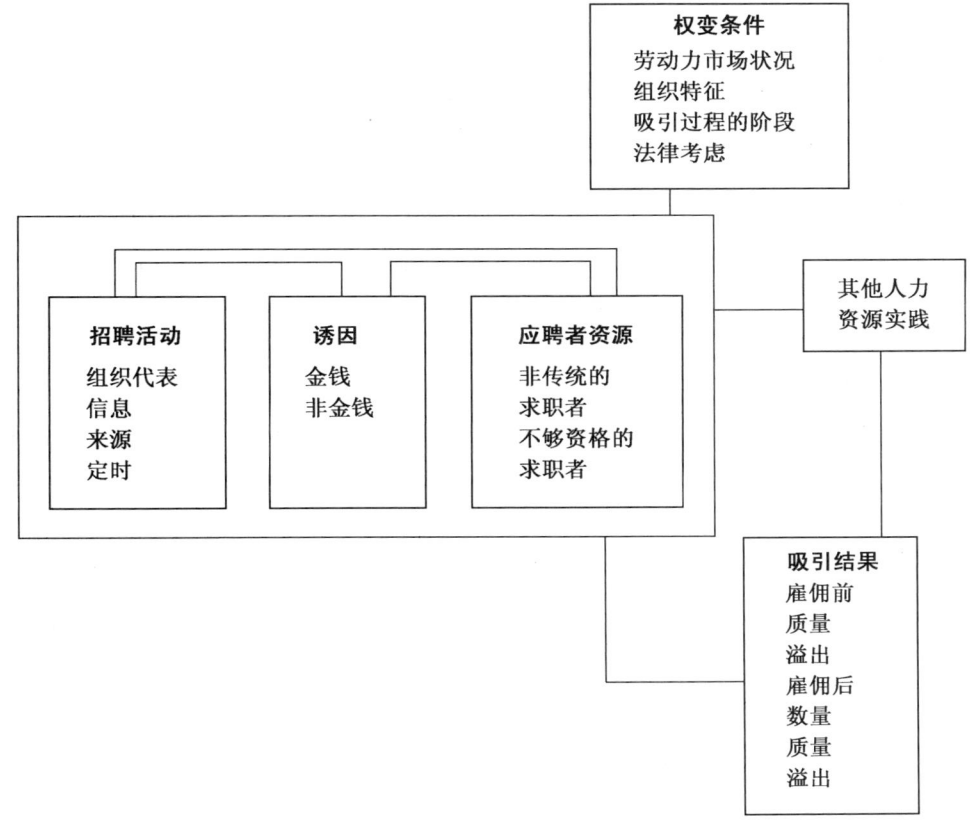

图 3-2 工作吸引策略模型

这 3 个基本的策略结合起来共同影响雇佣前后的结果。雇佣前的结果是指,出现在前面或出现在工作结束点上的雇佣结果。它们包括应聘者数量(如应聘者数目、空缺的比例)、应聘者质量(如 Knowledge Skill Ability Others,KSAO)、溢出效应(如应聘者向别人诉说的招聘经验的报告、顾客或者潜在的应聘者)。

吸引策略还表明,诱因不是凭空出现的,而是出现在更广泛的策略背景之下。以工作要约为例,工作要约是由企业做出的,关于要约接受者可以与企业建立雇佣关系的努力。工作要约不同于面试或录用通知,是招聘中一种常见但不常规的程序,因此在我们的招聘程序图中,没有画出工作要约环节。常见是指它可以发生在内部或外部招聘中,不常规是指相对于一般招聘过程,要约企业更加主动地搜寻人才并邀请他们参加公司的选拔,要约对象事先对公司的招聘信息,可能知晓,也可能不知晓,通常发生于公司急切希望获取某方面的人才时。正是通过工作要约,而不是其他手段,企业寻找足以吸引接受者的报酬种类和数量。一个对要约的"好的"首肯暗示了接受者的认可,足以保证通过雇佣合同正式进入人员/职位匹配。

三、工作销售策略

工作吸引人才可能有多种多样的因素，这里仍以工作要约的方法为例，介绍如何在招聘的每个环节体现公司对人才的渴求和需要。在实践中，工作要约可以选择不同的途径，具体途径的选择取决于要约的内容，以及规划要约时所有考虑的因素。为了说明得更加形象，可以用两种极端的方法来介绍工作要约——机械方法和销售方法。

1. 机械方法

机械方法是指企业单向与接受者沟通的简单方法。在形式上是标准化的、"表格化"的，通常用书面形式发给接受者，然后等待回音。接受者没有增添和修改，这样的要约一旦被接受，也没有进一步的沟通。如果个体拒绝这样的要约，只需回复另一格式的信告知已收到拒绝。同时，提供要约的过程反复重复，对不同的接受者没有任何校正。

2. 销售方法

销售方法是指把工作要约当作一件必须开发和卖给顾客(接受者)的产品。企业和接受方之间有积极的互动，对条款和条件进行开发，整合形成一整套提供方案("要约包")。在接受者与企业之间会呈现一些非正式的协议，而缩减协议、使之成为正式的工作要约便是正式化。在正式提供、呈现之后，企业继续与接受方进行积极的沟通。通过这种方式，企业能够修改一些提供过程中的小故障，继续将工作"销售"给接受者。图3-3呈现了销售方法的基本示例。

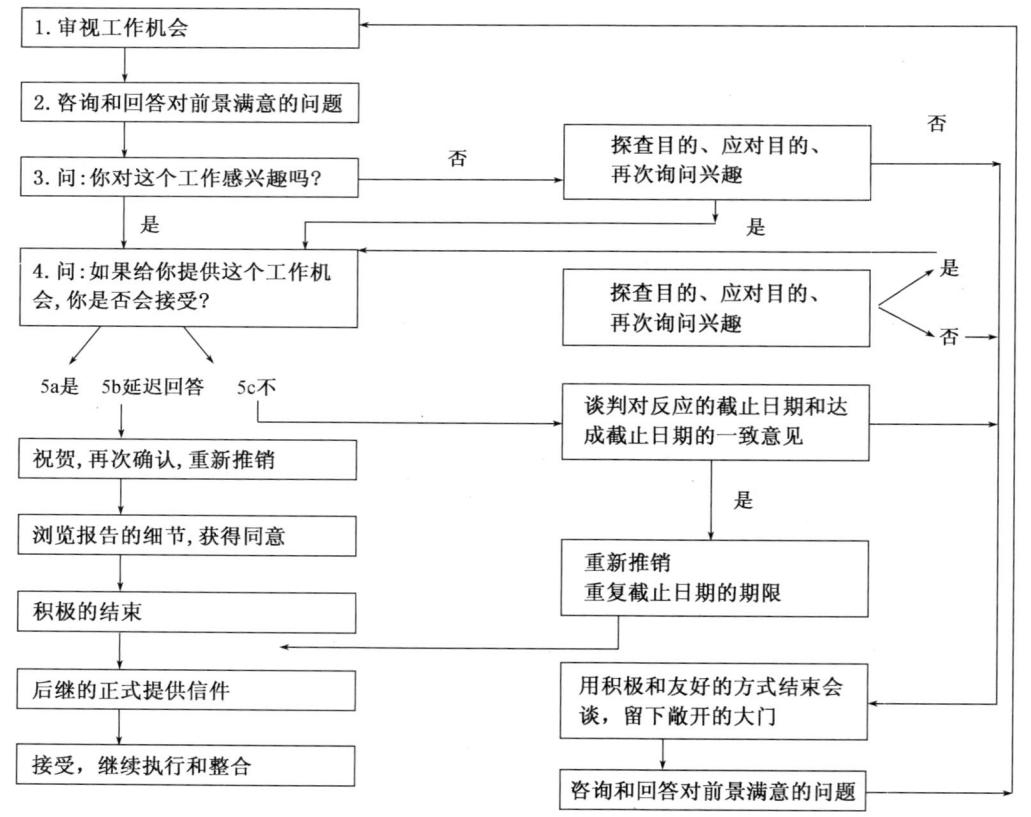

图3-3 工作提供的销售方法的例子

四、招聘延伸策略

完成最后的录用活动并没有结束对人员/职位匹配的考虑；相反地，现在这个关系必须被培养和保持，以确保匹配能长时间有效。新雇员刚刚加入企业，他们在工作和企业中的最初进入过程，应该被定位和受社会化活动所指导，整个过程是一个完整的适职管理过程。

1. 定位

新员工的定位可以在雇佣关系确定以后马上开始。整个定位应该关注人员/职位匹配以及人员/企业的匹配，并使它们成为现实。定位要求对所要覆盖的问题预先有详细的计划，如为新员工准备材料，为有效的定向计划做好相关活动的日程安排。通常情况下，由人力资源部负责设计和执行定位计划，并且在真实的定位活动中寻求与新员工主管的密切合作。

定位应该包含的信息是决定和提供新员工"需要知道的信息"。为避免信息超负荷，间隔信息是必要的。正如现实的招聘，信息应该精确，并且在范围上更广泛；应该使用多重媒介（书面的，口头的和视听的）。

2. 社会化

新员工的社会化是定位活动的延伸，社会化的目标是赢得有效的人员/职位以及人员/企业之间的匹配。如果说"定位培训"关注新员工最初的和即时的适应，那么社会化过程则强调帮助新员工持续地适应工作和企业。开发和执行一个有效的社会化过程，必须讨论两个关键的主题：首先，社会化应该出现的关键要素和内容是什么；其次，企业如何给新员工传递这些要素。

第一，内容。社会化过程的内容明显与具体的企业和工作相关，但从新员工角度看要考虑几个成分。

人——见面和了解合作者，关键接触，非正式群体和聚集，网络；成为可接受的和被这些人尊重的"一伙人中的一个"。

绩效效率——对工作要求非常熟悉；掌握任务；对绩效结果施加影响。

企业目标和价值——学习企业的目标，接受这些目标和价值观；学会关于理想行为的价值观和标准。

政治——学会如何使事情真正有效；熟悉关键的人物，了解他们的特点；寻找可接受的捷径；闲谈和网络。

语言——学会特别的术语，近义词，缩写词；知道说什么；学会行业中的行话。

历史——了解企业的起源和成长；熟悉顾客，了解仪式、特别事件；理解工作单位的起源和人的背景。

前面提到的许多主题都可能成为定位性培训计划中的内容，建议将定位培训和社会化计划紧密配合进行开发，使它们能同步发展，使新员工可以从定位性计划中顺畅地进入社会化计划。

第二，发送。向新员工传递社会化应该由新员工的上级负责，尤其是关于绩效效率、企业目标和价值观。新员工和上级之间对这些要素要进行直接、坦率和正式的沟通是有益的。

新员工的工作小组或团队中的伙伴是帮助新员工社会化的有效人选。他们可以和新员工分享自己不断积累的经验。当新员工以一种非正式的方式提问时,他们也可以使自己变得可接近和可提供帮助。

第三,人力资源部在社会化的过程中是非常重要的。人力资源部代表可以帮助建立正式的企业范围内的社会化活动,如指导人计划、特别事件、信息介绍,还有代表可以从事开发指导人和主管的培训项目。

第二节　制度建设

制度化管理是企业行为最基本的特征。战略牵引、系统运行、企业支持构成了人力资源管理的系统平台。如何使三要素更好地支持人才招聘与企业发展是管理者最关心的议题。制度作为提高招聘工作乃至企业管理水平的关键性管理要素,确立了其在招聘管理设计中的核心作用。制度是一个企业内公认的契约模式,一旦确定,具有规定化的行为特征,使企业可以按照最经济的方式运行,保证管理过程占用资源最少,资源利用最充分,企业的效率最高。企业的发展、规模的扩大、环境的变化,对人的管理能力提出了挑战,当我们仍然寄希望于对企业的有效控制时,我们发觉制度是一种最有效的控制手段,是企业经营管理者能力的延伸。

一、企业优化

企业优化(Organization Optimization)关注的是如何建立或改变一个企业的企业结构(包括企业机构和职位系统),使之能更有效地实现企业的既定目标。具体而言,即根据企业目标,对实现目标所必需的各项业务活动加以区分和归类,把性质相近或联系紧密的工作进行归并,组建相应的职能部门进行专业化管理,并根据适度的管理幅度来确定企业管理层次,包括企业内横向管理部门的设置和纵向管理层次的划分。

通过企业优化工作,企业首先明确的是,企业需要什么样的部门以及部门里需要设置什么样的岗位。通过了解设置该职位的目的,找到该职位是通过什么方式或什么途径来实施公司的战略目标,以保证公司的未来发展。因此,招聘工作只有建立在企业优化的基础上,才能保证效果。

二、招聘制度设计

招聘制度设计,主要是指企业为了达到一定的招聘要求,尤其是为了实现企业对人力资源的需求,而利用资源采取的招聘行动和制订的招聘计划相关要求。招聘员工是讲求"实用性"还是为后期发展储备人才,不同的目的有不同的招聘要求。当不同的企业根据环境状况和自身情况确定了不同的发展目标之后,招聘管理就需要随之制定相应的招聘制度。

1. 基于企业生命周期的人才招聘制度设计

(1) 企业在创业期的招聘制度

企业在创业期,还没有得到社会承认,实力弱、规模小、人员少,但极富灵活性和成长性。在这一时期企业各方面均不成熟,制度基本没有,企业文化也尚未形成,由管理者直接管理,企业发展战略的目标是求得生存与发展。企业的发展与业务的开展主要依靠管理者的个人能力,企业员工高度团结,效率高,但品牌知名度差,市场占有率低,面对的主要问题是市场开拓和产品创新。创业期高层团队依靠创业精神维系因而比较稳定,中层相对稳定,但一般员工却由于企业管理制度不完善、保障体系不健全、工资待遇低等因素而导致流动率较高。此时期企业的招聘制度设计要求如下。

A. 对外部人才的需求不突出,数量少,以一般员工尤其是销售人员的招聘为主,招聘极少的中层人员,基本没有高层招聘。

B. 对人员的要求较高,丰富的工作经验和工作业绩是重点选择标准,最好是多面手,尤其是一些对企业发展方向和目标比较认同、年纪较轻的人员。

C. 吸引人才的手段主要依靠良好的职业前景、工作的挑战性和领导者的个人魅力。薪酬虽然较低,但弹性相对要高,有较大的增长空间;也可采取股票期权的激励方式。

D. 由于企业资金不充裕,招聘费用较低,多采用朋友介绍、网络招聘和招聘会等招聘渠道。

E. 企业还没有形成人力资源的专业部门,甄选主要依赖管理者的个人判断力。

F. 用人的灵活性较强,一人多岗和因人设岗的现象普遍,对招聘时间和招聘效率没有明确的要求。

(2) 企业在成长期的招聘制度

在成长期,企业逐步走向正规化,经营规模不断扩大并快速增长,人员迅速膨胀,品牌知名度急剧上升,机构和规章制度不断建立和健全,企业的经营思想、理念和企业文化逐渐形成;跨部门的协调越来越多,并且越来越复杂和困难;企业面临的主要问题是企业均衡成长和跨部门协同。高层之间开始出现分歧,跟不上企业发展步伐的员工主动辞职,员工流动性变大。此时期企业的招聘制度设计如下。

——人才需求大,外部招聘数量多,高层、中层、一般员工等各层级均有。对专业技术人才和中层管理人才的需求大幅度增加。

——要求人员具备相同职位的工作经验,能直接上手,具备一定的发展潜力,同时对变化的适应速度快。

——吸引人才的手段主要依靠较大的晋升空间,良好的发展前景和与行业平均水平接近或以上的薪酬。

——有一定的招聘费用,由于招聘需求急迫,因此采用以招聘会为主,网络招聘为辅,在专业人才的招聘上开始引入猎头,建立广泛而灵活的招聘渠道。

——企业已经设置了人力资源部,但专业性不强,甄选主要依赖用人部门的经理进行评判。

——根据业务的发展进行人力资源需求预测,用人开始有一定的计划性,对招聘时间和招聘效率的要求高。

（3）企业在成熟期的招聘制度

成熟阶段是企业发展的巅峰时期，在这个阶段，企业规模大，业绩优秀，资金充盈，制度和结构也很完善，决策能得到有效实施。另外，企业也非常重视顾客需求和顾客满意度，一切以顾客至上为原则，重视公司形象，要求计划能得到不折不扣的执行，而如何使繁荣期延长并力争使企业进入一个新的增长期，则成为制定企业发展战略的关键。在企业的成熟期，晋升困难，各层面人员的流动率低，人员规模上相对稳定。企业的发展，主要是靠企业的整体实力和规范化的机制，企业内部的创新意识可能开始下降，企业活力开始衰退。此时期企业的招聘制度设计如下。

——人才需求不多，外部招聘数量少，只在公司开拓新业务和新市场时才会产生大量的外部人才需求。

——人员要求高，强调综合能力素质，尤其是创新意识、执行力和明确的职业发展方向。

——吸引人才的手段主要依靠企业实力、形象和领先于行业平均水平的薪酬。

——招聘费用充裕，高级人才的招聘以猎头为主，辅以内部推荐、专场招聘会、网络招聘、校园招聘、平面媒体等招聘渠道。

——人力资源部具备较好的专业性，开始使用评价中心技术对人才的能力素质进行评价，业务水平则由用人部门的部门进行评判。

——有规范的招聘计划，对招聘时间和招聘效率有明确的规定。

（4）企业在衰退期的招聘制度

这是企业生命周期的最后时期，此时期企业市场占有率下降，整体竞争能力、获利能力和赢利能力全面下降，资金紧张，危机开始出现。企业战略管理的核心是寻求企业重整和再造，使企业获得新生。企业内部人浮于事，制度多却缺乏有效执行，员工做事越来越拘泥于形式，只想维持现状，求得稳定。人心涣散，核心人才流失严重，一般员工严重过剩，高层更替频繁，并波及中层。此时期企业的招聘制度设计如下。

——对外部人才的需求集中在高层，其他层级基本以内部竞聘为主，无对外招聘。

——要求高层管理人员具备改革意识、大局观、决策能力、战略眼光和驾驭企业的整体能力，尤其是同行业类似企业的运营经验，有扭亏为盈的经历最好。

——吸引人才的手段主要依靠利益分享机制和操作权限。

——招聘经费锐减，但由于招聘时间短，而且还是高级、稀缺人才，因此仍然以猎头为主要渠道。

——总经理的招聘由董事会直接进行评价，并引入专业的人才评价机构辅助。

2. 基于不同类型人力资源的招聘制度设计

（1）人力资源分层分类

一个企业的人力资源可以根据价值性与稀缺性两个维度进行分层分类，如图3-4所示。横轴代表人力资源的价值，人力资源的价值通过收益成本比进行衡量；纵轴代表人力资源的唯一性或是稀缺性。其中，价值高同时也很稀缺的人才就是核心型人力资源；价值低同时也稀缺的人才是企业的独特型人力资源；价值高同时在市场上又很容易获得的人才是企业的通用型人力资源；最后一类是低价值、在市场上也很容易获得的人才，也就是所谓的辅助型人力资源。

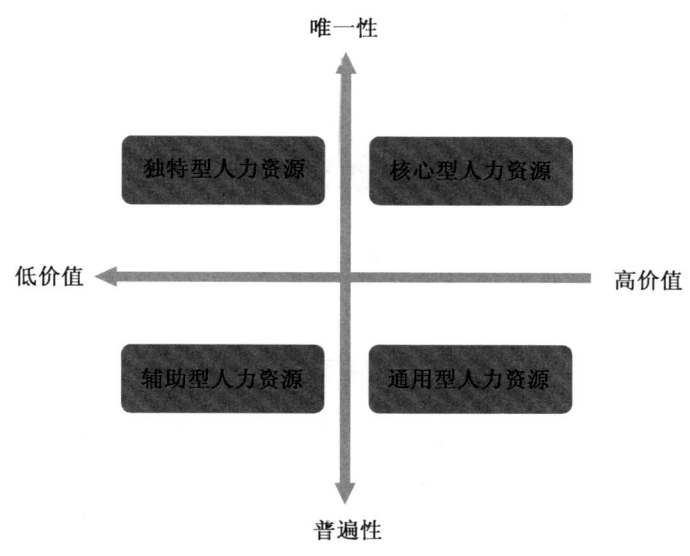

图 3-4　人力资源的分层分类模型

(2) 人力资源分层分类管理

企业对不同类型的人力资源应该有不同的管理方法。具体而言,对核心人力资源应该采取基于承诺的人力资源管理方法;对于通用型人力资源应该采取基于效率的人力资源管理体系;对于辅助型人力资源应该采取基于服从的人力资源管理体系;而对于独特人力资源应该采取合作的人力资源管理体系。这 4 种不同的管理方法,可概括为承诺、效率、服从与合作。

进一步讲,基于承诺的人力资源管理体系,其基本含义是对核心人力资源采取的管理方法不要太严格,可以与其进一步沟通,要以人为中心。基于效率的管理方法是指对这一类人力资源的管理主要是为了获得效率。基于服从的人力资源管理体系,是指这一类人力资源服从企业,企业要求这些人只要服从命令即可。最后一种管理方法是合作,因为这类人力资源比较稀缺,供职于一个企业里又不切实际,可以采取在需要的时候签合同进行合作的方式。因此,基于上述分析,其招聘制度设计应分层分类进行,如表 3-1 所示。

表 3-1　不同类型的人力资源所具有的特点及适用的管理方法

类型	核心型人力资源	通用型人力资源	辅助型人力资源	独特型人力资源
例子	微软软件开发人员、证券和基金公司的操盘手	企业的财务会计、销售人员	流水线装配工人、前台、门卫、清洁工	某企业雇佣的专业咨询师和咨询顾问
价值	(1) 高价值 (2) 直接与核心能力相关	(1) 高价值 (2) 直接与核心能力相关	(1) 低战略价值 (2) 操作性角色	(1) 低战略价值 (2) 与核心价值间接联系
独特性	(1) 独一无二 (2) 掌握了公司特殊的知识和技能	(1) 普遍性 (2) 普通知识和技能	(1) 普遍性 (2) 普遍性知识和技能	(1) 独一无二 (2) 特殊的知识和技能
雇佣方式	知识工作	传统工作	合同工	伙伴

(续表)

类型	核心型人力资源	通用型人力资源	辅助型人力资源	独特型人力资源
雇佣关系	以企业为核心	以工作为核心	交易	合作
人力资源管理系统	以责任为基础的人力资源管理系统	以生产率为基础的人力资源管理系统	以服从为基础的人力资源管理系统	以合作为基础的人力资源管理系统
工作设计	(1) 授权、提供资源 (2) 因人设岗	(1) 清晰定义 (2) 适度授权	(1) 准确定义 (2) 圈定范围	(1) 以团队为基础 (2) 资源丰富/自主
招聘	(1) 内部提高 (2) 根据才能	(1) 外部招聘 (2) 根据业绩	(1) 人力资源外包 (2) 为特别的任务招聘	(1) 能够合作 (2) 根据成绩

三、制度范本

健全的招聘管理制度应包括对流程中每一个环节的规范化操作规定,即谁来做,何时完成,怎样做,向谁汇报,如何评估效果和改进,它有如下几个特征。

(1) 从实际出发。制定制度,根据本企业业务特点、技术类型、管理协调的需要,充分结合企业活动中的规律性和特点,保证制度的可行性、实用性。

(2) 根据需要制定。制度的制定不是为制定而制定,例如有些非正式行为规范或习惯能很好地发挥作用,就没必要制定类似规范,以免伤害企业成员的自尊心和工作热情。

(3) 建立在法律和社会道德规范的基础上。

(4) 系统和配套。企业制度要全面、系统和配套、基本章程,各种条例、规程、办法要构成一个内在一致,相互配套的体系,同时要保证制度的连贯性。

(5) 合情合理。制度要体现合理化原则。即一方面要讲究科学、理性、规律;另一方面要充分考虑人性的特点,避免不近情理、不合理的情况出现,在制度的制约方面,要充分发挥自我约束、激励机制的作用、避免过分使用强制手段。

(6) 先进性。制度的制定要从调查研究入手,总结本企业经验,同时吸取其他先进经验,引进现代管理技术和方法,保证制度的先进性。

此外,企业初创期不一定要建立完备的招聘制度体系,可以在实践过程中不断健全和完善。

通过表3-2用人需求申请表、表3-3内部应聘者登记表、表3-4求职申请表、表3-5面试记录表的设立,展现了如何建立、健全招聘制度,实现流程的可操作化。

表3-2 用人需求申请表

序号	招聘岗位	所需专业	职称	执业范围	学历	计划招录总人数	按性别计划招录人数		其他资格条件	备注
							男	女		
1										
2										
3										
4										
5										
6										
7										
8										
9										
10	合计									

领导签字： 填报人： 年 月 日

注：本需求计划含应届毕业生、历届毕业生和人才引进，人员性质请在备注栏中注明。

表3-3 内部应聘者登记表

应聘岗位： 现岗位：

姓名		性别		出生日期		民族	
工作年限		政治面貌					
文化程度	全日制教育		毕业院校及专业				
	在职教育		毕业院校及专业				
培训经历	起止年月	学习培训地点	所学专业或培训内容				
工作经历	起止年月	工作单位及职务	工作内容				
应聘理由							
个人特长							

本人申明以上资料全部属实。 本人签字：
年 月 日

表 3-4 求职申请表

应聘岗位		所属部门		
姓名		身份证号码		
出生年月		性别		民族		户籍所在地	
政治面貌		婚姻状况		现居住地			
最高学历及毕业院校				所学专业（以毕业证为准）			
毕业年月		毕业证编号		学历获取形式		普通全日制；成人教育；自学考试；网络教育；其他
学位层次		专业技术职称或职业资格		目前单位			

工作经历（按最近工作单位填写，如最近工作单位不满一年需再填写最近任职两家单位）

起止时间	任职公司	岗位	主要职责

教育背景（由高至低填写）

起止时间	毕业院校	专　业	学　历	学习方式

研究成果及专长	
何时何地何原因受过何种奖励或处分	
特长、爱好	
联系地址		固定电话	
		移动电话	
邮　箱		邮　编	

本人申明以上资料全部属实。　　　　　　　　　　　　　　　本人签字：

表 3-5　面试记录表

姓名			应征项目			
用表提要			请主持面试人员,就适当之格内打√,无法判断时,请勿打√。			
评分项目			评分			
			5	4	3	2	1
仪容　礼貌　精神 态度　整洁　衣着			极佳	佳	一般	略差	极差
体格、健康			极佳	佳	普通	稍差	极差
领悟、反应			特强	优秀	平平	稍慢	极劣
对其工作各方面及 有关事项之了解			充分	很了解	基本了解	部分了解	极少了解
所具经历与本公司的 配合程度			极配合	配合	基本配合	未尽配合	未能配合
来本公司服务 的意志			极坚定	坚定	普通	犹疑	极低
外文能力	区分		极佳	好	平平	略通	不懂
	英文						
	日文						
总评			□ 拟予试用 □ 列入考虑 □ 不予考虑				

面试人：　　　　　　　　　　　　　　　　　　　　　　　日期：　　月　　日

本章小结

有效的招聘管理需要符合前瞻性、战略性、务实性及最低成本等原则要求,因此,在了解招聘管理的基本概念、组织基础之后,我们有必要清楚地知道招聘管理的运行机制。招聘管理的运行机制一般包括三个基本要素:策略、制度和流程。三者的关系是:招聘策略是运行方向;制度是高效运行的保障;招聘流程是运行核心。

复习思考题

1. 招聘管理的意义何在?

2. 招聘管理的主、客观条件有哪些？
3. 招聘管理的策略有哪些？
4. 招聘管理如何控制流程？
5. 招聘管理为何要实现企业优化？
6. 基于企业生命周期的招聘管理制度设计有哪些不同特点？

 案例讨论

A企业股份有限公司成立于1994年，是专业住宅开发的企业。公司于1996年进入房地产领域，目前已进入深圳、上海、北京、天津、沈阳、成都、武汉、南京、长春、南昌和佛山等地进行住宅开发。凭借一贯的创新精神及专业开发优势，公司树立了住宅品牌，并获得良好的投资回报和商业信誉。

请回答下列问题：

由于公司处于发展期，假设你是人力资源部经理，请带领你的团队为公司制定一份详尽的招聘管理制度规章和制度范本。

【实训游戏】

创业公司的管理也是一个非常值得探讨的话题。创业公司由于规模小，人数少，基础员工流动率较高，大多执行"扁平化管理"制度。这套制度能够充分动员了员工能动性。但大部分的创业公司学到了表皮没有学到精髓，架空了中层，老板每天忙得死去活来，中层毫无权威，员工们都不知道自己在忙碌什么，公司变得一团乱麻。尤其当创业公司企业成长到一定规模，公司沟通似乎开始变得困难，很多事情不再像以前一样指哪打哪，因此，如何有效率的推进工作流程十分困难。然而，创业公司根本不存在完美的制度，因为创业就是一个不断变化的过程，越复杂的制度只会越束缚企业的弹性，对于一个创业公司而言，规则流程制度绝对不是越完善越好。创业是不断试错的过程，每一项制度化的流程都意味着它已经完成了试错的全过程，除非你已认定这就是未来公司快速复制的路径，否则不要轻易制度化。

请回答下列问题：

如何为创业公司设计一套兼顾灵活性和有效性的招聘制度体系。

第二篇 操作篇

第四章　招聘计划的制订

学习目标

- 掌握招聘策略的内容,以及如何选择招聘策略。
- 了解招聘规划的内涵以及编制的方法、流程。

开篇故事

为什么离职率那么高?

河南一家制造企业的人力资源部员工小麦突然接到一份紧急任务,编写去年企业各部门员工流失分析报告,然后向人力资源部经理苏门昌进行汇报。小麦连忙赶工,晚上加班加点到凌晨才终于完成了这份报告。

第二天一上班,小麦将这份报告递给了苏经理,并在办公室内向他进行了汇报。下面是两者间的对话。

小麦:"去年,整个企业流失率偏高,达到了14%,但其中最突出的是生产制造部的流失率,达到了35%,而其他部门的流失率都在10%以下。生产制造部严重拖了后腿。"

苏经理:"昨天公司刚刚开了高层会议。会议上,生产制造部的赵经理就在诉苦,生产效率低下,任务无法按时完成,主要原因是一线技工的流失率太高了,而且很多离职的都是刚刚才入职的新员工。"

小麦:"我也在报告中说明了这一点。一线技工流失的高峰期就在入职后的第三个月,占比达到了20%。"

苏经理:"我们还花了两个月的时间去培训入厂的这些新技工,结果培训完,他们只做了一个月就跑了。"

苏经理:"而且昨天总经理在会上布置了新的工作目标,生产制造部的任务更重了。老赵现在把皮球踢给了我们,如果我们不给他解决人的问题,那他就无法完成任务。"

苏经理:"现在的情况是,总经理把担子压在了我们这一边,让我们提出个解决方案。就算我们一味去招人,可也赶不上他们离职的速度。"

小麦:"经理别着急,我觉得还是要从降低流失率的角度去想办法。我马上着手去做离职访谈,看看这些人为什么要离职,我们再来想办法。"

苏经理:"那你可要抓紧时间。我估计是不是我们工资给低了,你再去做一个薪酬调查。"

小麦从经理办公室出来,立即安排这两项工作。首先,她进行了相关调研,发现自己企业一线技工的薪酬水平在行业内属于中上水平,并不算低;其次,她拟定了离职访谈提纲,对一些离职员工进行了访谈,对离职原因进行了总结归纳。

苏经理看着小麦交上来的调查结果,陷入了沉思。看来薪酬并不是员工流失率这么高的主要原因,就算我们要求给一线技工涨工资,也只是"饮鸩止渴"。况且涨多了,总经理不会批;涨少了,根本不会起作用。苏经理看着离职原因中最高的一项是"工作压力大,经常倒班,对身体不好",心想:这帮人真是不能吃苦,我们现在还没有进入生产高峰了,到时候还要实行综合计算工时制,现在哪里工作压力不是大,真是烂泥扶不上墙。苏经理想到这里,边摇头边苦笑。突然一下子,他好像想到了技工的招聘简章,发现简章中根本就没有提及倒班的事情,而且也没有要求具有能吃苦耐劳的工作品质。苏经理仿佛找到了问题所在,他连忙电联小麦:"你去把技工的招聘流程做个梳理,然后向我做个汇报!"

小麦整理了技工招聘流程之后,赶到经理办公室,向经理做了汇报。原来该企业的一线技工主要是通过校园招聘的方式,在当地对口的几所技术学院内招收约300名新人,主要的筛选就是通过笔试+面试的方式来完成。笔试考的是逻辑推理和空间想象能力,面试环节主要是考察学生们的动手操作能力,最后按照分数择优录取。苏经理听完小麦的汇报之后,说:"果然是这里有问题。我们招聘时都只考察了候选人的能力,而没有对他们的品质提出任何要求,更没有进行测试。那么招进来的人很有可能就不符合岗位的要求,他们也承受不了压力,所以都跑光了!赶快修改招聘简章,对招聘流程进行优化。如果需要资源,打报告。"

小麦在技工招聘简章中加入了"能适应倒班,具备吃苦耐劳的工作品质"等词语,然后报请苏经理及总经理的批准,请了专业的人才测评公司设计了一套测量吃苦耐劳程度的测试题,放入招聘技工的流程之中,对候选人进行测试。在经过上述改进之后,生产制造部新员工的流失率大为降低,由之前的20%降到了现在的5%。

上述的案例虽然和大家探讨的是员工流失率的问题,但实际的重点却是在招聘的流程之中。我们企业招人是有风险的,因为你不知道新人的能力到底怎么样,能不能适应这个岗位,能不能适应这个企业,能不能适应企业文化。如果有一个方面产生了不适应,那么人、岗位、企业三者之间就会出现不匹配,人就留不住。所以我们在招聘的环节上,就应该从多个角度,不同的方向上对候选人进行测试,不能只看能力,而忽视了品质。

资料来源:https://m.sohu.com/a/399139121_201359(有删改)

请分析:现代社会中很多公司员工离职率高的原因是什么?HR招聘的流程应注重哪些问题?

第一节 招聘计划

招聘计划是指把对工作空缺的描述变成一系列目标,并把这些目标和相关应聘者的数量和类型具体化的工作,即一方面要研究招聘人数,另一方面要确定招聘类型。通过定期或不定期地招聘甄选来录用企业所需要的各类人才,为企业人力资源系统充实新生力量,实现企业内部人力资源的合理配置,为企业扩大生产规模和调整生产结构提供人力资源的可靠保证,同时弥补人力资源的不足。但是招聘的负责人员应避免人员招聘中的盲目性和随意性。

一、招聘计划的构成

1. 人员需求数量和结构

招聘人数的规划一般按照人力资源招聘申请的审批程序即可确定。各用人部门按照自己部门产生的职位空缺向人力资源部门申报招聘申请,在整个企业人力资源规划的限制和约束下,经上级领导的审批,决定最终需要招聘的员工人数。人员需求一般发生在以下几种情况:

(1) 新的企业或企业业务成立;
(2) 企业发展,规模扩大;
(3) 现有的岗位空缺,或者有岗位上的人员不称职;
(4) 突发的雇员离职造成的缺员补充;
(5) 岗位原有人员晋升了,形成空缺;
(6) 机构调整时的人员流动;
(7) 为使企业的经营理念、管理风格更具活力,而必须从外面招聘新的人员;
(8) 为了企业未来的发展而进行的人力资源储备。

在招聘数量的确定上我们要考虑两个比较重要的问题。

第一,在实际工作当中,会出现某些用人部门为了本部门的利益,有意虚报或者隐瞒真实的用人需求数量,从而不利于招聘数量的最终确定。为此,人力资源部门要在工作分析、历史数据的分析,企业本身的运营现状和发展规划当中进行有关数据的整合及综合平衡,这项工作的最终结果要通过企业最高决策层的批准。

第二,由于在整个招聘过程中的每一个筛选阶段,都要拒绝一些应聘者,所以企业最终需要录用的人数应该位于"招聘筛选金字塔"最高端。为此,在企业进行人才吸引的时候,要根据本招聘职位的历史筛选比例进行预测最初需要的应聘人数,这在一定程度上还决定着招聘工作的渠道选择、方式选择等工作的进行。

2. 招聘时间和渠道

根据人员需求数量及结构等因素,结合招聘岗位特点,明确何时进行招聘,具体实施时间如何安排,是采取发布招聘广告还是现场招聘。如果是现场招聘,是参加招聘会还是去校园招聘,请详见第五章"招聘渠道管理"。

3. 招聘实施主体

此项目包括招聘工作具体实施人员的分配及各自的职责等。有时招聘会比较集中,而且分布在不同的地区,这时人力资源部不但要分配好人员,组成招聘小组,还要确定好重点小组,以确保招聘任务的完成。

4. 录用条件

有的职位要求一定要具有研究生学历,有的职位要求一定要具有一定年限的工作经验,有的职位要求一定要具有某种专业背景,等等。这些必须的录用条件都需要事先制定好,以便于为企业挑选出最为适合的人才,提高招聘的效率和质量。

5. 招聘广告的制定

招聘广告和其他的广告不同,有其自身的特点。招聘广告虽小,但对招聘质量的影响非常大。首先,招聘广告要吸引人们的注意力,只有吸引足够多的眼球,企业才能获得更多的备选简历。其次,招聘广告要宣传企业形象和核心价值观,并介绍企业的核心业务。再次,招聘广告要准确地描述企业招聘岗位和岗位信息以及相关要求。最后,招聘广告要标明自己的招聘时效和联系信息。

二、招聘计划的编制流程

招聘计划的编写一般包括以下7个步骤,如图4-1所示。

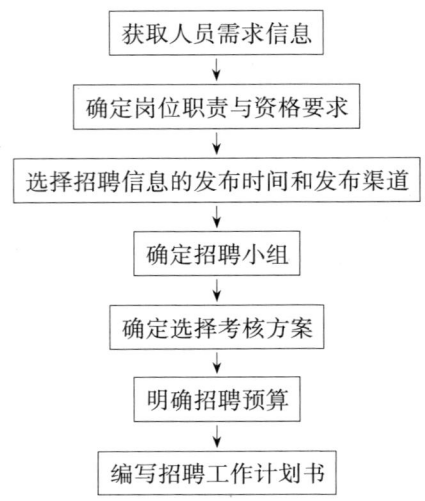

图4-1 招聘计划编制流程

其中,人员需求一般发生在3种情况下:一是人力资源计划中明确规定的人员需求信息;二是企业在职人员离职产生的空缺;三是部门经理递交的招聘申请,并经相关领导批准。

1. 获取人员需求信息

人力资源部在制订招聘计划之前,均需针对企业中各个部门进行招聘需求分析,目的是确保招聘计划的针对性、有效性与合理性。招聘需求分析是招聘工作的重点,是招聘计划制订的依据。

我们可以按以下4个步骤执行招聘需求分析工作。

(1)岗位信息的采集和搜集。现有的岗位说明书、部门架构、用人机制等资料是岗位信息的重要来源,现场考察、任职人员访谈、绩优者分析等,是采集、搜集岗位信息的有效方法。

(2)岗位信息的整理提炼。所有与岗位相关的信息可以被整合成4个方面,具体内容如图4-2所示。

岗位职责要求	岗位的关键产出是什么？岗位对人的行为要求是什么？这些要求哪些是对人的，哪些是对事的？
工作环境特点	是否要求承担较大的工作压力？工作节奏如何？岗位在公司中的地位如何？任职人所在团队氛围如何？
公司文化要求	公司倡导什么样的价值观？公司体现什么样的精神风貌？公司需要体现什么样的工作风格？
公司发展需要	公司未来的业务方向是什么？在可预见的未来，业务发展对人的要求将发生什么岗位的用人要求。从"知识、技能、经验""能力""动机和价值观"3个维度，对上述信息加以汇总，形成岗位用人要求。

图 4-2 岗位相关信息的整合

（3）汇总岗位的用人要求。从"知识、技能、经验""能力""动机和价值观"3个维度，对上述信息加以汇总，形成岗位用人要求。

（4）有效招聘要素的选择。上述岗位用人要求是一种理想状态，但企业需要的是最合适的人，而不是"完美"的人。在招聘过程中，不需要面面俱到，只需要重点选择若干个核心要素作为考察点。企业可以将培养成本、人群区分度、环境约束度和可衡量度作为考察点。

培养成本，即某项考察点在短期内进行培养的难易程度。易于培养的，作为考察的次要标准或不予考察；不易培养的，则作为主要考察点。

人群区分度，即某项考察点在应聘者群体中的差异度和区分度。区分度小的，作为次要标准或不予考察；区分度大的，则作为主要考察点。

环境约束度，即某项考察点因环境因素对职责发挥的影响程度。环境约束度高的，作为次要标准或不予考察；环境约束度低的，则作为主要考察点。

可衡量度，即某项考察点能用现有方式进行衡量的程度。不能或不易衡量的，作为次要标准或不予考察；易于衡量的，则作为主要考察点。

2. 确定岗位职责与资格要求

招聘计划的编制过程中，确定岗位职责和资格要求是指对招聘进行基准的校订。其中包括基本标准和关键标准两大类。基本标准是确定人能不能干这项工作，而关键标准是确定人能不能干好这项工作。两者相互补充，层层递进。制定好这两个标准，企业才能"按锁配钥匙"，找到符合要求的人员，招聘才会成功。

（1）人员的基本标准：人员3个匹配度

人员的基本标准是指，人员能胜任应聘职位的最基本要求。它主要从三个方面来定义：人员技能与岗位职责相匹配，人员个性与团队特点相匹配，人员价值观与企业价值观相匹配。

① 人员技能与岗位职责匹配。人员技能与岗位职责匹配是指胜任岗位要求，人才需要具备哪些基本技能，包括学历、专业、经验等，具备这些技能，是做好一项工作的前提。在工

作分析的基础上,明确岗位职责,把招聘职位的工作内容、特点和对人员的技能要求等编制成岗位说明书,让应聘者知道岗位的任职条件,来后要干什么。一些企业招聘时,由于没有明确的岗位职责和任职要求,往往被应聘者优秀的个人条件所吸引,引进人员时存在盲目高消费现象,甚至内勤、前台人员都非本科不要。尤其是随着就业压力趋紧,许多企业对人才更是挑肥拣瘦,大材小用的事非常普遍,部分高学历人员甚至还被当成装潢门面的花瓶,派不上实际用场。

② 人员个性与团队特点相匹配。人员个性也是招聘中要考虑的重要因素,随着现代社会专业化分工越来越细,团队合作越来越重要,如果人员以自我为中心、合作能力不强,就不适合在团队中工作。另外就是人员与团队的互补性,如果团队成员个性都很强,善于协调的员工就应发挥作用,死气沉沉的团队则需要性格开朗的人员活跃气氛。因此,应分析团队的特点,招聘那些合作性和互补性强的新员工,团队才能产生1+1>2的效果。当然,团队精神在绝大多数场合应该提倡,个性独立的人也不能随意淘汰,对企业的企管、质检等岗位来说,坚持原则的人员更有用武之地。而设计、策划部门,特立独行的人有可能随时冒出创造的火花。因此,招聘前一定要清楚把新人员放在哪个位置,该岗位对人员个性等有哪些要求,还要考虑新进人员的职业取向以及可能的升迁位置等,这样找来的员工才能"对号入座",发挥自身的价值。

③ 人员价值观与企业价值观相匹配。许多企业在招聘人员时,往往强调工作经验和技能,而往往忽略了对人的职业道德考察。企业很容易让员工掌握工作经验和技能,却很难教他如何具有正直的品行。品德不佳的人员,能力越强,带给企业的危害就越大,如携款潜逃、泄露企业机密、挖企业墙角等。另外,了解应聘者的价值观也是一个重要内容。价值观支配个体行为,员工对企业忠诚度的高低与其对企业价值观的认同度有密切关系。认同企业价值观的员工能够与企业文化更好地融合,提高企业绩效。所以,向应聘者开诚布公地讲明本企业的优劣势,这样企业虽然有可能失去一些优秀人员,但更能增加员工的稳定性。

(2) 人员的关键标准:岗位胜任能力

按照同样标准选来的人员,他们的实际绩效可能相差甚远。经验表明,会干与干好并不一定画等号。导致人员绩效差异的还有很多非技能方面的因素,如系统思考能力、决策能力、激励能力、人际交往能力和自我控制等。这些因素就是岗位关键胜任能力,它决定了人员能不能出色地完成某项工作。

① 关键胜任特性:发掘人员的潜能。关键胜任能力也就是工作所需的核心素质。素质是很难判断的,这是由于:第一,素质比工作业绩抽象,更不容易把握;第二,素质是人所共知但又难以说清楚的,因此对其判断的主观性很大;第三,个人在自我讲述中容易夸大自己的优点、有选择地报告,或者将自己的理想和希望与实际工作混淆;第四,人际交往状况和利益的冲突等增加了素质评价的难度。通过与任职者及其关联职位的访谈,对该职位典型的成功和失败事例进行分析,再加上经验积累和同行参考等,就能了解该岗位的关键胜任特性。同时,对职位胜任特征进行定义分级、明确界定。这样,依据胜任特征选人员,可以有效避免人员学历、资历、名气对甄选者的干扰,更容易发现人员的潜能。

② 权重设计:突出最重要的胜任力。对一个职位来说,各项胜任力的重要性往往不同,因此对各项胜任力设定一定的权重会使甄选的结果更为合理。对办公室主任来说,企业协

调能力、沟通能力、灵活性是最重要的，因此它们的权重可以加大；而冲突管理、团队合作相对不如前者高，权重可适当减少。只有对各项胜任力设定不同的权重，才能保证人员是在最重要的胜任力上表现最优秀的人。

表4-1是一个具体的招聘条件的清单举例，我们可以从身体状况、训练/教育、知识/经验、特长、性格、交际技能和特殊环境适应能力等方面来界定招聘条件。同时有三个维度进行描述，分别为必备、希望和禁忌，这样便可以轻而易举地筛选那些期待中的应聘者了。

表4-1 人员招聘条件列表

	必备	希望	禁忌
身体状况 工作对健康状况、体质条件和长相有何要求			
训练/教育 工作对文化程度和接受教育与训练的情况有何要求			
知识/经验 工作需要哪些相关知识、技能、经验，其深度和类型又如何			
特长 哪些特长对工作有用，比如创造力、写作能力、口头表达能力和计算能力等			
性格 工作是否需要创新精神和工作热情			
交际技能 工作是否需要交际技能			
特殊环境适应能力 工作是否需要出差或加夜班			

填写上表时应该有以下几点注意事项：要做到具体明确，不能含糊其词；确定真正必需的条件，其他全是希望条件；尽量考虑到未来工作的变化；确定所列各项条件的先后顺序和轻重程度。

3. 选择招聘信息的发布时间和发布渠道

无论采取什么招聘渠道，都必须发布招聘信息，它的作用是让应聘者清楚地知道自己是否就是企业所需要的，具体包括：① 招聘信息的内容必须全面，表述必须准确；② 招聘信息一般包括工作名称、职位级别、年龄、学历要求、联系方式等；③ 招聘启事需张贴在醒目的地方，并保留一定的期限。

企业发布招聘信息的渠道主要有招聘会、招聘广告、职业介绍机构、人才机构、校园招聘、员工推荐、网络招聘等。各种发布方式都有其优劣势，要选择最有效的渠道，就必须综合考虑招聘职位的不同、职位空缺的数量、需要补充空缺的时间限制等因素。在选择过程中不仅要考虑信息发布的费用成本，而且要考虑招聘信息覆盖的范围，更要考虑招聘信息能否及时准确地到达目标人群。

4. 确定招聘小组

在招聘过程中，应聘者是与企业的招聘者接触，而不是与企业直接接触，因此他会根据企业在招聘活动中的表现来推断企业其他方面的情况。因此,招聘者应具备良好的个人素养、多方面的能力、广阔的知识面和相应的技术要求,而对招聘团队的领导而言,焦点问题则是与部门主管人员之间的职责划分,如表4-2所示。

表4-2　招聘与选拔在直线和职能部门之间的职责划分

	部门主管人员(直线人员)的活动	人力资源管理专业人员的活动
招聘与选拔职责	列出特定工作岗位的职责要求,以便协助进行工作分析	在部门主管人员所提供资料的基础上编写工作描述和工作说明书
	向人力资源管理人员解释对未来雇员的要求以及所要雇佣人员的类型	制订出雇员晋升的人事计划
	描述出工作对人员素质的要求,以便人力资源管理人员设计甄选和测试方案	开发潜在合格应聘者来源,并开展招聘活动,力争为企业招聘到高质量的应聘者
	同候选人进行面谈,做出最后的甄选决策	对候选人进行初步面试、筛选,然后将可用这推荐给部门主管人员去考虑

5．确定考核方案

详见第六章：人员甄选管理。

6．明确招聘预算

公司计划招聘,招聘成本预算可按招聘阶段的费用情况来编制,整个招聘工作所有费用预算如下。① 招聘准备阶段费用：招聘准备阶段费用预算包含会议讨论费、材料制作费、广告费、校园宣传费、参加招聘会的费用、办公费等。② 招聘实施阶段的费用：招聘实施阶段的费用如表4-3所示。

表4-3　招聘实施流程及费用

工作流程	参与者	时间(小时)	小时工资(元)
筛选简历,确定笔试人选	招聘专员	3	
	招聘经理	1	
笔试准备	人事助理	1	
	招聘经理	1	
通知应聘者参加笔试	人事助理	5	
笔试	招聘经理	2	
评卷	人资工作人员	7	
第一轮面试	招聘专员	90	
	人事经理	90	
第二轮面试	人事经理	45	
	部门经理	45	
第三轮面试	部门经理	7.5	
做出录用决策,通知应聘者	人事助理	2	
合计			

由于招聘对象和招聘工具的多样性，单位招聘成本也呈现出多元化特征，所以很难归纳出一个具体统一的单位招聘成本计算公式，但可以从招聘对象和招聘工具两方面透视单位的招聘成本。首先，招聘对象多元化对单位招聘成本的影响。企业对人才的需求是多种多样的，主要表现在职位类别的不同、职位级别的不同、地理分布的不同、填补空缺的紧迫性不同等方面。其次，招聘渠道多元化对单位招聘成本的影响。目前，企业的招聘渠道主要包括招聘会、报刊广告、猎头企业、人才机构、校园招聘、员工推荐、网络招聘、内部招聘/岗位轮换等。而候选人资格要求的不同、招聘时限的不同，所采用的招聘渠道也应不同。采用不同的招聘工具使招聘成本不一。近10年来，我国企业的招聘成本是有增无减，究其原因主要有：第一，直接招聘费用多；第二，外聘机构费用高；第三，人力时间成本增加；第四，员工跳槽风险高成本大。

7. 编制招聘工作计划书

一份完整的招聘计划书，应包括人员需求、招聘时间和渠道、招聘实施主体、所招岗位录用条件、面试方案等内容。

8. 招聘计划中的重要内容

为了编制有效的招聘计划，必须做好招聘人员、地点、时间、渠道和方法的选择（详见第五章）以及招聘广告策略和招聘宣传（详见第五章）。

第二节　招聘者

企业招聘过程质量的高低会明显地影响应聘者对企业的看法，因此组建一支好的招聘队伍至关重要，因为招聘者在外面进行招聘工作时，代表的将是整个企业。当大多数应聘者第一次与企业进行直接接触的时候，他们往往通过招聘者素质的高低来判断企业有无发展前途。

招聘者应该由人力资源部工作人员、所招聘职位的负责人、专家等共同组成。总的来说，招聘者应具备良好的品德和个人修养，具备相关的专业知识，掌握一定的面试技巧，面试时，应持公平、公正、客观的态度评价所有的应聘者。

一、招聘者

1. 招聘者的素质要求

（1）良好的个人品质与修养：热情、积极、公正、认真、诚实、有耐心、品德高尚、举止文雅、办事高效。

（2）具备多方面的能力：表达能力、观察能力、协调和交流能力、自我认知能力。

（3）专业领域知识技能：因专业而定，如IC设计、遥感技术等。

（4）广阔的知识面：如心理学、社会学、法学、管理学、企业行为学、血型学、笔迹学等。

（5）掌握一定的技术：人员测评技术、策略性谈话技术、观察的技术、设计招聘环境的技术。

2. 招聘队伍组建的原则

企业负责招聘的队伍往往不是单枪匹马的，而应组建一支强有力的招聘队伍。这支招聘队伍并不是随意组建的，而是要遵循相应的原则。

（1）知识互补：招聘队伍既要有熟悉人力资源招聘知识的人员，如人力资源部负责招聘的员工，又应该有熟悉需要招聘职位相关业务的人员，如软件工程师，这样才能在招聘中从多角度审视应聘者。

（2）能力互补：招聘队伍从整体上应该具备良好的企业能力、领导能力、控制能力、沟通能力、甄别能力、协调能力以及影响力等。

（3）气质互补：招聘队伍中应该具备谨慎认真的招聘者，他们可以让整个招聘过程不出差错或少出差错；也应该有富有亲和力的招聘者，他们可以坦诚地和应聘者沟通；在有些时候那些"盛气凌人"的招聘者也是需要的，如进行压力面试时。

（4）性别互补：在招聘的队伍中应该协调好男性和女性的比例，因为在招聘的过程中可能会出现性别的偏见，也就是说，男性招聘者可能会更倾向女性应聘者；相反女性招聘者可能会更倾向选择男性应聘者。所以，性别互补也是不可忽视的。

（5）年龄互补：在招聘的队伍中应该考虑不同年龄的招聘者。不同年龄段的确存在代沟，应该安排与应聘者年龄相仿的招聘者，这样利于沟通，可以达到预期效果。

在招聘过程中，应该让部门经理参与进来，作为未来员工的直接上级，应由他们来决定人员最终是否被录用。部门经理更加了解该岗位的技能要求，因此在技能考核中，能够发挥不可替代的作用。另外，人们不会为自己的选择后悔，部门经理会更加喜欢管理他亲自挑选的下属。

二、招聘地点

选择在哪个地方进行招聘，应考虑人才分布规律、应聘者活动范围、企业的位置、劳动力市场状况及招聘成本等因素。

（1）一般规则。在全国乃至世界范围招聘企业的高级管理人才或专家教授，在跨地区的市场上招聘中级管理人员和专业技术人员，在招聘单位所在地区招聘一般工作人员和技术工人。

（2）就近原则。原因是可以节省大笔的招聘费用。此外，临近企业的地区的人对本地文化有较为深刻的理解，在管理上具备一定的优势。

（3）尽量在同一地区进行招聘。这有利于形成固定的员工供应渠道，同时也是节约招聘成本的一个有效途径，因为现有员工的无形宣传已经是企业最好的广告了。但是，因为企业每年的招聘类型、数量都有所不同，所以还要因事因地制宜，灵活地向更好的劳动力市场发展招聘工作。

三、招聘时间

招聘过程中一个重要的问题是，在保证招聘质量的前提下，确定一个科学合理的时间周期。时间的紧迫会使招聘质量大打折扣。

一般的招聘时间选择应遵守如下规则。

1. 应该遵循劳动力市场的人才规律

在人才供应高峰期到劳动力市场上招聘，可节约成本，提高招聘效率。一般来说，在每年的大学毕业生就业阶段是人才寻找就业机会的高峰期，这段时间一般是在每年的11月份开始，直到第二年的5～6月结束，其间应除去大中专院校寒假放假阶段。如果在这个时期进行人员招聘，因为劳动力供应充分，所以有较高的可能性雇佣到素质较高的员工，同时也有利于节约招聘成本。

2. 制订招聘时间计划

在出现岗位空缺之前，必须仔细确定每一个招聘步骤可能占用的时间，以便决定填补空缺职位需要花费的全部时间，设置一个实际的时间线，从你希望雇员到岗那一天开始进行倒推。按照一般的招聘过程中每一阶段所需时间可以估算出，一个有效的招聘一般需要接近两个月的时间，其间要征集个人简历、面试通知、面试准备和进行、决定是否录用、录用通知工作等。所以招聘广告一般在职位空缺前两个月就要发放出去，这样才能按照既定的招聘工作流程的逻辑顺序进行完整的招聘工作。

四、招聘宣传

招聘的过程也是宣传企业形象、提高企业声誉的过程。在招聘过程中，企业一方面需要尽可能吸引应聘者，另一方面还必须利用招聘的机会进行企业形象和声誉的宣传活动。

企业应与人才的来源单位如大专院校、职业介绍中心、人才交流中心等机构保持密切的联系。近年来，很多公司直接到各大院校设立专项奖学金，召开宣讲会，从而增进毕业生对公司的了解，为企业吸引储备人才。另外要处理好与未被录用者的关系，对其发感谢函，说明未被录用的原因等。

五、招聘备选计划

一般而言，招聘成本是比较高的，因此企业在做出招聘决定之前，应认真考虑备选计划，包括雇用兼职人员、临时工、员工租赁和策略性外包等。同时值得注意的是，并不是企业已出现人力资源空缺就需要进行招聘工作，有时候可以通过企业内部的人力资源重新调配和整合来弥补空缺职位的工作。这也决定了在从事招聘工作的同时也要认真考虑备选替补人员计划，一般包括以下形式。

1. 加班

由于员工的离去导致的职位空缺，可以由从事同样工作的员工来代替他的工作，也就是三个人的活两个人干，这就需要延长工作时间了，即所谓的加班。一方面避免了企业招聘的种种费用支出，同时还增加了加班员工的收入，可以说一举两得。但这毕竟不是长久之计，随着工作时间的延长，加班人员可能会降低劳动效率。

2. 临时工

在衡量了雇佣固定工人和临时工人的成本之后，很多企业发现使用临时工人或者兼职人员往往比雇佣一名专职员工在经济成本上要划算得多，但使用临时工人有其特定的限制，一般在季节性员工需求比较强烈的职位上、临时增加的企业项目、固定员工的临时不在岗、需要特殊技艺、但企业又不经常使用的工人等情况下，使用临时工人比较合适。

3. 雇员租赁

在人力资源管理实践中,企业使用雇员租赁的形式获取人力资源,不仅可以节约招聘成本,而且省去了管理费用。对于出租雇员的企业来说,在人力过剩的情况下出租雇员,人力不足的情况下召回雇员,可灵活地处理企业人事工作。对于被租赁的员工也可在本企业人力过剩时,避免下岗的同时又可获得工资收入,由此可见,这种形式对三方都有好处。但不利因素也同样存在,由于员工的报酬福利均来自另外的一个企业,所以对于员工的忠诚度是个考验。

4. 外包

当转包商在生产某些特定的商品或服务方面具有专长时,这种形式比较具有吸引力。同时,由于企业自身的条件限制,不能独立完成工作任务时,也会采用将部分工作转包给另外的企业来完成。现代人力资源管理工作中已经出现了外包的具体形式,在财务管理等方面的工作也经常由外来的专业人员来提供。对于某些工作来说,外包给别人,可以在更合理的价格上得到更好的质量保证。

5. 内部晋升或调配

内部晋升或调配是当企业的企业结构发生改革,或基于其他原因而出现个别职位空缺时,从储备培养的人员或工作业绩突出的员工中,晋升或调配合适的人选填补职位空缺的方法。采用内部晋升或调配的方法,在我国企业中较为常用,尤其是在招聘有一定职位级别的管理人员时,企业一般会首选在企业内部进行晋升或调配。

本章小结

招聘计划是指人力资源部根据用人部门的增员申请,结合企业的人力资源规划和职位说明书,明确一定时期内需招聘的职位、人员数量、资质要求等因素,并制定具体的招聘活动的执行方案。人员招聘计划是企业人力资源管理的重要组成部分,其主要功能是为人员招聘选拔工作提供客观的依据、科学的规范和有效的方法。制订招聘计划的工作就是把空缺的岗位描述变成一系列的目标,并把这些目标和相关应聘者的数量和类型具体化。

复习思考题

1. 人员招聘策略主要包括哪些?
2. 结合企业生命周期,谈谈企业招聘策略的选择。
3. 企业招聘规划的构成有哪些?
4. 如何确定人员需求数量?
5. 招聘计划的编制流程是哪些?
6. 招聘计划的意义何在?
7. 在编制招聘计划流程时需要考虑哪些因素?
8. 招聘的备选方案有哪些?

 **案例讨论**

南方航空：校招，要趁早

作为央企，南航业务的发展必须服从国民经济发展的战略布局，南航要在一个较长的时间跨度上对未来民航业的发展速度做出一定的预判，结合自身未来五年运力的发展预期、市场占有率和国民收入、出行偏好等外部经济条件等来设定中长期的发展目标，从而形成三年至五年的滚动规划。基于这些规划，再进行相应的细化和深化会产生校招计划。

南航的五年规划对人员的资源配置有清晰的定义，通常都是基于各职类的人员配置模型来计算年度用工指标。例如，每新增一架飞机要配备的乘务员、机务、航务等人员的数量，都需按配置标准执行。参照这些标准结合公司未来业务的发展，会大致计算出未来人员的增长所带来的需求。然后再根据校招人员的培养周期和成长期反推，从而计算出当下对机务、航务等岗位的校招需求量。

南航的校园招聘岗位根据不同的特色共分为9大职类。对不同层次的岗位，南航的管理方式和关注程度也有所不同。较为基础的岗位如支持类、地面服务类岗位，公司可能会直接委托用人单位、基层单位招聘，并用劳务派遣、劳务外包的方式处理；而市场稀缺同时又位于企业价值链核心的岗位，公司通常会比较关注，这些岗位是由公司和用人单位联合来进行规划、部署、执行和招聘的。

南航从稀缺性和价值性的角度区别岗位的重要程度以及相应的招聘策略。例如，机务、航务、飞行、乘务这些岗位是属于民航业特有的岗位，它们的院校群体相对比较集中。还有的岗位通用化程度比较高，如营销类、信息类、机关职能类岗位，多数院校都会有这样的专业，只要学生的学习能力和基本教育素质合格，就都是南航的招聘对象。

根据不同的岗位，南航设计了不同的招聘计划和培养方案，针对校园招聘所面对的学生群体的特点，南航开发了颇具创意的活动来吸引优秀人才，为南航的人才储备打下了基础。

思考：

(1) 企业如何利用好每年的校园招聘？

(2) 如何合理地根据企业的发展需要和目标，制订清晰合理的招聘计划？

【实训游戏】

假设你是B集团招聘小组的成员，现在正在召开校园招聘计划会议，人力资源经理打算先去本省各大院校做校园宣讲，并且院校数量不少于5所；活动之后，接收学生的简历并进行初次面试。人力资源经理委任你去制作校园招聘行程计划表，包括具体的日期、时间、所到院校、宣讲地点、活动内容等信息。

同时人力资源经理提醒你，在做行程安排时，要和各大院校协商好招聘时间、地点、需求岗位及专业等信息。你有两周的时间去做安排，两周后的会议开始前，提交招聘行程计划表。请以表4-4为参考，制订招聘行程计划表。

表 4-4 招聘行程计划表

日期	时间	院校	宣讲地点	主持人	宣讲人	活动内容

第五章　招聘渠道管理

 学习目标

- 掌握招聘渠道的内涵以及内部招聘、外部招聘的概念、途径和各自的特点。
- 了解招聘渠道有哪些类,各自的开展方式及特点。
- 比较各招聘渠道之间优劣以及选择的原则和依据。
- 了解招聘广告的特点、效果,知晓其编写方式。

 **开篇故事**

CF 科技公司内部招聘的失败

湖北省武汉市东湖高新区 CF 科技公司的质检部门去年同时招聘了许康和李子茗两名职员,这两人一直梦想进入该公司,如今得偿所愿,他们都十分兴奋,很想干出一番事业出来。因此,他们在工作中都充满激情与活力,认真完成所有任务,工作满意度较高。由于两人专业技术水平比较突出,多次为公司解决了不少质检技术和管理上的难题。

有一次供应商在公司临近下班时送来了一车货物,因为不想加班,质检组长打算将这批货物免于检查,好让职工们早点下班。而许康和李子茗坚持要抽样检查,结果抽样合格率很低,达到了公司退货的标准。看到这样的结果,质检组长惊出了一身冷汗,并对许康和李子茗这一举动表示了赞许。为此,质检部也受到了公司领导的表扬。

几个月以后,公司规模和业务都迅速扩大,于是决定从企业内部招聘一名采购经理助理。由于许康和李子茗表现都很突出,质检部门将他们俩同时推荐了上去,二人的能力和表现都非常出众,很快成为岗位的热门人选。最后经过重重选拔,许康成功地晋升到采购经理助理的位置,李子茗却落选了。

一个月后,李子茗带着失望和困惑的心情离开了心仪已久的公司,而许康虽然成功胜出,但是他在新的岗位上无法适应,工作失误不断,因此情绪非常低落,原来高涨的工作热情荡然无存。

案例分析:本来两个好好的人才,结果经过企业一番折腾,一个离职跳槽,一个工作积极性受挫,这都给企业带来了较大的人才损失。

落聘者如若不能坦然面对失败,心中就会产生对此次招聘的困惑,如果企业不及时与其进行妥善的沟通,不消除其心中的疑虑,对其工作态度、工作状态和对企业的忠诚度都会有着不同程度的影响。

作为这次内部招聘的成功者,理应倍感骄傲,在工作中发挥出更大的热情和积极性,然而由于无法适应新的岗位,导致失误不断,员工到了一个新的工作岗位,面对新的环境,多少会产生一定的压力,如果再加上本身心理素质不好,适应能力较差的话,情绪肯定会非常低落,影响工作士气。

那么,问题究竟出在哪里呢?

资料来源:http://www.hrsee.com/? id=1157(有删改)

请分析:内部招聘通常被看作是一种常见的招聘渠道,更应该被看作一种人才管理方式,案例公司此举"双输"的原因是什么?思考如何管理和运行好各种招聘渠道?

第一节 招聘渠道概述

一、招聘渠道的概念

招聘渠道是指企业引进或补充所需要的人力资源的途径或来源,是企业招聘行为的辅助之一。一个好的招聘渠道应该具备以下3个特征。

(1)招聘渠道的目的性即招聘渠道的选择应该能够达到招聘的要求。

(2)招聘渠道的经济性指在招聘到合适人员的情况下所花费的成本最小。

(3)招聘渠道的可行性指选择的招聘渠道符合现实情况,具有可操作性。

企业人员的招聘渠道可以分为内部渠道和外部渠道,其中内部渠道是指从企业内部选拔所需的人员,外部渠道是指从企业外部选拔所需人员。对于招聘管理来说,选择有效的招聘渠道对招聘效果是至关重要的。

二、招聘渠道的选择原则

1. 高级管理人才选拔应遵循内部优先的原则

当今企业竞争是核心能力的竞争,而企业核心能力的最关键来源就是稀缺、难以仿制、难以获取的高级管理人才和关键的专业技术人才。高级管理岗位和重要的专业技术岗位,需要品德高尚、技能精湛、经验丰富的员工,更需要认同企业文化、熟悉企业经营管理流程、善于团队合作的员工,而这些员工是很难从"空降兵"中获得的。

2. 快速成长的企业应遵循外部招聘为主的原则

对处于成长期的企业,由于其发展速度较快,仅仅依靠内部选拔与培养,无法在短期内跟上企业的发展步伐。同时,企业人员规模是有限的,可供选择的余地较小,无法得到较佳的人选。在这种情况下,企业应当采取以外部招聘为主的策略,广开渠道,吸引和接纳需要的各类人才。

3. 遵循企业文化导向选择人才的原则

如果企业想维持现有的强势企业文化,适宜从内部选拔人才(若能满足的话),毕竟内部员工比外部招聘者会更加认同企业经营管理理念、核心价值观、行为准则等。如果企业想改善或重塑现有企业文化,则适宜从外部招聘人才,新员工会带来新思想、新观念和新的行事风格,从而促进企业文化的变革和改进。

4. 外部环境剧烈变化时,适宜采用内外紧密结合的方式开展招聘工作

当外部环境发生剧烈变化,尤其是技术和管理方式发生根本性变化时,企业既有员工很可能跟不上发展变化,这就必须从外部引进技术骨干和管理能力。另外,为了在环境剧变时,继续让企业文化和原有优良传统发挥作用,使企业平稳快速地发展,还必须考虑从内部提拔任用合适的员工,使他们能够与新招聘的员工形成企业所需的团体力量。

第二节　内部招聘

内部招聘是指企业的职位空缺由企业内部人员重新配置来进行补充,这其实是对企业人力资源的再开发和利用的过程。企业本身就是一个人才储备库,如何利用好企业内部的人才,这一点值得所有人力资源管理者关注。

一、内部招聘的适用条件

由于内部招聘具有其自身的特殊性,因此,企业是否符合内部招聘的条件,要根据企业自身的实际情况来定。一般来说,企业进行内部招聘要具备以下基本条件。

(1) 企业内部有比较雄厚的人力资源储备。也就是说,企业可以通过内部平调或职位升迁等办法解决职位空缺的问题。在人才市场竞争日趋激烈的今天,许多企业都设立了自己的人才储备库,一旦职位出现空缺,就能够有足够适合的人才迅速填补职位空缺,从而尽量减少不必要的损失。

(2) 企业内部重要管理人才的选拔。一般来说,企业对重要管理人才的选拔都是通过企业内部招聘的方式来解决的。一方面,企业内部人员比较熟悉企业的经营战略和文化,能够迅速适应职位需要,从而降低风险;另一方面,通过内部招聘可以提高企业内部员工的积极性、主动性和创造性,使企业内部形成一种良好的竞争氛围。

(3) 企业对内部的人力资源已经进行了比较合理的战略储备。从国际人力资源管理的流行趋势来看,企业建立人才储备库已经成为必然选择。只有企业对其人力资源进行了比较合理的筹备,才可以利用自己的人才库解决人力资源问题。

(4) 企业内部的人员能够适合企业职位的需要。如果企业内部的人才比较充裕,而且能力能够达到企业发展的要求,那么利用内部招聘的方式比较理想。

二、内部招聘的途径

从企业内部为岗位匹配合适的人员,也要根据岗位工作实际需要,结合企业内部的人力资源政策及企业的实际情况来选择不同的途径。内部招聘主要有晋升、工作调换、工作轮换、人员重聘等方法。

(1) 晋升。晋升是指用企业内部员工来填补高一级的职位空缺。晋升是企业内部招聘的重要来源,它能够促进企业内部人力资源的垂直流动。由于员工对企业内的工作环境相对来说比较熟悉,容易适应工作。更重要的是,通过晋升能够鼓舞企业内其他员工的士气,

激发其他员工的工作积极性，增强企业凝聚力，从而不断提高企业的工作效率。

（2）工作调换。工作调换是指在职位级别不变的情况下，在企业内部调换员工的工作职务，它是企业内部人力资源的横向流动。工作调换一方面可以避免企业内人才的浪费，弥补职位的空缺，还可以拓展员工的知识面，有助于员工的培养和发展。通过工作调换，员工能够将本岗位与新岗位的知识结合起来，从而更有效地工作，这样有利于整个企业知识的系统化和丰富化，也有利于激发员工的工作积极性和工作热情，为企业的技术创新、产品创新做出新的贡献。

（3）工作轮换。工作轮换和工作调换有些相似，但又有差异。工作调换通常是长久性的，而工作轮换往往是临时性的。另外，工作调换常常是单独的、临时的，而工作轮换常常是两个以上的，有计划进行的。

（4）人员重聘。有些企业由于某些原因，会有一批"不在位"的人员，如下岗人员、长期休假人员等，但其人事关系还在本企业。这些人员中某些人可能恰好是企业内部空缺需要的人员。他们中有的人员素质较好，企业可以对这些人员进行重聘，而且由于他们对企业比较了解，也可以减少相关的培训费用。

三、内部招聘的特点

事物总是具有两面性，有利也有弊，内部招聘也不例外。因此在运用内部招聘渠道时，也要综合分析其优点和不足，以保证招聘效果。内部招聘的优点和缺点如下。

（1）内部招聘的优点

内部招聘具有准确性高、人员适应快、对内部员工激励性强、招聘费用低等优点，具体如图5-1所示。

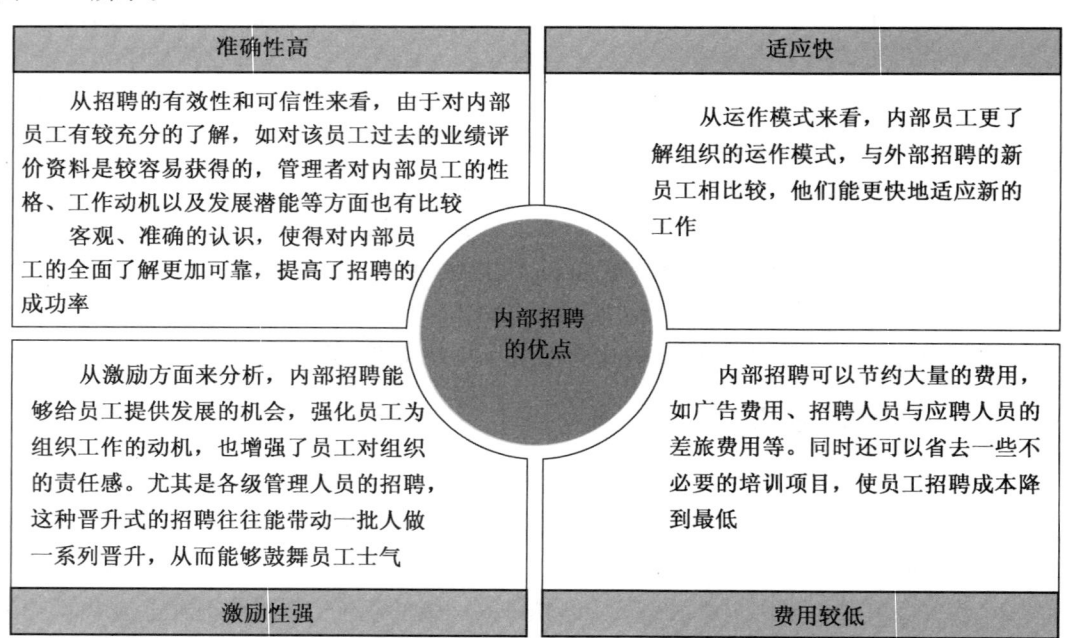

图5-1　内部招聘的优点

（2）内部招聘的不足

内部招聘因处理不公、方法不当或员工个人原因，可能会在企业中造成一些矛盾，产生不利的影响。内部招聘需要竞争，而竞争的结果必然有成功和失败，并且失败者占多数。竞争失败的员工可能会心灰意冷，士气低下，不利于企业的内部团结。

内部选拔还可能导致部门之间出现"挖人才"的现象，不利于部门之间的团结协作。此外，如果在内部招聘过程中出现按资历排辈而非按能力进行选择的情况，将会诱发员工养成"不求有功，但求无过"的心理，也给有能力员工的职业生涯发展设置了障碍，甚至导致优秀人才外流或被埋没，削弱了企业竞争力。

内部招聘也会在一定程度上抑制创新。同一企业内的员工有相同的文化背景，可能会产生"团体思维"现象，抑制了个体的创新，尤其是当企业内部重要岗位主要由基层员工逐级升任，就可能会因为缺乏新人和新观念的输入，逐渐形成一种趋于僵化的思维意识，不利于企业的发展。

当企业高速发展时，容易以次充优。不少企业为了规避识人与用人的失误，几乎所有的干部均由内部选拔。由于身边的人是总经理最了解和最信任的人，因此每次内部晋升，总裁办或秘书处的人都成为晋升的主要对象，以至于不少企业的员工认为，总经理身边的人个个都"鸡犬升天"。当企业高速发展时，这种内部晋升的方法不仅不能满足工作的需要，而且"以次充优"的现象将会十分普遍和严重，从而大幅削弱企业的竞争力和发展潜力。

"近亲繁殖"影响企业的后续发展。师带徒的形式始终是企业"人才流"形成的主要形式，内部晋升容易出现近亲繁殖，智力的近亲繁殖，企业经营理念和方法的近亲繁殖都可能给企业后续发展带来不良的影响。凡是师傅不懂的，徒弟可能也不懂；当徒弟想要超过师傅有所创新时，可能会遭到师傅的反对而无法进行。

第三节　外部招聘

外部招聘是指企业从外部人力资源中招聘企业所需要的人员，就是企业根据自身发展的需要，向外界发布招聘信息，并对应聘者进行相关的测试、考核、评定及一定时期的试用，综合考虑其各方面的条件之后，决定企业的聘用对象的一种招聘方式。外部招聘的渠道主要有5种类型，包括企业面向社会公开招聘，利用就业代理机构和猎头公司，企业员工举荐或自我推荐，网络招聘，校园招聘等。

一、外部招聘的适用条件

选择外部招聘渠道，应分析拟招聘的岗位及任职人员是否符合以下8个条件。

（1）为了吸引企业内部所不具备的高新技术人才。

（2）为了获取企业内部员工所不具备、不掌握的技术、技能和技巧等。

（3）企业需要或即将需要补充初级员工的工作岗位，并要求尽快补充。

（4）为了获得具备不同背景、不同文化层次，能够为企业提供新思想、新观念的创新型员工。

(5) 为了吸收更多的人才，建立企业自身的人才储备库。
(6) 吸引新生力量和优秀的、稀缺的人才，从而能够很好地调整人才结构。
(7) 为与竞争对手竞争而需要某些特殊的、具备战略性的人才。
(8) 人力资源市场人才相对比较丰富，且招聘成本合理。

二、外部招聘的优缺点

通过外部渠道引进人才，一方面可以加强企业对外界的宣传与联系，另一方面可以缓解企业内部的紧张气氛。外部招聘的主要优缺点如表5-1所示。

表5-1 外部招聘的优点和缺点

外部招聘的优点

优点	主要内容
有利于树立企业形象	外部招聘是一种有效的对外交流方式，会起到广告的作用。在外部招聘过程中，企业在员工、客户和其他外界人士中宣传了自己，从而形成良好的口碑。
带来新理念、新技术	外部招聘的员工对现有企业文化能形成一定的冲击，且少有主观偏见。典型的内部员工已被企业文化同化，整个企业缺乏竞争意识和氛围。通过从外部招聘优秀的技术专家和管理专家，可以产生"鲶鱼效应"，在无形中向原有员工施加压力，激发他们的斗志和潜力。
有利于网罗优秀的人才	由于有充分的选择余地，外部招聘能吸引许多杰出的人才，特别是某些稀缺的复合型人才，从而能节约内部培养和业务培训的开支。
可以缓解内部竞争者之间的紧张关系	由于空缺职位有限，企业内可能有几个候选人，他们之间的不良竞争可能导致钩心斗角、互相拆台的问题。一旦某一员工被提高，其他员工可能会出现不满情绪，消极懈怠，不服从管理。外部招聘可以使内部竞争者得到某种心理平衡，避免了企业成员间的不团结。

外部招聘的缺点

缺点	主要内容
筛选时间长，难度大	企业希望能够比较准确地测试应聘者的能力、性格、态度、兴趣等素质，从而预测他们在未来的工作岗位上能否达到企业所期望的要求。而研究表明，这些测试结果只有中等程度的预测效果，仅仅依靠这些测试结果来进行科学的录用决策是比较困难的。
进入角色状态慢	外部招聘的员工需要花费较长的时间来接受培训和定位，才能了解企业的工作流程和运作方式，这就增加了培训成本。
引进成本高	外部招聘需要在媒体上发布信息或者通过中介机构招聘，一般需要支付一笔不小的费用；而且由于外部应聘者相对较多，后续的挑选过程也非常烦琐和复杂，不仅花费了较多的人力、财力，还占用了大量时间。
决策风险大	外部招聘只能通过几次短时间的接触来判断候选人是否符合空缺岗位的要求，而不像内部招聘那样能经过长期的接触和观察。所以，很可能因为一些外部的原因（如信息不对称等）而做出不准确的判断，进而增加决策风险。
影响内部员工的积极性	如果企业有胜任的人未被选用或提拔，即内部员工得不到相应的晋升和发展机会，内部员工的积极性可能会受到影响，有可能导致"招来女婿气走儿子"的现象发生，所以外部招聘一定要慎重。

三、外部招聘渠道

随着经济、社会的飞速发展,各类型企业对人才的竞争已经到了近乎白热化的程度,各种招聘渠道相继应运而生。本节总结了招聘负责人员常用的几种招聘渠道,并分别对这些招聘渠道进行介绍。

1. 网络招聘

网络招聘,也称为电子招聘,是指通过技术手段的运用,帮助企业招聘负责人员完成招聘的过程。即企业通过公司自己的网站、第三方招聘网站等机构,使用简历数据库或搜索引擎等工具来完成招聘过程。

（1）网络招聘的优点

① 覆盖面广。互联网的覆盖是以往任何媒介都无法相比的,它的触角可以轻易地延伸到世界的每一个角落。网络招聘依托于互联网的这个载体,达到了传统招聘方式无法获得的效果。2000年,IBM通过网络招聘的消息只在全国7个城市的14所学校张贴了海报,而且没有在校园里进行任何宣传活动,却收到了来自包括英、美、日、澳等地留学生在内的13 000多份简历,学校数目也远远超过了14所,招聘活动的覆盖面是公司自己都始料不及的。

② 方便、快捷、时效性强。网络招聘的双方通过交互式的网上登录和查询完成信息的交流。与传统招聘方式不同,它不强求时间和空间上的绝对一致,方便了双方时间的选择。互联网本身不受时间、地域限制,也不受服务周期和发行渠道限制。它不仅可以迅速、快捷地传递信息,而且还可以瞬间更新信息。这种基于招聘双方主动性的网上交流,于无声无息之间完成了及时、迅捷的互动。

③ 成本低。网络招聘在费用节约上有很大的优势。对于毕业生来说,通过轻点鼠标即可完成个人简历的传递,原本一个月才能完成的信息整理、发布工作,现在可能只要半天就能够完成。这既节约了复印、打印费用,还省却了一番鞍马劳顿。对用人单位来讲,网络招聘的成本更低。

④ 针对性强。网络招聘是一个跨时空的互动过程,对供求双方而言都是主动行为。无论是用人单位还是个人,都能根据自己的条件在网上进行选择。这种积极的互动减少了招聘和应聘过程中的盲目行为。目前,一些大型的人才招聘网站都提供了个性化服务,如快捷搜索方式、条件搜索引擎等,这进一步提高了网络招聘的针对性。

⑤ 具有初步筛选功能。目前,构成"网民"主体的是一个年轻、高学历、向往未来的群体。通过上网,招聘者就已经对应聘者的基本素质有了初步的了解,相当于已经对他们进行了一次小型的计算机和英文的测试,对应聘者做了一次初步筛选。

（2）网络招聘的缺点

① 网络招聘人才层次的局限性。网络招聘并非什么人都合适,现在主要针对中层人才,尤其以IT专业技术类、文职类、财务类及公共管理类等人才占多数。

② 信息处理的复杂性。招聘信息发布后,往往引来了大量的应聘者,其中有些应聘者是不适合此项工作的,但他们也抱着侥幸的心理填写了简历应聘,这样大大增加了招聘筛选的难度和强度。

③ 虚假信息的大量存在。求职者在浏览招聘单位的信息后,有足够的时间和机会对自

身进行包装,甚至可能会针对应聘单位的需求加工个人简历,使招聘者看到的简历描述的全是履历丰富、业绩出众、综合素质高,令人雾里看花、难辨真伪。此外,网络求职还涉及隐私权问题,个人或企业在网络上输入的信息,有可能被他人窃取、利用,造成损失。

(3) 网络招聘的方式

网络招聘的方式主要有两种:第一种,通过职业招聘网站;第二种,在自己公司的主页上发布招聘信息。

① 职业招聘网站。目前我国有许多提供各种形式的人员招聘服务网站,网络招聘打破了原有的地域性限制,具有便捷、及时的特点。那么如何去判断一家人才网站的好坏呢?好的人才网站通常有如下评判标准。

a. 信誉良好。这里的信誉是指网站的可信赖程度。某些人才网站为了增加招聘职位信息的数量,不对招聘信息进行审核。你可以随便编造一家公司,随便编造一些职位,这些信息都可以马上发布在网站上。而这些信息对于应聘者来说,是不负责任的。

b. 功能强大。人才网站的功能目前都大同小异,但某些网站的个性化设置显得很有活力,如优秀的人才网站提供多种可选的自动搜索功能,可以迅速搜集出所需资料。

c. 客户化设计。一些人才网站在设计上充分站在客户方考虑,在收到应聘资料后,可以在网站上直接将合适的人才资料推荐给某个部门负责人审阅。

d. 服务细致,反应快速。人才网站的后续服务很重要,刊登的职位如果长期没有招聘到,人才网站应该定期给公司一个反馈与跟踪服务,网站上的建议应尽快处理等。

e. 除了招聘之外,还应提供其他服务。例如人才测评、在线薪酬顾问、在线评估、在线培训等。

② 公司招聘网站。公司应该在网站提供一份公司介绍,该介绍应该言简意赅、通俗易懂,包含应聘者希望了解的情况,比如公司所在地、曾经取得的成就和未来的发展潜力;还要包括营业额、利润、具体办公环境、公司的技术能力以及相对同行业其他公司的付酬标准。

越来越多的公司利用自己公司的招聘网站来进行外部人员招聘,尤其是那些实力雄厚的公司。这种方法对人才的甄选往往更有针对性,因为这些应聘者对企业有一定了解,而且他们往往认同企业文化,这样招聘的效率可以无形中提高。如何利用公司招聘网页说服应聘者?以下有几点建议。

a. 了解你所面向的群体。优秀的招聘就像优秀的营销一样,你需要了解不同阶层的需求和兴趣。一位大学生应聘者更想要了解不同的信息,因此,公司网页招聘的最成功经验之一是,开辟一个专栏以满足大学生所特有的信息需求,你可以利用该栏目刊登公司校园招聘日程表、公司概况、公司实习期和培训计划,以及公司内部职业发展及晋升可能性等。

b. 语言要确切,不要笼统。当讲解到有关公司福利计划的情况时,不要简单地说,"我们很有竞争力的福利方案,包括健康、分红及股票认购计划"等。确切地说,充分利用公司网页为招聘栏目的访问者提供综合性信息。惠普公司(HP)就是一个优秀的例子,HP 提供了详细的福利计划,包括开始实施日期、扣除条款以及有关的费用比。

c. 合格的应聘者面临着很多选择不同企业的机会,正如企业有很多候选人的机会一样。如何吸引并留住应聘者呢?企业文化是极为重要的,通过企业的招聘栏目还可以提高企业的名望,企业可以通过核心管理职位的介绍和典型员工的宣传,向应聘者传达一种工作氛围和公司文化。

2. 校园招聘

校园招聘是企业招聘者的主要渠道之一,跟社会招聘相比,校园招聘有许多优势,如学生的可塑性强,选择余地大,候选人专业多样化,可满足企业多方面需要,招聘成本较低,有助于宣传企业形象等。校园招聘的主要形式是召开信息发布会,另外也可采取张贴海报、委托学校就业服务部门介绍等形式。校园招聘一定要准备充分、尊重学生,不论是否被录用,都应该有反馈。

(1) 校园招聘的优缺点

① 优点。企业能够在校园招聘中招到数量很多、具有较高素质的合格申请者;招聘录用手续也相对比较简便;而且,年轻的毕业生充满活力,富有工作热情,可塑性强,也对自己的第一份工作有较强的敬业精神。

② 缺点。许多毕业生,尤其是优秀毕业生在校园招聘中常常有多手准备;刚刚进入劳动力市场的毕业生对工作和职位容易产生一种不现实的期望;招聘来的毕业生缺乏解决具体问题的经验,需要大量的培训及企业文化的融合;相对于其他的招聘形式来说,成本比较高,花费的时间也较长,因此必须提前相当长的时间进行准备工作。

(2) 校园招聘的主要步骤

近年来,随着就业压力的增大,应届毕业生的就业越来越困难,这对于招聘应届毕业生的单位是个好消息。但是,重点大学的优势专业的毕业生,如计算机、通信、人工智能、大数据、金融等专业的毕业生还是供不应求,特别是招到优秀的毕业生还是较为困难的。校园招聘与社会招聘有很大的区别,它的招聘周期较长,从供需洽谈会的见面到人事关系的接转一般需 0.5～1 年时间。校园招聘的具体步骤如图 5-2 所示。

招聘分析	组织做招聘分析来估计对长期或短期所需要的新的特定人才的条件
准备职位申请书	对新职位的每一项要求都要被阐述成描述该工作所需要的工作职责、工作技能及能力的申请书
挑选学校	在夏季选择招聘学校并制定招聘日程表
进行校园面试	招聘负责人在秋季和春季的学期里到学校进行面试
审查候选人	招聘负责人邀请最佳的候选人参加现场面试
评价招聘	人力资源管理部对招聘进行评价,以确定岗位空缺是否仍然存在,新雇用者的素质以及该方案的成本效率等

图 5-2 校园招聘的步骤

① 参加招聘会。应届毕业生的招聘计划一般在11～12月，最晚应在来年的1月上旬就应确定。如果招聘的是热门专业的学生，在12月底或1月底之前要与各校的毕业分配办公室取得联系，让其协助发布招聘信息，并了解当年的毕业分配政策。各校的毕业生分配洽谈会一般会在1～2月或2～3月举行，人事部门可以有选择地参加几次，参加洽谈会的准备工作一定要细致，这关系着招聘工作的成败。

如果希望招聘优秀的毕业生，事先要订出合适的待遇标准。如果标准难以确定，可多了解一些相关的市场行情，如果待遇定得过低，很难招到优秀的人才。

展位的布置关系到公司的形象。洽谈会上单位很多，有些可能就是公司的竞争对手，如果在形象上逊于对方，优秀的人才就可能跑到对手那里。优秀的形象会给应聘者产生好感，使应聘者产生进一步了解公司的愿望。

招聘者的态度和招聘技能也很重要。一方面，招聘者要能给应聘者以信任感；另一方面，招聘者要能在很短的时间内判断出应聘者是否初步适合公司需要。如果在不适合的人面前浪费很多时间，可能会错过其他的优秀人才。

② 面试。面试是招聘的一个重要环节，应届生的面试与社会招聘有所不同。应届生由于没有工作经历，主要依靠学校专业课的学习成绩和社会实践活动来评价。

要注意的是，由于不同学校的学习成绩没有可比性，我们可以通过成绩在班级排名来衡量他的真实水平。篡改成绩的现象时有发生，所以毕业生提供的成绩单一般应为原件，如果是复印件或有疑问，可以用电话向学校查询。如果在接收后，发现该生的成绩单有篡改，公司可以以此为由将学生退回学校。

另外，个别学生提供的社会实践活动材料可能是虚构的或者有不真实的成分，由于面试者不可能一一核实，所以这种现象现在越来越普遍。实际上，面试者采用"步步紧逼"提问法就可判断出信息是否真实。如一个学生在应聘材料的社会实践中称自己曾经独立开发过一个应用软件，面试者可以问他是如何进行概要设计和详细设计的，在设计中遇到了哪些问题，并且是如何解决的。面试者根据应聘者的回答针对某个细节继续提问，如果应聘者回答得支支吾吾，基本可以判断他不诚实，实际上他可能只是该应用软件的一个辅助开发人员。

比起社会应聘来讲，应届生大多是非常诚实的，越优秀的毕业生往往越诚实。

③ 毕业设计和实习。应届毕业生的实习一般从3月开始，至6月结束，6月底进行答辩。有条件的单位，可以向学校申请将学生的毕业设计放在公司进行，使学生对公司有一段适应期，这样在7月正式毕业后，可以更快地适应工作。

要注意的是，在公司进行实习，一定要保证学生毕业设计的顺利进行，尽量少安排工作或不安排工作，在考勤上也要适度放松处理，最好能安排技术人员辅导其毕业设计的完成。

④ 派遣。学校一般在7月上旬为学生办理离校手续。由于接收手续繁杂，人事部门应协助学生办理手续。手续办理完毕后，毕业生已经正式成为公司的员工，同时脱离了学生身份，公司应及时为其办理各种保险。

(3) 校园招聘需要解决的两个重要问题

在校园招聘时，我们需要解决两个重要问题：一是学校的选择；二是对应聘者的吸引。

① 学校的选择。选择学校时要根据自己的财务约束和所需要的员工类型进行选择。特别是要考虑以下因素：

a. 在本公司关键技术领域的学术水平；
b. 符合本公司要求的专业的毕业生人数；
c. 该校以往毕业生在本公司的业绩和服务年限；
d. 在本公司关键技术领域的师资水平；
e. 该校毕业生过去录用数量与实际报到数量的比率；
f. 学生的质量；
g. 学校的地理位置。

② 应聘者的吸引。选派合适的招聘者：一方面，招聘者必须在一个比较短的时间内与大量的毕业生进行面谈，而这些毕业生在资料方面差不多，对其进行鉴别存在相当大的难度；另一方面，招聘者又是企业的宣传人员，在招聘过程中，他们向应聘者提供企业有关信息，也要为企业创造声誉。

与校方建立良好的关系。除了与大学的学生工作部门和人事部门建立良好关系之外，与教师或教授的关系对企业也变得越来越有意义。在学校建立专业奖学金基金会也是一些企业常用的手段。

邀请优秀的申请者到企业进行现场访问。邀请信应该热情而友好，但要富有商业味道；应该让应聘者在时间方面有一定的选择权；应该准备好访问活动的时间表，在活动开始之前交到被邀请者手里；访问应该事先仔细安排，避免中途被打扰；在访问结束的时候，应该告诉被邀请者，什么时候能够得到是否录用的决定。

（4）校园招聘记录表举例

表 5-2 给出了校园招聘记录表的示例。

表 5-2 校园招聘记录表

姓名：		时间：				
学校：		地点：				
将取得的学位及日期：	专业：		班级名次：			
已取得的学位及日期：	专业：		班级名次：			
申请职位：1.	2.		3.			
工作地点：1.	2.		3.			
考核因素			评分：			
仪表言谈——外表、态度、言谈举止、语调、音色			1	2	3	4	5
机智——反应灵敏、表达充分			1	2	3	4	5
独立性——独立思考能力、情感成熟、影响他人			1	2	3	4	5
激励方向——兴趣与职位符合、进取心、激励可能性			1	2	3	4	5
教育——所学习的课程和工作的配合程度			1	2	3	4	5
工作经验：以前工作经验对职位的影响			1	2	3	4	5
家庭背景——家庭环境对工作的积极意义			1	2	3	4	5
面谈考官评语：						
总体评价：			1	2	3	4	5
日期：	考官签字：		职位：			

3. 现场招聘

现场招聘是一种企业和人才通过第三方提供的场地进行面对面的对话,现场完成招聘面试的一种方式。现场招聘一般包括招聘会及人才市场两种方式。人才市场与招聘会相似,但是招聘会一般为短期集中式,且举办地点一般为临时选定的体育馆或者大型的广场;人才市场则是长期分布式,同时地点也相对固定。

(1) 现场招聘的优缺点

① 优点。应聘者能与招聘者进行面对面沟通,而不是透过呆板的职位说明进一步了解企业和岗位的信息,同时也能了解到职场和行业的相关信息。现场招聘免去了简历的预考程序,使应聘者直接进入正考,招聘者有时还能在与应聘者见面有了一定印象之后,回去再详查简历。

② 缺点。

a. 场面混乱。没有合理控制进场人数,导致现场拥挤不堪,无法与企业的招聘者沟通。

b. 分类不细。企业多,并无合理的分类。各类及不同层次的职位混在一起,在庞大的会场里挑选适合自己的企业,费时费力。

c. 虚假宣传。有的招聘会声称是针对毕业生的,但来的企业大多数是招有工作经验的,或者是某行业的专场。

d. 乱扔简历。招聘会结束后,企业把看不上的简历扔了一地。

e. 各城市招聘会主办方,无法一一做到事前公布企业信息,造成应聘者到现场发现无可应聘的职位。

f. 人才市场招聘会招聘销售职位较多,有些稀缺职位信息很少。对特定专业的求职人员造成了一定困扰。

(2) 现场招聘的形式选择

招聘管理人员可根据企业内的人才需求层次和类型选择不同的现场招聘形式。大部分招聘会都具有一定的针对性。招聘中,基层管理人员或专业技术人员,可选择一些针对性的招聘会;招聘储备及培养的人才,可参加针对应届毕业生的现场招聘会;招聘基层操作人员,可参加人才市场企业的农民工专场等。

(3) 现场招聘的溢出作用

① 广告效应。现场招聘有着不可忽视的广告效应。现场招聘是企业、人才通过第三方提供的场所能够直接对话的不可多得的方式之一。在现场之内,有众多来自各个地方、各种行业、各种类型的企业,也有众多各种专业、各种层次、各种能力水平的包括毕业生、在职人员在内的各种类型人才。如果企业能够借此机会做好自身相应的商业广告宣传,不但可以吸引到优秀的人才加盟,也可以吸引在场众多企业的目光,特别是与公司可能存在业务往来的潜在用户或供应商等,这种资源的充分利用会起到其他广告难以比拟的别样效果。

这种有着特殊效果的广告几乎是不需要成本的,只是利用一下所谓招聘现场边际效用的"眼球资源",稍加上自己一些不仅仅局限于只是笼络人才的细心准备。更为直接的是,我们招聘费用的预算已无形中被这种广告分担了,效用也便在这无形中"节约到较大化"。

② 人才储备。现场招聘是企业免费进行人才储备不可多得的机会。虽然众多参加招聘的所谓"人才"中鱼龙混杂,良莠不齐,但招聘的最大作用便是从诸多的应聘者中挑选企业

需要的合适人才。这也正是人力资源招聘负责人员显示其锐利的识人眼光、敏感的选人嗅觉及独特的获得人心方式的大好时机。

企业招聘到所需的人才，企业和人才皆大欢喜，但若我们再留意一下，也会有另外一种收获。因为在未被录用的人员中，或许有着诸多并不是不可雕的"朽木"，他们现在并不适合企业，但经过一段时间之后，就有可能成为企业应该吸收的人才；又或许企业与优秀的应聘者目前不能达成共识，但以后又难免互感对方才是自己的最佳选择。

于是，我们应该在招聘到所需人才之余，切莫忘了再顺便把收到的其他简历稍加分类，加以储备。一来可以对可造之才留意，以应不时之需；二来又可以进行免费的人才储备，免得需要时又重新浪费人力、财力等成本再去现场招聘一番。

③ 提高知名度。现场招聘是做好企业信誉宣传，提高企业美誉度和知名度的一个时机。一个企业的成长发展，无论对员工还是对外部客户，都有其自身的企业文化与经营理念。因此，对于自身知名度的高低、企业美誉度的好坏也成为一个企业极为关注的事情。

一个企业的人力资源部门也是企业与内外交流的沟通窗口，而招聘尤其是现场招聘更能够体现该功能。由于企业的招聘者在现场有着良好的形象和态度，加上较好的广告辅助，应聘者可能会对企业形象以一传十、十传百，特别是利用微信等自媒体进行快速传播。

4. 猎头招聘

猎头是英文 HeadHunter 的直译，指那些以受委托招聘为主要业务的公司。在国外，猎头服务早已成为企业求取高级人才和高级人才流动的主要渠道之一。我国的猎头服务起步较晚，但近年来发展逐步成熟，越来越多的企业开始使用这一招聘方式。

(1) 猎头公司的优缺点

猎头服务的一大特点是推荐的人才素质高。猎头公司一般都会建立自己的人才库。优质高效的人才库是猎头公司最重要的资源之一，对人才库的管理和更新也是他们日常的工作之一，而搜寻手段和渠道则是猎头服务专业性最直接的体现。当然，与高素质候选人才相伴的，是昂贵的服务费，猎头公司的收费通常能达到所推荐人才年薪的 25%～35%。但是，如果把企业自己招聘人才的时间成本、人才素质差异等隐形成本计算进去，猎头服务或许不失为一种经济、高效的方式。

(2) 选择猎头公司时应坚持的原则

① 确信你所找的这家机构能够自始至终完成整个招聘过程。
② 了解该机构中直接负责企业业务的人。
③ 了解该机构的收费情况。
④ 选择的猎头公司应该十分可靠。
⑤ 对招聘进程进行监督。

(3) 猎头公司的办事程序和收费标准

不同的猎头公司有不同的工作程序，典型的步骤是分析客户需要，根据客户需要搜寻人才并进行面试、筛选，最后做出候选人报告供客户抉择。

全面理解客户的需要是成功找到合适人才的前提。为了切实理解客户的需要，有的猎头公司甚至派人去客户公司工作一段时间，亲自了解和体会企业文化、员工关系、企业结构等。企业在使用猎头服务时，也要注意确保猎头公司准确地理解自己的需要；否则，耽误了时间,企业将比猎头公司遭受更大的损失。

一般来说,首先是客户提出要求,具体要求一般有两种:一种是指出要聘请的人员未来的职位、职责、待遇,要求猎头公司推荐;另一种情况是在提出职位要求的同时,直接指出希望何处、何人担任该职位,此种情况较少。

以第一种情况来说,猎头公司决定接受委托,签订合约后,就开始寻找合适的人选。而何谓合适的人选,也要看各猎头公司对于人才的认识和对客户提供职位的了解。所以,好的猎头公司往往具备自己的评价体系,而不仅仅只看候选人的学历和履历。

猎头公司在海量信息中不断缩小搜寻范围,当最合适的只有十余人时,就可以进入下一阶段的面谈。猎头公司的工作人员和目标人员面谈时,就是考验猎头公司是否能称得上是猎头公司或只是个普通的人才介绍所的时刻。猎头公司的工作人员必须对目标人员的性格、能力、发展潜力以及缺陷有正确而深刻的认识,这样才可以写出深刻的报告,而这一报告的价值远远超过了简单的履历表。

拿着这些报告再一次核对客户的职位要求,猎头公司选出最合适的四五人,将报告交给客户,这时就是客户取舍的时候了;当然,猎头公司还会提供参考意见。

此外,猎头公司还要在候选人和客户间就工资待遇等进行斡旋,而候选人与原公司发生合同纠纷等问题时,猎头公司也要设法解决。

候选人在新公司上班以后,猎头公司的工作就可以告一段落了。但是,好的猎头公司一般都有一个"保换期",在候选人上岗以后的3～6个月,无论是新公司和候选人两者谁炒谁的鱿鱼,猎头公司都要免费为新公司提供新的人选。

在费用上,国内猎头公司一般也依照国际惯例,即完成招聘项目后,按该职位第一年年薪的20%～30%收取佣金。表5-3列举了全球12家高级人才招聘咨询公司名单。

表5-3 全球12家高级人才招聘咨询公司的排行榜

排行	公司	当年全球营业额(百万美元)	1年全球业务增长比率	当年合伙人及招聘顾问数目	当年办事处数目
11	科恩/渡轮国际	466.00	-30%	765	87
12	海德思哲国际咨询公司	455.00	-23%	432	74
13	亿康先达国际咨询公司	296.40	-7%	308	58
14	顶级猎头公司	268.95	-24%	310	52
15	罗盛咨询公司	244.70	-20%	211	33
66	雷诺斯人才搜寻公司	140.40	-20%	178	47
77	安立国际	114.00	-11%	293	81
88	哈德森环球资源顾问公司	109.50	-39%	184	32
110	怀特海德曼集团	69.22	-7%	280	72
111	英特尔公司	51.76	-14%	110	27
113	富邑集团	51.11	3%	250	37
115	宝鼎国际咨询有限公司	47.00	-27%	91	60

5. 其他招聘渠道

还有一些招聘渠道不像传统招聘渠道那样常用,只对特定的市场条件下的工作环境管用。一般来说,只有当传统的招聘渠道不能满足雇主对于应聘者素质和招聘时间的要求时,人们才会考虑这类的招聘渠道。在选择不同的招聘渠道之前,明智的做法是先考虑以下四个影响招聘的因素:可用的招聘费用有多少?空缺职位需要在多长时间之内被填补?这个方式可否吸引更多的应聘者?有效职位的豁免权有多高?下面要讲述的是当前几种比较流行的新型招聘渠道,表5-4总结了这些来源的优点和缺点。

表 5-4 其他比较特殊的招聘渠道的优缺点

招聘渠道	优点	缺点
飞机旗帜	吸引注意力	招聘渠道不专业
旗帜和标牌	高效、性价比高	需要繁华的地点
广告牌	易引起关注	信息量有限
汽车保险杠广告	作为员工推荐的一种方式,激励员工参与	很难受到重视
竞技游戏	聘用前,有机会评估其能力	耗时长
短期培训	提供符合市场需要的技能	对于个人长期发展无益
信息服务亭	申请过程快捷高效	数量繁多,质量参差不齐
医疗科室	高效、性价比高	数量少,受众面窄
电影广告	对于潜在雇员有吸引力	容易引起反感
甄前培训	提供受过训的劳动力	无法确保受训者不到他处求职

第四节 招聘渠道的比较

一、内外部渠道比较

通过内部招聘渠道和外部招聘渠道进行人员的招聘和配置各有利弊,两者基本上是互补的。因此,招聘负责人员在招聘渠道的选择上要结合使用。内外部招聘渠道的比较具体如表5-5所示。

表 5-5　内外部招聘渠道的比较

	内部招聘	外部招聘
优点	(1) 了解全面,准确性高 (2) 可鼓舞士气,激励员工进取 (3) 应聘者可更快适应工作 (4) 使企业培训投资得到回报 (5) 选择费用低	(1) 人员来源广,选择余地大,有利于招聘到一流人才 (2) 新雇员能带来新思想、新方法 (3) 当内部有多人竞争而难以做出决策时,向外部招聘可在一定程度上平息或缓和内部竞争者之间的矛盾 (4) 人才现成,节约训练投资 (5) 有利于企业长期的发展 (6) 有利于企业文化的建设
缺点	(1) 来源局限于企业内部,水平有限 (2) 容易造成"近亲繁殖" (3) 可能会因操作不公或员工心理原因造成内部矛盾	(1) 不了解企业情况,进入角色慢 (2) 对应聘者了解少,可能会招聘错误的人员 (3) 内部员工得不到机会,积极性可能受到影响 (4) 新员工可能不适应企业文化

内外部招聘渠道的结合使用会产生有效的招聘结果,具体的结合力度取决于企业的战略规划、招聘的岗位、上岗速度要求以及对企业经营环境的考虑等因素。

需要强调的是,无论内部招聘还是外部招聘,对于高层管理人员尤其重要。一般来说,高层管理人员更需要保持连续性,但因此导致的因循守旧、降低企业创新能力和适应能力的风险也更高。至于到底从内部还是从外部招聘,也不存在标准的答案。一个原则是人员招聘最终要有助于提高企业的竞争能力和适应能力。

二、招聘渠道的选择依据

招聘工作的效果在很大程度上取决于有多少合格的应聘者前来应聘,来应聘的人越多,企业选择到合适人才的可能性就越大。因此,合理地选择招聘渠道显得非常重要。招聘渠道的选择决定了招聘对象的来源、范围、整体质量、数量等。

企业应根据招聘的岗位、拟招聘者的素质要求、最佳到岗时间等特点选择合适的招聘渠道。表 5-6 对各种招聘渠道做了相关比较,可供参考。

表 5-6　各类招聘渠道选择比较

渠道类别	适合岗位	特点	使用建议
网络招聘	中基层岗位	刊登迅速,简历数量大,刊登周期长,但不适合资深专业人员和高级岗位	中基层岗位可首选此渠道,如刊登一周效果不理想,可考虑其他方式
大型招聘会	中基层岗位	投入资源(人力、场地)比较大,但有效周期短	如果没有大量的岗位需要和合适的大型招聘会,建议不参加招聘会
小型招聘会	文员、工人等岗位	适合低端岗位	根据当地的实际情况选择
报纸	销售岗位等	费用较高、有效期短、招聘效果不够理想	一般情况下不建议使用
中介	劳务	行业不够规范,可靠性不高	通过人力资源部了解其可靠性,慎重使用

(续表)

渠道类别	适合岗位	特点	使用建议
猎头	资深专业人士或干部岗位	招聘周期长，但针对性很强，可以保证招聘效果	可针对难招岗位和稀缺人才使用
专业渠道	专业性、稀缺性较强的人才	针对性比较强	需要部门提供专业网站、杂志或其他渠道信息
内部招聘	所有岗位	内部招聘者对公司情况比较了解，上手快	一些部门专业性较强的岗位不适合做内部招聘
内部推荐	所有岗位	内部推荐的人选比较适合公司的特点，针对性较强	避免形成"小团队"
企业招聘会	中基层岗位、应届毕业生	成本低，应聘者能够更好地了解公司，企业招聘会一般不经常召开	在招聘比较集中的季度，可以由人力资源部统一企业实施
校园招聘	应届毕业生	有一定的时效性，大约为每年的11月到次年1月	适合一般研发岗位的招聘和后续培养人员

第五节　招聘渠道的广告编写

广告招聘是招聘的一种重要方式，是行之有效的招聘渠道之一。它是指通过报刊、网络、电视、广播等大众媒体向应聘者发布人才需求信息，以吸引符合企业用人要求的人员的一种外部招聘方法。随着现代社会人才竞争的愈演愈烈，为了吸引更多的高素质的应聘者，招聘广告的设计是很重要的。一份优秀的广告要充分显示出企业对人才的吸引和企业的自然魅力。

一、招聘广告的概念

招聘广告是利用各种宣传媒介发布企业招聘信息的一种方法，也是宣传企业形象的常用方法。招聘广告的编写要做到真实、合法、简洁。招聘广告应当向受众传输企业概况、发展前景、工作地点、岗位名称、工作职责、任职资格、工资水平、福利待遇以及对应聘者的相关经历、个人素质、工作前景等方面的要求。对招聘广告的选择应本着更接近于潜在的应聘者、节约成本、印象深刻、表达清晰的原则。

1. 信息客观、准确

招聘广告的信息必须客观、准确地反映企业人力资源的需求状况，一方面让应聘者如实了解企业的用人需求信息，避免对应聘者的误导，另一方面可以树立企业的良好形象。

2. 引人注意

在招聘的媒介上，可能会有很多招聘广告。如何吸引应聘者的注意力，并促使其查看招聘广告的内容？不妨从制作新颖的标题、设计独特的版式、选择适当的色彩等方面来考虑。

3. 内容尽可能全面、清晰

招聘广告的内容一般包括企业的整体状况、招聘的职位、工作内容、薪酬待遇、应聘者的条件、应聘方式等。除此之外,还可以加入该职位的晋升方向、发展培训计划、工作环境等内容。这些内容可能会更好地激发应聘者对该工作的欲望,从而使得企业达到较好的招聘效果。广告投入要讲究经济效益,企业无论采用哪种媒体发布招聘信息,无论定位在哪一群体,关键都在于用尽可能少的费用达到最佳的招聘效果。

二、招聘广告的类型特点

招聘广告是企业补充各类岗位人员空缺、应用最为普遍、最为广泛的人员招聘方式之一。招聘广告的受众范围十分广泛,阅读招聘广告的不仅包括正在急于找工作的应聘者,还包括各种潜在的应聘者、公司的客户以及社会公众,如消费者等。公司的招聘广告不仅具有传输人员招聘信息的基本功能,还代表着企业的形象,需要认真实施。

1. 招聘广告的优点

(1) 能迅速发布工作岗位空缺的信息,能够在一两天之内就传达给外界。

(2) 同许多其他吸引方式比较,广告渠道的成本比较低。

(3) 在广告中可以同时发布各种类别工作岗位的招聘信息。

(4) 广告发布方式可以给企业留出足够的时间、机会和空间,来挑选企业所需要的各类人才。例如,企业可以要求应聘者在规定的时间内亲自来单位面试,或者要求其通过电话、邮件、传真、网络将自己的简历、薪酬要求等应聘信息传达给企业的人力资源部门。

(5) 对于招聘初级、中级水平的一般员工来说,分类广告是一种富有成效的招聘手段。

(6) 企业还可以利用广告渠道发布遮蔽广告(Bind Advertisements)。

所谓遮蔽广告是在招聘广告中不出现招聘企业名称的广告,这种广告通常要求申请人将自己的求职信和简历寄到一个特定的信箱。

当企业不愿意暴露自己的业务区域扩展计划,不想让竞争对手过早地发现自己在某一个地区开始招聘人才,不愿意让在职人员发现其正在试图由外部补充某些岗位的人员空缺时,会通过发布遮蔽广告来进行招聘。

2. 招聘广告的缺点

招聘广告并不是一种最有效的招聘手段,招聘广告的一大缺点是,正在工作并安于现状的人不会去看,这就意味着广告只能被一部分适合工作岗位的人员看到。

使用招聘广告时要注意广告媒体的选择取决于招聘工作岗位的类型。一般来说,低层级岗位可以选择地方性报纸,高层级或专业化程度较高的岗位则要发布在全国性或专业性的报纸上。

3. 网络广告的特点

网络广告作为现在最流行的媒体形式,依托国际互联网具有的不同于传统媒体的交互、多媒体和高效率的独有特性,呈现出不同于传统媒体广告的特点。

(1) 传播范围广泛

网络广告的传播范围较为广泛,不受时间和空间的限制。Internet 已覆盖了全世界 175 个国家和地区,通过 Internet 可以把网络广告传播到它所能涉及的所有地域。网络广告突破了传统广告只能局限于一个地区、一个时间段的不足,它把广告信息 24 小时不间断地传播到世界各地,受众可于任何时间在任一连接 Internet 的地点随时浏览广告。

（2）交互性强

在网络上，广告的受众对某一招聘广告发生兴趣时，可以点击进入该招聘广告的主页，进一步详细了解有关招聘信息，甚至可以与发布该招聘信息的企业直接联系，它是一对一地直接沟通，企业根据应聘者与岗位的匹配程度给予及时回复。网络广告改变了传统广告传播的信息单向流通、相互隔离及有时差的缺点，形成了广告发布者和接受者的实时互动。

（3）具有灵活快捷的特性

在传统广告媒体上，招聘广告从策划、制作到发布，需要经过很多环节，广告一旦发布后，信息内容很难再改变，而且改动费用昂贵，因而难以实现招聘广告信息的及时调整。而在 Internet 上做广告，能按照需要及时变更招聘广告信息，这使得企业的招聘活动能够更加灵活地实施和推广。

（4）广告成本低

作为新兴的媒体，网络媒体的收费低于传统媒体。网络广告的费用目前大约是报纸的 1/5、电视的 1/8。这是由于网络广告有自动化的软件工具进行创作和管理，能以低廉的费用按照需要及时变更广告内容。

（5）传播效果易于控制

采用传统媒体做招聘广告，很难准确地知道有多少人接受了广告信息，广告的评价与控制比较困难；而网络招聘广告可通过有关的访问流量统计系统，及时精确地统计出每个广告的浏览量，以及这些用户查阅的时间分布、地域分布和反馈情况等，以便对招聘广告做相应的调整，从而有效避免传统广告失控和无效。

虽然网络招聘广告具有以上很多好处，但这并不意味着传统招聘媒体应该放弃。传统招聘媒体仍然具有其自身的优点，如发行量大等。在招聘中，应将传统招聘媒体与网络招聘媒体整合运用，以达到最佳招聘效果。

三、招聘广告的写作技巧

招聘广告的设计应力求达到四条要求，即吸引注意（Attract Attention）、激发兴趣（Develop Interest）、创造愿望（Creat Desire）、促进行动（Promote Action）。

1. 吸引注意

吸引注意是从招聘广告设计的总体效果来说的。在多数媒体上，大部分的广告都是批量发布的。广告设计如果没有特色，就很容易淹没在海量的广告中而不能引起应聘者的注意。招聘广告引人注目的方法包括醒目的字体、与众不同的色彩、显眼的位置等，最醒目的内容应是企业最具吸引力之处，如企业的名字、企业的标识、招聘的职位、待遇条件、工作地点等。

2. 激发兴趣

激发兴趣即要引起应聘者对工作的兴趣，这可以通过具有煽动性的广告词来实现，例如"你将投身于一项富有挑战性的工作""你将步入一个前景无限的行业"等，也可以通过其他具有吸引力的内容来实现，例如工作地点、丰厚的报酬等。

3. 创造愿望

创造愿望比激发兴趣更前进一步，不仅要使应聘者有兴趣，而且要有得到工作的愿望。这可通过针对应聘者的需求，列举企业能够提供的条件，如工资、福利、职位、培训机会、晋升机会、住房条件、出国机会等来达到。

4. 促使行动

招聘广告要向应聘者提供联络方法，包括联系电话、通信地址、公司的网址等，同时用一些煽动性的语言促使应聘者迅速采取行动，例如"今天就打电话吧""请尽快递交简历""我们期待您的加入"等。

四、招聘广告的写作模板

招聘广告写作的过程就是创造的过程，一个好的招聘广告能够起到事半功倍的效果。笔者在此列举一则招聘广告，目的是便于读者掌握招聘广告的写作形式，领悟招聘广告的写作技巧。

××网络科技有限公司是国内优秀的INTERNET软件开发商，主要从事网络安全软件产品开发及跨平台分布式异构网络环境下的软件开发。经××市高新区人才交流服务中心批准，本公司特诚招精英人士加盟。

职位：测试工程师（人数：4名；工作地点：总部）

任职资格：

1. 计算机及相关专业本科以上学历；
2. 全面的软件技术知识；
3. 有较丰富的数据库及网络知识与经验；
4. 参加过大型软件系统的开发；
5. 两年以上软件开发/测试/支持/维护经验。

工作职责：

1. 编写测试计划及测试用例；
2. 进行集成测试和全面测试；
3. 为公司提供项目测试报告论文。

第六节　招聘广告的媒体选择

招聘广告的选择媒体不是随意的，招聘负责人员应该根据拟招聘岗位的特点、成本要求等，结合各种招聘媒体自身的特点，来做具体的媒体选择。

招聘广告是企业从外部招聘人员时最常见的方法之一。使用广告招聘人员，重点需要考虑两个问题：一是招聘广告媒体的选择；二是招聘广告设计。

企业可选择的广告媒介很多，如电视、广播电台、报纸、期刊、网站、广告散页等。每种媒体都各有利弊，企业在选择时，要综合考虑空缺岗位、广告价格、潜在应聘者所在的地域、工作特性等因素。

在所有这些媒体中，网站是最新出现的，凭借其传播速度快、范围广、查询方便等特性，它受到了越来越多企业的青睐。在媒体选择上的另外一个趋势，就是在自己的企业主页上做广告,许多企业都在主页上开辟了"职业机会""诚聘英才"等模块,这样就可以把大量的招聘信息放在主页上供应聘者查询,这对那些知名度较高、主页访问量较大的企业,也是一种很好的选择。

在选择不同的媒体时,首先要了解不同的媒体在哪些人群中的利用率最高,如根据我国的一些调查,广播在信息传播方面的地位已经越来越低,电视和报纸成为人们获取信息的最重要渠道。通过了解不同地区、不同性别、不同学历、不同职业的人喜欢接触的媒体种类,企业再决定采用什么广告方式,这种"有的放矢"的做法,能提高招聘的广告效益。

因此,在招聘不同员工时,企业应该预测到,通过什么样的媒体才能够将招聘信息传递到目标人群中;从哪一类人群中,最有可能招聘到最合适的人员,企业也应该做到心中有数。这样,就能够选择到最合适的招聘广告媒体。

选择了在什么媒体上发布招聘广告之后,企业就需要选择具体媒体投放广告。因此,企业还应该对国内不同的报纸、杂志、电视台的发行量、读者(观众群)的情况有所了解,这样在选择具体媒体时才会心中有数。

与选择什么范围的劳动力市场一样,一般说来,对于高级管理和技术人才的招聘,应该在全国性的媒体上发布广告;而中级管理和技术人员的招聘,应在区域性的媒体上发布广告;招聘一般的技术、服务和操作人员,在地方性的媒体上发布广告即可。

一、招聘广告的效果比较

常用于发布招聘信息的广告媒介有电台、电视、报纸、杂志、互联网等,它们各有优缺点,在选择时,企业应根据自身条件加以确定。为了便于读者对比分析,表5-7对部分媒体的招聘优点和缺点做了概述。

表5-7 不同媒体招聘信息发布的优势和缺点

中介种类	优势	缺点
广播电视	(1) 招聘信息让人难以忽略 (2) 可能被不是很想找工作的人看到 (3) 创造的余地大,有利于增强吸引力 (4) 自我形象宣传	(1) 昂贵 (2) 只能传送简短的信息 (3) 缺乏永久性 (4) 为无用的传播付钱
报纸	(1) 广告大小弹性可变 (2) 传播周期短 (3) 可以限定特定的招聘区域 (4) 分类广告为应聘者与供职者提供方便 (5) 有专门的人才市场报	(1) 竞争较激烈 (2) 容易被人忽略 (3) 没有特定的读者群 (4) 印刷质量不理想
杂志	(1) 印刷质量好 (2) 保存期长,可不断重读 (3) 广告大小弹性可变 (4) 有许多专业性的杂志,可将信息传递到特定的职业领域	(1) 传播周期较长 (2) 难以在短时间里达到招聘效果 (3) 地域传播较广
互联网	(1) 广告制作效果好 (2) 信息容量大,传递速度快 (3) 可统计浏览人数 (4) 可单独发布招聘信息,也可以集中发布	(1) 地域传播广 (2) 信息过多,容易被忽略 (3) 有一些人不具备上网条件,或没有计算机使用能力

本章小结

招聘管理中的两项重要工作是渠道管理和甄选技术,选择合适的招聘渠道,是提高招聘管理工作效率的第一道工作环节。招聘渠道是指企业引进或补充所需要的人力资源的途径或来源,是企业招聘行为的辅助之一。企业人员的招聘渠道可以分为内部渠道和外部渠道,其中内部渠道是指从企业内部选拔所需人员,外部渠道是指从企业外部选拔所需人员。对于招聘管理来说,选择有效的招聘渠道对招聘效果是至关重要的。

复习思考题

1. 企业内部招聘的渠道有哪些,在实际操作中你如何选择,请简述。
2. 外部招聘渠道有哪些,在实施操作中如何选择,请简述。
3. 内外部招聘渠道的区别在哪里,请简述。
4. 网络招聘是一种普遍的招聘形式,请简述网络招聘的优势。
5. 企业现场招聘会时,应该做好哪些工作?
6. 企业中的要企业年度校园招聘会,应该做好哪些准备工作,其流程是什么?
7. 在对企业的高级管理人员进行招聘时,应在哪些媒体上发布广告?

案例讨论

腾讯校园招聘

近年来互联网行业一直处于上升阶段,腾讯内部正式员工的体量不大,所以为了满足公司新业务的部分需求,腾讯每年依靠大量校招生的引入来保证新鲜血液的供给,因此腾讯对于校招的策略和需求极为重视。腾讯每年的校招人数较为稳定,基本维持在1 000~1 500人。在所有的需求中,70%为研发类岗位,15%为产品类岗位,剩余的15%为市场、职能类岗位。形成这样的需求结构的原因在于腾讯以产品为重要的业务线,而为了满足产品功能的实现,需要做大量软件开发工作。因此,产品经理和软件开发类岗位对于腾讯而言是较为重要的需求点。校招时,学历背景不是腾讯校园招聘时的硬性指标,即使学生来自普通院校也不存在任何壁垒,只要综合能力优秀,腾讯就会考虑让其加入。

随着"互联网+"的不断融合,腾讯开始利用微信这一平台为校招服务,公司线上宣传主推的方式为腾讯招聘的微信公众号,该公众号承担校招前期预热、内推宣传、产品培训生项目的宣传、发布鹅卧谈会的档期、公司形象介绍的功能。其次是微信群,腾讯在非校园招聘季期间会举办讲座和活动,在举办活动时,腾讯有意识地将部分应届毕业生拉入线上微信群。腾讯通过微信群转发所有公众号发布的内容以及招聘注意事项。腾讯尝试自行开发了叫号系统,专门应用于学生面试等候。通常由于面试官的进度不同,学生面试等候的时间较难把控,这会给学生造成不良的招聘体验。采用了叫号系统后,学生到达面试现场只需要扫描二维码,面试官就可以在后台得知学生的签到情况,从而实现流程的把控。学生也能通过系统了解到面试的排队等候情况。腾讯希望在未来能够与老师之间形成一个正式的渠道,通过老师去做招聘的宣传。具体的设想包括搭建和运营老师的校园微信群,HR 能在群中及时与老师保持交流,并且向老师宣传企业,老师之间也可以就和企业的合作模式互相学习。另外,未来腾讯想打造校招与社招的闭环。除了应届毕业生,公司更想从老师那里了解到过往学生的去向,这样可以为社招提供参考。最后,腾讯也想让老师在暑期进入公司轮职,体验 HR 的工作、BG 的工作、校招的流程与内容。此外,为了更好地节约人力资源,腾讯希望在未来进一步完善招聘系统的建设。

思考:
(1)腾讯通过哪些新路径推动企业与人才之间的对接?
(2)如何保证招聘流程的清晰和高效?

【实训游戏】

A 公司成立于 2003 年,是从事铜质导电产品研发、生产、加工、销售、售后的专业公司。公司主要生产高低压开关、输配电、冶金等行业的节能产品。公司的各种产品均已达到国外同类产品技术质量水平,产品销往国内大型集团公司,并长期出口德国、英国、瑞士、美国、日本等国家。

因公司规模的扩大,现需要招聘机械维修工 2 名、生产主管 1 名、质检员 1 名、销售代表 5 名、区域经理 1 名。人力资源部预计需要用 6 个月完成上述职位的招聘。

要求:请你调查本省现场招聘会的时间、主题、地点、费用、服务项目等资料,并进行筛选,选择出本公司适合参加的招聘会并说明原因。(其中,招聘会调查表的参考格式如表 5-8 所示。)

表 5-8 招聘会调查表

日期	地点	主题	费用	服务项目	备注

第六章　人员甄选管理

学习目标

- 掌握人员甄选的内涵、意义。
- 熟悉人员甄选的基本流程。
- 掌握简历筛选、笔试管理。
- 掌握面试管理的执行流程和注意事项。
- 了解管理评价中心所包含的甄选方法以及其他甄选技术。

开篇故事

数据分析有效提升甄选质量

现在已经进入大数据的时代，人们学会了使用数据分析来制订决策和提高工作的有效性。对于企业的招聘工作来讲，数据分析同样能带来很多益处，优化企业的招聘流程，满足企业招聘的需求。一家美国企业使用数据分析来帮助企业进行招聘的案例，希望能让大家获得有益的启发。

该美国企业位于产业园区，产业园内同行业竞争对手诸多，竞争日趋激烈，对于人才的争夺趋于白热化。对于该企业的 HR 部门来讲，用工荒、招人难成了时常萦绕在他们头上的一大问题。在此之上，企业还想找到"高绩效的员工"简直就是痴人说梦。

人才的匮乏已经严重影响到了企业的未来发展。该公司管理层意识到了问题的严重性，目前亟待解决的就是公司招聘问题。因此，公司管理层向 HR 团队提出能不能跳出传统的工作方式，借助数据分析解决企业招人难的问题，从人员搜寻、招聘和入职阶段的数据，能不能找到现有企业高绩效员工的特征，然后通过这些特征来改革企业的招聘工作。

公司的 HR 团队接到这个任务之后，将绩效考核结果的数据与招聘渠道、招聘方式、招聘流程之间进行对比分析，以期找到它们中间的关联。通过 HR 们的不懈努力，终于发现了高绩效员工在招聘过程中体现出的一些特征：

1. 大多数高绩效员工之所以会选择跳槽看重的是企业的福利计划；
2. 高绩效员工倾向选择离家比较近的企业；
3. 高绩效员工基本是通过熟人或者户外广告来了解企业的招聘工作，而很少会去在意报纸或网上的招聘广告；
4. 优秀的人才更倾向于到现场来了解企业，而不是在线上填写一大堆的表格；

5. 候选人都倾向于下午来企业面试,因为这方便他们进行交接班。

通过以上的发现,该公司的 HR 部门重新设计了他们的招聘工作。

首先,HR 重新设计了招聘广告语,主题是"到一个离家近而且福利好的公司工作是一种什么体验?"这个广告语出现在该产业园内入口处一个醒目的大广告牌上。另外,还广泛张贴在园内的一些餐饮和零售店的公告栏里。

另外,HR 重新设计了来公司的参访环节,辅之以现场面试,还能享受美味零食。参访时间安排在每周二和周四的下午 3 点到 7 点,方便每天处于交接班的候选人前来应聘。最后,招聘人员还特别为每个前来公司的候选人准备了一份员工福利手册,详细介绍公司各项福利政策。

在这些方案实施的头两个月,候选人的人数上升了 20%,接受工作 offer 的数量也上升了 20%。更加让人称奇的是,在对这批新员工完成进入公司的第一次绩效评估后,高绩效的新员工人数比原来增加了 35%。

HR 原来掌握有大量的人员数据,而这些数据平时散落在各种流程和系统中,并没有得到有效利用,最后成了被埋没的宝藏。数据分析成为 HR 寻宝的利器,只要找到准确的切入点,必定会让宝藏显露出来,为企业所用。

资料来源:http://www.hrsee.com/?id=1066(有删改)

请分析:思考人员甄选技术的重要性。

随着全球化进程的加剧,近些年来企业之间的竞争日趋激烈,如何确保在激烈的市场竞争中生存与发展,这是每个企业在新世纪必须面对的问题。员工已经成为企业持续稳健发展与不断获取成功的关键。因此,如何甄选出适合企业要求的员工,增强企业的核心竞争能力成为企业关注的焦点问题。

第一节 人员甄选的概述

决策者应该在不掺杂主观情绪的情况下,寻找与职位之间构成最佳匹配的应聘者。一般来说,一个人的绩效是能力和动力的综合产物。所谓人员甄选,是在几个具备基本资格的应聘者之间进行的选择,所以决策者必须判断这些人中间谁的综合素质(或绩效)与企业和职位最为匹配。

一、人员甄选的概念

甄选是使用各种测评技术与选拔方法,挑选合格员工的过程。通过人员甄选(Personnel Selection),企业做出允许谁,或者不允许谁加入企业的决定。甄选过程始于招聘得到的候选人,然后试图减少他们的数量,留下对空缺职位最合适的人选。在这个过程的最后,被选中的人员会被安排在企业的相应职位上。人员的甄选包括两个方面的内容:一是甄选的客观标准和依据,二是人员甄选技术的选择和使用。

对于任何现代企业,尤其是以人才为核心竞争力的企业来说,选择合适的企业成员,对于企业生存和发展,都将产生极其重要的影响。因此,企业越来越重视且谨慎地采用科学的、适当的甄选方法,从众多候选人员中挑选合适的企业成员。人员甄选已成为现代企业管理过程中的一项重要的、具体的、经常性的工作,是人力资源管理活动的基础和关键的环节之一。

二、人员甄选的意义

人员甄选对企业来说至关重要,有研究表明,同一岗位上最好的员工比最差的员工劳动生产率要高三倍,这意味着在应聘者进入企业之前,需要经过一系列的甄选过程,以保证挑选出来的人才既愿意为企业提供服务,又具备相应的知识、经验和技能,满足任职的标准和要求。企业对人员甄选的意义主要包括以下3个方面。

1. 保证企业得到高额的回报

企业录用员工之后,就要在该员工身上有所投入,包括工资、福利、培训等费用。企业对员工的投入能否得到回报、何时得到回报、得到多大的回报,则取决于员工的工作态度、工作积极性和其劳动生产率。其中,员工的工作态度和工作积极性取决于其对工作的满意度,而员工的劳动生产率则取决于其所掌握的劳动技能、知识和经验等。如果在人员甄选过程中能做到员工对工作满意,愿意为企业工作,而企业对员工的技能、知识、经验满意,则企业必然会收到高额、快速的回报。

2. 降低员工的辞退率与辞职率

企业不仅要把人招来,更要把人留住。能否留住受雇用者,既要靠招聘后对员工的有效培养和管理,也要靠招聘过程中的有效选择,即在甄选过程中对应聘者进行准确的评价。那些认可企业的价值观、在企业中能找到适合自己兴趣和能力的岗位的人员,在短期内离开企业的可能性就比较小。可见,有效的人员选拔可减少企业雇用不合格人员和不愿意为企业工作人员的可能性,能够降低员工的辞退率与辞职率,为企业降低离职成本。

3. 为员工提供公平竞争的机会

有效的人员甄选应当为企业内员工与企业外应聘者提供公平竞争的机会,通过一系列的笔试、面试、测试等选择环节,每一个应聘者均有机会展示自己的才能,使自己有更好的发展。企业成员优良的素质奠定了良好的管理基础,能使此后的一系列人力资源管理活动得以顺利进行。

三、人员甄选的标准

一般而言,甄选必须遵循几个通用标准:信度、效度、普遍适用性、效用、合法性。
(1)信度:是指一种测试手段不受随机误差干扰的程度。
(2)效度:是指测试绩效与实际工作绩效之间的相关程度,也就是预测的有效性问题。
(3)普遍适用性:是指在某一背景下建立的甄选方法的效度同样适用于其他情况的程度。
(4)效用:是指甄选方法所提供信息对企业进行强化的程度,即甄选方式的成本与收益的相对大小,详见第八章"招聘评估管理"。
(5)合法性:是指甄选方法须合法,企业应避免因甄选工具的使用而引起的法律纠纷。

四、人员甄选的基本流程

人员甄选是指从应聘者中选拔出企业所需人员的过程,包括资格审查、背景调查、初选、面试、其他测试、体检、个人资料核实等一系列活动的过程。由于这一工作阶段将直接关系到岗位最终候选人的质量,因此人员甄选是招聘过程中最关键的一步,也是技术性最强、难度最大的一步。

从企业选拔应聘者的全过程来看,人员甄选可分为 3 个阶段,第一阶段是初步挑选,即粗选;第二阶段是深度筛选,即细选;第三阶段是最终甄别,即精选,从而最终保障企业人才甄选的质量。从人员甄选的具体内容和方法上看,其主要步骤包括简历筛选、招聘申请表筛选、笔试、面试、情景模拟测试、心理测试、背景调查与体检等内容。图 6-1 所示为人员甄选的基本流程。

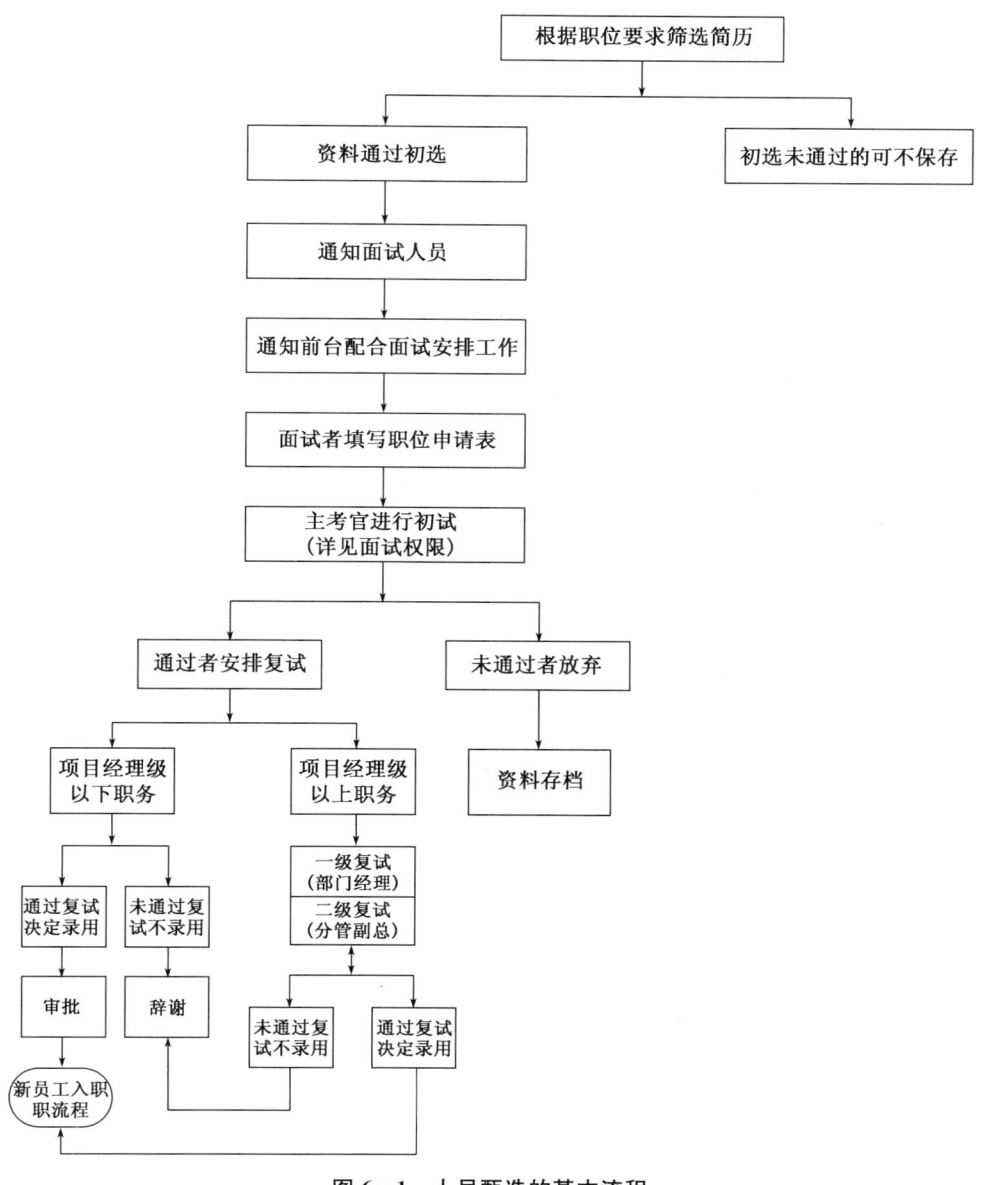

图 6-1 人员甄选的基本流程

第二节　常见的甄选技术

成功的甄选能够增强企业的生存能力、适应能力和发展能力，因此人力资源甄选决策应是高质量的，既没有遗漏符合要求的人员，也没有录用不符合要求的人员。常见的甄选技术包括简历筛选、笔试测试、面试、管理评价中心等。

一、简历筛选

与我们日常理解的应聘者个人简历不同，本书中的招聘简历是指在求职或招聘过程中，呈现给招聘负责人员的，承载着应聘者相关应聘信息的一切媒介或载体。

简历筛选是通过招聘简历、招聘申请表、应聘者推荐资料等信息，来考察和选拔人才的方法。招聘简历筛选主要是收集应聘者个人的基本信息及背景资料，是人员招聘选拔的初步阶段，因而必须与其他选拔方法结合使用，才能取得较好的招聘效果。

1. 简历的主要类型

我们从应聘者信息载体的维度来源划分招聘简历的类型，包括招聘申请表、应聘者个人简历、应聘者推荐表等。招聘申请表由招聘单位设计，应聘者个人简历、应聘者推荐表由应聘者提供。

（1）招聘申请表

招聘申请表是招聘部门设计的，包含了工作岗位所需的基本信息，并用标准化的格式表示出来的一种初级筛选表，其目的是筛选出那些背景和潜质都与职位所需的条件相符的候选人，并从中选出优秀者，参加后续选拔。因为招聘申请表所反映的资料对企业的面试评定以及对应聘者的能力、资历的判断都有极其重要的作用，所以申请表的设计一定要科学、严谨，以便能全面反映所需要的有关信息。一张好的招聘申请表可以帮助企业降低招聘成本，提高招聘效率，尽快招聘到理想的人选，所以招聘申请表的设计十分关键。

（2）个人简历

应聘者个人简历可谓五花八门，原则上不倡导应聘者在简历的设计上花费太高的成本去吸引招聘者的眼球；但是建议应聘者对自己的简历内容做精心设计，把自己的亮点充分体现出来，以获得与招聘单位进一步沟通的机会。应聘者个人简历从形式上分为纸质简历、电子版简历、多媒体视频简历。

① 纸质简历：应聘者以投递、邮件等方式将纸质简历送达给企业招聘者。这种简历多是自我推荐信和个人基本情况说明的结合。

② 电子版简历：以电子邮件方式投递给企业招聘者，或将电子版简历发至企业招聘邮箱，或是将个人信息按照人才网站提供的模板录入该网站的数据库中，供企业招聘者搜索、筛选。

③ 多媒体视频简历：多媒体视频简历，即应聘者自拍的应聘录像，这种简历可以生动地展示应聘者的形象、谈吐和才艺。视频简历凭借生动的画面和音效，展示应聘者的音容笑貌，给招聘者提供丰富的信息，以一种前所未有的方式拉近了应聘者和招聘者的距离。视频

简历可以使应聘者跨越时间和地域,向一家或多家招聘单位同时展示自己的风采,大大节约了双方的成本。视频简历还可以拍摄应聘者的推荐人或证明人的评价、推荐,使推荐人的评价更加可信。

（3）应聘者推荐表

一般情况下,应聘者为了找到合适的工作,会请有关人士撰写一份推荐书,证明自己的才能。但他们所提供的推荐资料往往准确度很低,这是因为任何一个推荐者或负责推荐的企业都不愿意妨碍他人找到更好的工作机会。当然,有时企业为了保证招聘质量,从善意的角度出发,也希望应聘者能够请原单位的负责人或直接上级为其撰写一份推荐材料。

（4）个人简历与求职申请表的差异

初步筛选简历是对应聘者是否符合岗位基本要求的第一次审查,目的是筛选出那些背景和潜能满足岗位任职标准和基本要求的候选人,为后续的细选乃至最终的甄选奠定基础。人力资源部对应聘者的初选是通过审阅应聘者的个人简历或招聘申请表实现的。简历的好处在于,它能使应聘者以书面交流的方式展示自己的资历和经历。然而,应该认识到,有些应聘者会请专业人士帮忙编写简历。与标准申请表相比,简历存在的问题是应聘者自己掌握写什么、不写什么;而应聘申请表则是由企业决定填写哪些与其需要有关的信息,因此申请表相对更可靠,因为所有应聘者都要按表中所列项目提供相关的信息。

简历与招聘申请表的优缺点如表 6-1 所示。

表 6-1　简历与招聘申请表的优缺点

优缺点	招聘申请表	个人简历
优点	直截了当 结构完整 限制了不必要的内容 易于评估	体现应聘者的个性 允许应聘者强调自认为重要的东西 允许应聘者点缀自己 费用较低
缺点	限制创造性 设计、印刷、分发费用较高	允许应聘者略去某些东西 难以评估

2. 招聘申请表的筛选

（1）筛选求职申请表

申请表的最大优点是结构完整且直截了当,它要求应聘者提供公司所需的全部信息,而对公司不必要知道的信息则不会留有更多的空白项。这样一来,就免去"被迫"对无用信息进行筛选,大大提高了预选速度;由招聘者设计工作申请表,有助于为面试设计具体的或有针对性的问题,将主动权把握在公司手中,公司可以根据自己对岗位的要求设计一些有针对性的或非常具体的问题;工作申请表结构完整、直截了当,清楚表明了公司对待招聘员工的基本要求,这样有利于应聘者根据申请表对自我条件进行评估,确定自己是否符合申请表中所要求的条件,之后再进行填写。

① 查看现有的申请表。市场瞬息万变,公司的岗位在不断变化,对于人才的要求也在不断更新。现有申请表往往有些内容不能完全反映当前的招聘需求,应仔细考虑现有的申请表,需要进行哪些修改。

选择那些最符合企业需要的项目。在决定要选择哪些项目时，一定要包括一些代表"关键的淘汰因素"的问题。这些因素能反映出该工作必须要达到的标准。例如，如果这个工作岗位需要经常出差在外，那申请表中一定要包括这样的问题：如果你获得该职位，你是否能够适应经常出差？申请人的回答如果是"否"的话，就可以马上将他排除。一开始筛选就这样做，可以节省许多时间和费用。

检查申请表的合法性。对申请表内包含的内容进行检查和审视，看是否有违反法律法规的内容，或者是否有引起歧视的嫌疑，或者是否有内容含混不清使人误会而有触犯法规的可能性？比起国内的申请表，国外更重视其合法性。在美国，为了遵循公平就业等委员会的报告标准，申请表制定者可能需要收集有关应聘者的种族、性别、年龄等的信息；但是，出于合法性的考虑，公司必须申明不会根据这些信息来做出筛选的决定。又比如，许多公司采用附加栏的方式来收集这些信息；所谓附加栏，即这部分信息不和申请栏的其他信息一起储存，且必须声明这部分信息仅仅是为了向政府汇报而收集，申请人自愿提供，而非聘用时考虑的因素。

② 使申请表格式符合逻辑。制定的申请表要简单明了、直截了当、通情达理、易于填写，这样有利于应聘者在填写时快速而顺利地完成信息的总结和输出。如果申请表难以填写，那你也许就得不到所需的信息，或者申请人什么也不填写。

把联系方法和"关键的淘汰问题"放在最上面。最有用的信息放在最前面来收集，有利于节约申请表的初步筛选时间。如果需要某人的电话、邮箱等联系方式，则将这项问题放在最上面；如果旅行社需要应聘者持有导游证，那么回答"没有"的申请人，招聘方就不必再浪费时间去细看他申请表的其他部分了。

务必留下足够的空间让申请人填写。事情常常是这样：申请表留多少空白，申请人就提供多少信息。这就是说，如果某些信息是公司非常重视的一部分，希望能够多了解一些，而申请表中这部分的空白又恰恰留得很少，那么，招聘方就别指望通过申请表来详细了解申请人这方面信息了。避免这种问题的重要办法就是如上所说：留下足够的空白来让申请人填写。

最后检查一遍。最后的检查非常必要，它会使招聘方避免错误，同时使申请表更加有用。对申请表的每一项可以提出下列几个问题。

- 这一项有是否有可能提供我所需要的信息？
- 这一项和工作是否有联系？
- 这些信息能否帮助我们区别合格的和不合格的申请人？

如果对于以上问题（特别是最后两个问题）的答案是否定的，那么就应该认真地思考，为什么要把它写进申请表。采用这种检查式的方法，能够帮助制作实际有用的申请表，还能帮助避免不合法情况的发生，从而进行正确、高效的初步甄选。

③ 工作申请表的内容。工作申请表中所包含的信息是公司希望得到的关键信息，它一般包括应聘者的基本个人信息、教育培训信息、工作经历信息、与所申请岗位相关的背景信息、工作特殊要求信息及其他一些相关信息。表6-2中罗列了工作申请表所包含的基本内容。

表 6-2 工作申请表的基本内容

背景信息： ① 申请的岗位； ② 期望的工资； ③ 什么时候或多久你能来上班？ ④ 你怎么知道这个岗位的？ ⑤ 你为什么愿意为我们工作？ ⑥ 在过去的十年内，你是否曾被宣判有罪？（若是，请说明）
教育培训： ① 你的教育机构的名称和地址； ② 是否毕业？得到什么学位？请提供专业证明/学历证明； ③ 受过何种特殊培训或锻炼？何时？何地？有谁可以证明？
工作经历： ① 过去雇主的姓名和联系方式，企业的类型、名称； ② 岗位和职责； ③ 就职时间； ④ 主管的姓名和职位； ⑤ 我们是否可以和你现在的雇主联系？ ⑥ 工资等级（从开始到现在）； ⑦ 离开现在工作单位的理由
工作特殊要求： ① 技术上的技能和工作经历一览表； ② 我们应该知道的其他技能和能力（如：你能操作哪些设备）； ③ 你是不是上什么时间的班都行？能不能加班？ ④ 你能出差吗？ ⑤ 你是否持有有效期内的驾驶执照？
其他： 申明所提供的信息是正确的，并同意医疗检查的结果作为应聘的条件。

④ 通常使用的申请表格。

第一种：加权申请表格。

加权申请表格是依据过去的统计资料或权威机构，对应聘岗位的重要程度确定相应的加权系数，从而对应聘者自身的条件进行综合评价分析的一种形式。其设计方法是：将过去职员的样本划分为"绩效高"和"绩效低"的两组，并计算出各自绩效人数占总体的百分比，将该值四舍五入换成后面的一位加权数，一个申请者的总分即为他申请表中的各项权数的总和。加权表格的好处是可对应招人才进行定量分析，客观评价和打分，在招聘过程中避免个人偏见。为了取得较好的效果，加权申请表必须适合本企业的特征需要，对应该企业不同的工作级别，同时对于不同的工作人员使用不同的申请表格。表 6-3 是使用水平百分比制定的加权申请表。

表 6-3 用水平百分比制定的加权申请表

反应类别	下组(人)	上组(人)	总数(人)	上组百分比(%)	加权数
婚姻状况					
未婚	35	19	54	35	4
已婚	52	97	149	67	7
离婚	25	8	33	24	2
分居	15	6	21	29	3
寡居	13	10	23	43	4
合计	140	140	280		
教育					
小学	13	14	27	52	5
中学肄业	28	23	51	45	5
中学毕业	56	46	102	45	5
大学肄业	18	16	34	47	5
大学毕业	16	25	41	61	6
研究生	9	16	25	64	6
合计	140	140	280		
工作经验					
无	18	5	23	22	2
生产	40	30	70	43	4
文书	38	28	66	42	4
推销	8	35	43	81	8
管理	5	17	22	77	8
专业	13	16	29	55	6
其他	18	9	27	33	3
合计	140	140	280	33	3
服兵役与否					
已服	77	86	163	53	5
未服	63	54	117	46	5
合计	140	140	280		

根据表6-3,可以计算出一位已婚、中学毕业、做过推销员、服过兵役的申请者的得分是:7+5+8+5=25,依次将每位申请者相应情况换算成分数,在筛选时作为参考。

第二种:传记式申请表格。

传记式申请表格的设计原理是,把过去各种情况下的行为及态度、偏好、价值观联系起来,重点在于预测未来。传记记录表通常较长,要求应聘者填写十分详细的个人情况。这种仔细调查的基本假设是,未来工作的表现与过去的各种环境的行为是相联系的。传记记录表的每一项的效度测定过程与加权申请表基本相近,每一项都与工作表现的测度相互关联起来。

传记式申请表常常是为一种具体工作而设计的。为确定有关工作成就的背景经历,必须进行大量的调查研究;然后,请有关专家确定每一个项目与工作绩效的某种计量关系。表6-4是传记记录表的项目样本。

表6-4 传记记录表的项目样本

婚姻状况: • 未婚   • 已婚,无子女   • 已婚,有子女   • 丧偶   • 分居或离婚
习惯和态度: 你常讲笑话吗?   • 非常经常   • 经常   • 不经常   • 很少   • 记不得讲过笑话   ……
健康状况: 你平常健康状况如何?   • 从来不生病   • 没有生过大病   • 一般   • 有时感到身体不适   • 经常有小毛病
人与人之间的关系是: 你怎样对待你的邻居?   • 对邻居不感兴趣   • 喜欢邻居,但不常往来   • 有时互相串门   • 经常在一起   ……
经济情况: 在正常情况下,你作为户主打算储蓄年收入的百分之几?   • 5%以下   • 6%～10%   • 11%～15%   • 16%～20%   • 21%以上

（续表）

早期的家庭、童年和少年： 18岁以前，你大部分时间是和谁在一起度过的？ • 双亲 • 单亲 • 亲戚 • 养母、养父或非亲戚 • 在一个家庭或一个公共机构	
自我印象： 通常情况下，你尽力做： • 每件工作 • 只是自己喜欢的工作 • 要求自己干的工作 ……	
个人特征： 你认为自己有多大的创造性？ • 高度的创造性 • 在自身范围内比大多数人创造性多一点 • 中等的创造性 • 在自身范围内比大多数人创造性少一点 • 没有创造性	
现在你的家庭： 关于迁居，你的配偶： • 不论你去哪里工作，都愿意一起去 • 在任何情况下都不搬家 • 只在绝对需要的情况下，才搬家 • 你不知道配偶对搬家的看法 • 未婚	
娱乐、爱好和兴趣： 你去年读了几本小说？ • 没读 • 一本或二本 • 三本或四本 • 五本至九本 • 十本及以上	
学校和教育： 你高中毕业时多大？ • 小于15岁 • 15～16岁 • 17～18岁 • 19岁以上 • 高中没毕业	
价值观、看法或偏爱： 下列各点项你认为最重要的是： • 舒适的家庭环境 • 有挑战性和令人兴奋的工作 • 走到世界的前列 • 在社团事务中表现积极并被接纳 • 尽力施展某一方面的才能	

(续表)

工作：
你一般工作的速度如何？
• 比大部分人干得快得多
• 比大部分人稍快些
• 比大部分人稍慢些
• 比大部分人干得慢得多

（2）招聘申请表的筛选

① ABCD 分级法。在审阅求职申请时，要注意发现能够证明最符合工作所要求的有关技能、能力和成就的必备条件的情况。也要检查一致性，即检查申请表和求职简历上的日期是否一致，有没有时间空缺；如果有，一定要查明这段时间招聘候选人在干什么。接着要核查申请中所说的工作情况是否与所给的日期相符以及在行业就职的稳定性情况；以前的雇主的评价，就业稳定性的一般情况即干一项工作的平均时间。

查看申请表之前，必须清楚了解工作岗位的要求，然后制定出用于筛选申请表的调查表。调查表应和申请表中的项目相一致，每一项都是最重要的筛选标准。全面的调查表格将使你能根据申请人符合工作要求的程度来决定优先考虑哪些申请表，在此可以用 ABCD 四级来区分申请表。属于 A 级的应聘者最符合最初的工作岗位剖析，B 级次之，C 级第三。D 级的申请表不符合工作岗位剖析，因为 D 级的条件是"关键淘汰因素"，所以很可能不会进入下一阶段的测试和面试。表 6-5 描述了维修技师岗位申请表的筛选调查表实例。

表 6-5 工作申请表的基本内容

	A	B	C	D
18 岁或 18 岁以上	√	√	√	
能否轮班工作	√	√	√	
是否曾被判暴力犯罪或偷窃				√
是否持有有效的、没被吊销的驾驶执照	√	√	√	
是否有文凭或相等的证件	√	√	√	
是否有两年技术方面的技能等级或相等的证件	√	√		
是否有 5 年或 5 年以上相关的工作经验	√			
是否有 2~4 年相关工作经验		√		
是否有可编程逻辑控制方面的经验（只限于维修电器技师）	√	√		
是否有机械安装或制造方面的经验（只限于维修机械师）	√	√		
是否有稳定工作的历史（不是常跳槽的）	√	√		
在工作史中是否有不能解释的间断	√	√		
离开工作时有一些冒险的因素			√	
离开工作时有些实质性的冒险因素				√
在报酬和工资方面有不切实际的想法			√	√
申请表没有签名				√

根据表 6-5 中左边的条件,把申请表分为 A、B、C 或 D 级。例如,为了得到 A 这个等级,申请表必须满足 A 级的所有条件;如果不能满足 A 级所有的必要条件,那就继续往后面的级别看,直到所有的条件都能满足。如果 A、B、C 级的最低要求都不能满足,那么属于 D 级就比较合适。

作为控制质量的措施,可以派一个人重点检查 B 级和 C 级的申请者,以免漏掉某些合适的申请者。也可以由负责面试或负责招聘以外的人去做初步筛选工作,这可以增加招聘工作的公正性和正确程度。

② 比较模型法。认真审阅申请表,将那些明显不适合这个岗位的人挑出来。根据工作说明和人员招聘条件,给剩下的申请人排队。参照下列标准对每一位申请人进行评估:不够最起码的标准、符合标准、符合或超出标准。

对所有的申请人进行了认真的甄别、排队之后,就可以将结果引入表 6-6 所示的比较模型。

表 6-6 比较模型

申请人	身体情况	教育训练	知识经验	特长才能	性格特征	专业特长
1						
2						
3						
4						
5						
6						
7						
8						
9						
10						
11						

通过该模型进行比较之后,招聘者就可以相对容易地进入候选人分类阶段:一部分选定为继续测验对象,一部分列入后备名单,还有一部分准备向他们发回绝信。

3. 个人简历的筛选

(1) 简历筛选的标准

审核应聘者填写的招聘申请表,可以说是企业对应聘者选拔过程的第一步。典型的申请表需要应聘者填写背景资料,如姓名、住址、受教育程度、社会关系、工作经历、特长、兴趣爱好、应聘的职位等。

一张填写完整的申请表可以达到以下 3 个基本的目的。

一是确定应聘者是否符合工作所需要的最低资格要求,以便准确地进行初步筛选。

二是申请表可以帮助招聘者判断,应聘者是否具有某些与工作相关的属性。例如可以通过工作经历来判断其经历是否与拟招聘的岗位所需的能力相关。

三是申请表中所包含的资料可以提示招聘者,在下一阶段提出与应聘者有关的潜在问题。申请表比较客观,容易审核,成本较低,所以在人员选拔过程中被普遍使用。

申请表可以提供很多关于应聘者的有用信息;但是面试人员的关键问题在于,确定哪些信息在人才选拔过程中是最有价值的。在这方面,面试人员通常持有偏见,例如有些人认为学历与管理能力有较强的联系。

国外一些学者曾试图运用加权招聘申请表的方法进行人员的初步筛选。该方法的基本思路是选择某类员工作为分析对象,根据这些员工以往的工作绩效水平,分成一般组和优秀组,再根据他们在资格条件、家庭背景、文化程度等方面在申请表填写的信息,进行深入的对比分析,最终设计出一套切实可行的评分体系,对应聘者进行初选。加权招聘表如表6-7所示。

表6-7 加权招聘申请表

婚姻资料	权重	所受教育程度	权重	2年以上工作经验	权重	曾担任过何种职务	权重
未婚	□4	高中毕业	□5	无	□2	作业组长	□5
已婚	□7	高中肄业	□5	生产	□4	生产班长	□5
离婚	□2	职高毕业	□5	营销	□4	一线主管	□5
分居	□3	职高肄业	□5	管理	□4	科室主任	□5
独居	□4	大学毕业	□6	技术	□8	项目主管	□6
抚养子女	□4	大学肄业	□6	生产	□7	项目经理	□6
赡养父母	□4	研究生	□7	文秘	□6	公司经理	□7
应聘者识别信息				行政	□3	副总经理	□8
应聘者姓名				初选结果		总经理	□9
身份证号码							
拟招聘岗位				审核申报时间			
人力资源初选审核意见: 人力资源部经理签字: 年　月　日							
备注:							

(2) 分析简历匹配度

在筛选应聘者简历时,有几种方法可以分辨简历的信息。人力资源部对应聘者填写的各种应聘申请表格进行审查,淘汰那些不符合要求的应聘者。针对简历所提供信息的准确性,需要特别注意7个方面的问题,如表6-8所示。

表 6-8　分辨简历信息的匹配度

方面	内容
学历、经验	学历、经验和技能水平适合岗位需求
职业规划	职业生涯的发展趋势,主要预估应聘者任职的稳定性,例如其在一定时间内跳槽或转岗的频率
事实与行为、情况	履历的事实依据,要看是否实事求是,内容是否具有行为描述的特征;比如,当时的情境是什么?面对的任务是什么?采取了什么行动?结果如何?
自我评价的适度性	适度的评价能够反映应聘者的素质和自我认知的客观性
推荐人的资格审定及内容的事实依据	主要看推荐人是否可靠、客观,提供的事实是否有说服力
书写格式的规范化	体现应聘者的基本训练和素质;必要时要求提供手写的简历或信件
联系方式及应聘者的自由度	应聘者的这些要求应当得到尊重

简历的筛选程序主要有两步:一是根据专业、工作年限等进行普通筛选;二是根据与岗位相关的工作资历、培训状况、技术水平等进行细选。在条件相似、多中选一的情况下,学历高的人往往占优势。

招聘负责人员在审核简历时,还要注意以下两个方面。

一是把应聘者担任的职位和发挥的作用对应起来考核。比如对原来担任的只是一个大公司的普通人事主管,那么公司的人力资源发展规划、薪酬设计等重要决策性工作是不可能由他/她来独立完成的;所以如果对方在这一点上夸大业绩,就会露出破绽。

二是要仔细分辨应聘者的原薪真伪。根据对方原来的职位、行业背景、所在公司的背景等,来判断应聘者提供的原薪数目是否真实。如果原来所处的是一个微利行业的普通职位,应聘者硬要夸大自己的年薪收入,其信用可见一斑。

(3) 简历筛选的技巧

在筛选求职简历时,对于相关的技巧,招聘负责人员应该铭记于心。娴熟的简历筛选技巧可以提高筛选效率,确保进入下一招聘环节应聘者的质量,同时也降低合格人员被筛选掉的概率。我们从以下 3 个方面介绍筛选简历的技巧。

① 客观内容(结合职位要求)。客观内容主要包括个人信息、受教育程度、工作经历和个人成绩 4 个方面。个人信息包括姓名、性别、年龄、学历等,受教育程度包括上学经历和培训经历,工作经历包括工作单位、起止时间、工作内容、参与项目名称等,个人成绩包括学校和工作单位各类奖励等。

A. 个人信息的筛选。对于硬性指标(性别、年龄、工作经验、学历)要求较严格的职位,如果有一项不符合职位要求,则快速排除;而在筛选对硬性指标要求不严格的职位时,则可借助招聘职位的要求进行筛选。

B. 教育经历筛选。注意应聘者是否用了一些含糊的字眼,比如是否注明大学教育的起止时间和类别等,有时可以从这些细节中甄别出是否有学历作假的简历。

C. 工作经历筛选。

a. 工作时间：主要看应聘者工作时间的长短、跳槽或转岗频率、每项工作的具体时间长短、工作时间的衔接等。

b. 工作内容：主要看应聘者所学专业与工作的对口程度；结合工作时间，查看应聘者工作在专业上的深度和广度，如果应聘者短期内工作内容层次较深，则要考虑简历是否有虚假成分的存在。在安排面试时，应提醒面试官作为重点来考察。

c. 个人成绩：主要查看应聘者所述个人成绩是否与职位要求相符，但一般不作为简历筛选的硬性指标。

d. 期望薪资：主要了解与招聘职位薪资的大体匹配度，仅作参考。

② 主观内容。主观内容主要查看应聘者自我评价或者描述是否适度、是否属实，并找出这些描述与工作经历描述中，相矛盾或不符、不相称的地方。如判断出应聘者所描述主观内容不属实且有较多与职位要求不符之处，可直接剔除。

初步判断简历是否符合职位要求。判断应聘者的专业和工作经历是否符合职位要求，应聘者的发展方向与应聘职位是否相符；如严重不符，则直接剔除。

全面审查简历中的逻辑性。审查应聘者工作经历和个人成绩，要特别注意描述是否有条理，是否符合逻辑，工作时间是否连贯等。

简历的整体印象：主要查看应聘者的简历书写格式是否规范、整洁、美观，有无错别字等。

③ 从简历看到价值。有做志愿者的工作经历：志愿者在工作中体现了"奉献、友爱、互助、进步"的精神。对于从事志愿者工作的应聘者，建议企业多给予关注。因为这些人通常有积极主动的心态、团结互助的精神，讲奉献、不计较物质报酬。志愿者主动利用业余时间做好社会公益事业，对于本职工作可能更尽心。

简历简明扼要：简历的书写体现了应聘者的风格。如果能用一页 A4 纸将自己的学习、工作、个人特点等情况说清楚，说明这名应聘者有优秀的文字表达能力和干练的做事风格。

简历有针对性：求职的过程是一个自我推销的过程，简历就好比是"产品推介书"。在企业中不只是营销部门的员工要有推销能力，实际上对于职能部门的员工同样要具备这种能力。职能部门的员工要把自己的服务做成产品，以获得"客户"的认可，这样才能提高"客户"的满意度。如果应聘者的简历能体现出"他适合这个岗位，他有足够的能力胜任"，这样一份简历应该获得优先面试的机会。

（4）电话筛选

由于个人简历可能不如求职申请表那么严密，有必要打个跟踪电话去收集一些附加的信息。跟踪电话有四个目的。

① 工作实际情况预先介绍。你可以在电话里更详细地介绍该工作岗位和你公司的情况，这可以看出应聘者是否对这个岗位仍有兴趣；但是在介绍时，不可说明你希望应聘者具备什么特点和才能。

② 补充空缺信息。打电话可以附带着收集关于应聘者过去的职责和成绩的信息，而这些信息对公司而言是有用的。例如，你也许会对该应聘者如何能减少 15% 的顾客投诉率这件事感兴趣。是通过精心的服务还是因为营业额下降从而顾客减少导致投诉减少？应聘者有一年的工作间断，这一年他究竟干了什么？是养育子女还是上学？还是在管教所里度过

了一段时光?

③ 审定资格。你可以提一些经过选择的标准化试题,了解应聘者的动机和其他一些重要的才能。利用你想要的才能分析的结果,认真构想电话面试时应提的问题。

④ 回答问题。你可以给应聘者一个提问的机会,可以提有关公司以及所提供的工作岗位方面的问题,这种做法可以得到特别有用的信息。这时,动机强烈的,或是有才能的应聘者总能提出许多好的问题。对晋升机会、工作绩效的期待值和工资方面的问题,你应有所准备。

二、笔试测试

笔试是用人单位用于人员筛选的重要方式之一。笔试主要考查应聘者的基础知识、专业知识、管理知识及综合分析能力、文字表达能力等方面,具体内容需要根据职位和企业相关要求来确定。当然,笔试的内容不仅涉及职位的具体工作内容,还包括考核应聘者是否具备职位所需要的各种能力。本节的内容主要包括笔试测试团队的建立、岗位笔试试题开发和能力笔试试题开发。

1. 笔试测试团队的建立

笔试团队,又称笔试小组,它负责整个笔试工作的实施,如试题的设计、编制、监考、阅卷、费用的预算等。具体可由人力资源部招聘者、用人部门负责人和外部的专业人员组成。小组人员的质量和数量对整个考评工作起着举足轻重的作用,合理的人员搭配和人数能使考评的指标体系和参照标准体系发挥预期的作用,最终达到考评目的。

(1) 笔试小组成员需具备的素质

笔试小组组长一般由人力资源部经理担任,全面负责笔试小组的管理工作。为保证笔试的质量,笔试小组成员一般需具备以下素质。

① 了解拟招聘岗位的情况。

② 有考评方面的工作经验。

③ 坚持原则,公平公正,不偏不倚。

④ 有主见,善于独立思考。

⑤ 具有一定的文化水平。

⑥ 有事业心,不怕得罪人。

⑦ 作风正派,办事公道。

如果小组成员的知识和素质参差不齐,而且各种能力素质考评的方法都具有一定的技巧和微妙性,这时必须对小组成员加以培训,使之了解、熟悉并掌握各种方法和相关知识,尽量避免个人感情因素对考评工作的干扰。

(2) 笔试小组成员培训的实施

针对笔试团队成员进行的培训,主要包含以下四个方面。

① 确定培训内容及方法。强化笔试团队成员在企业招聘过程中对于笔试的责任感和使命感。

② 确定需参加培训人员的名单。对笔试团队进行培训,参训人员一般包含团队所有成员,针对笔试团队的培训其实也是一次针对整个项目工作的动员大会。

③ 确定培训时间及地点。人力资源部是笔试团队培训的负责部门,人力资源部负责招

聘的相关人员根据笔试团队成员的时间安排,协商安排培训的时间及地点。

④ 其他培训安排事项。包括在培训前、培训中及培训后需要协调或跟进的具体事务等,如培训团队成员用餐安排等。

(3) 团队分工和准备

在笔试管理工作中,笔试团队的分工和准备工作对笔试的顺利进行起着举足轻重的作用。合理进行分工,一方面可以达到人尽其用的目的,另一方面可以最大限度地提高工作效率,实现整体效益最大化。

① 笔试团队分工。笔试小组应收集拟招聘岗位的相关信息,并依据岗位说明书,根据招聘岗位的特征、考核要求、试题设计原则、类型及考察内容等,编制笔试试题。综合素质类试题由人力资源部负责设计,专业技术类试题由用人部门负责设计。外部专家负责为笔试试题的设计提供指导性意见和建议,并提供多方面的智力支持。

一般来说,笔试测试分为业务知识和能力(含外语)测试、综合知识测试、综合能力测试3个方面。根据企业内部各部门之间的专长,测试题目的分工也不同。

a. 业务知识与能力(含外语)测试,其题目根据岗位任职资格要求确定,由用人部门编制。

b. 综合知识测试,包括公司的历史、业务、现状的通用知识,由人力资源部负责编制题目。

c. 综合能力测试,是指对竞聘者的分析能力、思维能力、领导能力等进行测试,由人力资源部负责编制题目。

② 笔试准备工作。在实施笔试之前,笔试团队应做好充分的准备工作,确保笔试按计划顺利进行。笔试准备工作包含以下4个方面。

a. 笔试题目开发。各测试题目拟制负责人在笔试进行之前,要确保题目拟制并测试完毕,保证笔试题目质量。

b. 确定笔试地点。人力资源部负责安排笔试地点,应尽量选择在安静、整洁、采光好的房间。

c. 通知应聘者。人力资源部确定笔试时间并及时通知参加笔试的应聘者。

d. 笔试用具准备。人力资源部准备好笔试所需的试卷、备用文具等材料。

2. 岗位笔试试题开发

(1) 操作岗位笔试试题开发

在笔试试题开发过程中,一张完整的测试试卷应该是选择题、问答题、填空题、是非题的结合,各类型笔试题目的编制要点如表6-9所示。

表6-9 笔试题目类型

试题类型	要求
选择题	(1) 题干:以易读为原则。意义完整,表达清晰,不宜中断;仅包含一个明确观念;尽可能正面叙述题干。 (2) 选项:正确选项必须是最佳答案;诱答选项必须似真,具有迷惑性,避免暗示;所有选项语法一致,长度接近;尽量不使用"以上皆是"或者"皆非"的选项。 (3) 试题:正确答案随机排列;每个试题独立、不相关。

(续表)

试题类型	要求
问答题	(1) 问题应清晰明确,使答题者了解答题要求。 (2) 题目数量不要太大。 (3) 应给出参考答案或者评分要点。
填空题	(1) 尽量采取问句形式。 (2) 使用直接问句,避免歧义。 (3) 填充处不可太多。 (4) 每题只能有一个答案。
是非题	(1) 每题仅包括一个重要概念,避免出现两个概念。 (2) 叙述力求简洁、明确,避免使用复杂的句型。 (3) 尽量少用否定叙述。 (4) 答案避免引起争议。 (5) 试题叙述避免歧义。 (6) 意见叙述必须指出来源或根据。 (7) 避免使用暗示性语言。

针对一些操作性比较强,对从业者动手能力要求比较高的岗位,除了面谈、现场操作之外,要先完成针对专门或同一类型岗位开发的笔试试题。针对操作能力的笔试,在研发、技术人员招聘过程中应用普遍。在一些生产制造型企业中,针对生产一线的操作岗位,从质量管理的角度出发,对应聘者有时也进行该岗位的笔试测试。

操作岗位的笔试试题一般由所属部门的专业人员拟制,针对性较强。下面是一份操作岗位的笔试试题。

"现场品质管理"考核试卷

一、名词解释

1. 致命缺陷(A 类缺陷):
2. 现场质量管理:
3. MSDS:
4. ESD:
5. 5S:

二、单选题

1. 公司客户满意度(　　)。
　　A. 客户满意度 99 分　　　　　　B. 客户满意度 95 分
　　C. 客户满意度 90 分　　　　　　D. 客户满意度 80 分
2. 公司质量目标方针(　　)。
　　A. 以质量求生存,以产品求发展
　　B. 以产品求发展,以质量求生存
　　C. 以质量求发展,以产品求生存
　　D. 以产品求生存,以质量求发展

3. 什么是现场质量管理？（　　）
   A. 指从原料投入到产品完成入库的整个生产制造过程中所进行的质量管理
   B. 指从原料投入到半成品进行的质量管理
   C. 指从半成品到产品完成入库的整个生产制造过程中所进行的质量管理
   D. 指入库以后所进行的质量管理
4. 出现塑料件表面呈现出与标准样品（客户承认样品）不同的颜色，属于以下的哪一现象？（　　）
   A. 拖边花　　　B. 顶白　　　C. 色差　　　D. 积漆
5. 客户检验合格率最低目标是多少？（　　）
   A. 90%　　　B. 95%　　　C. 98%　　　D. 99.2%

三、填空题
1. 品质管理"三不原则"：_____，_____，_____。
2. 公司质量方针：_____。
3. 物料损耗率：≤_____。（生产损耗金额/生产套料采购金额×100%）
4. QA一次验货通过率：≥_____。（QA PASS批数/QA检验批数×100%）
5. 产出合格率≥_____。（产出数/投入数×100%。投入数：QC外观位的产出＋所有坏机数。产出数：QC外观位的产出）

四、问答题
物料在产线使用过程中出现异常品质问题应该如何处理？
答：_____

五、论述题
作为一线的基层管理人员，你认为应该具备的基本条件或素质是什么。结合这些条件，你认为自身的不足在哪里，今后打算在实际工作中如何提升自己？
答：_____
_____
_____
_____

（2）管理岗位笔试试题开发

很多企业在招聘人员时，提供的是管理培训生或储备干部岗位，除了要求应聘者具备相关的专业知识，还注重的是应聘者的发展潜质，所以针对管理类岗位的笔试题一般考查的是应聘者的自我认知能力、逻辑思维能力、创新能力、灵活应变能力等。

以下是一家企业招聘管理类应届毕业生时编制的笔试题，供读者参考。

管理岗位笔试题

一、单项选择题

1. 按规律填数:2,3,4,9,8,(　　),16,81
   A. 18　　　B. 24　　　C. 27　　　D. 32

2. 根据规律填入括号中适合的数字:0,2,8,(　　),80
   A. 24　　　B. 25　　　C. 26　　　D. 30

3. 按规律填数:8,10,18,28,46,(　　)
   A. 74　　　B. 75　　　C. 84　　　D. 85

4. 按规律填数:243,81,27,(　　),3
   A. 1　　　B. 9　　　C. 12　　　D. 16

5. 按规律填数:2,3,5,9,(　　),33
   A. 12　　　B. 16　　　C. 17　　　D. 18

6. 三只小兔摘白菜,忙了一天,回家分享胜利的果实。在分配的过程中,它们发现:

   (1) 把白菜分成3份,剩下2棵白菜;
   (2) 把白菜分成4份,剩下3棵白菜;
   (3) 把白菜分成5份,剩下4棵白菜;
   (4) 把白菜分成6份,剩下5棵白菜。

   其中,白菜的总数不超过100棵。那么请问:它们一共摘了(　　)颗白菜。
   A. 59　　　B. 69　　　C. 79　　　D. 118

7. 根据第一行图所示的规律,可推断出第二行图的下一个图是(　　)。

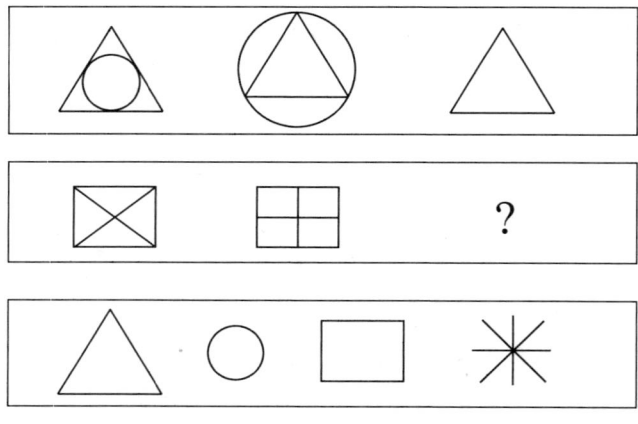

8. 根据第一行图所示的规律,可推断出第二行图的下一个图是( )。

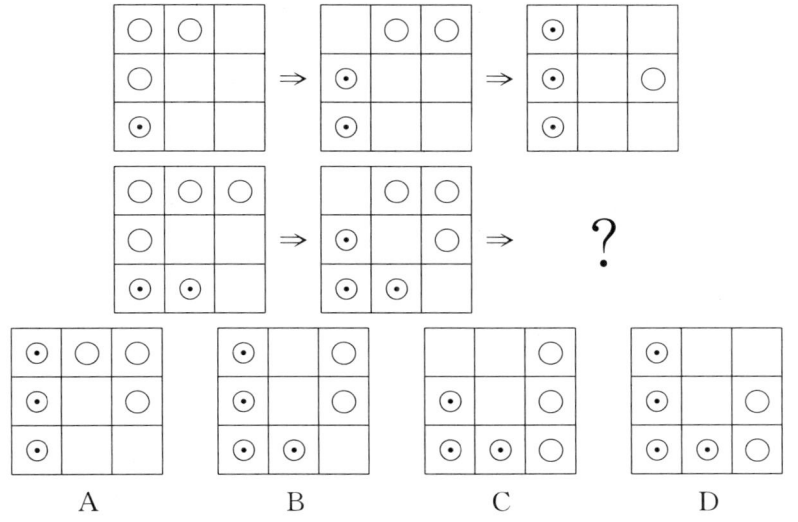

A   B   C   D

9. 中国:北京( )。
   A. 美国:纽约　　B. 古巴:哈瓦那　　C. 韩国:釜山　　D. 印度:孟买
10. 义工:职员( )。
    A. 学生:老师　　B. 初学者:生手　　C. 球迷:球员　　D. 志愿者:雇员
11. 否定之否定规律揭示了事物的发展是( )。
    A. 量变质变的过程　　　　　　B. 曲折前进的过程
    C. 循环往复的过程　　　　　　D. 直线上升的过程
12. 市场体系的三大支柱是( )。
    A. 商品市场、技术信息市场和房产市场
    B. 资本市场、技术信息市场和劳动力市场
    C. 商品市场、资本市场和劳动力市场
    D. 生产资料市场、商品市场和资本市场
13. 从六名侦查员甲、乙、丙、丁、戊、己中挑选出若干人去执行侦查任务,人员的分配需要符合以下要求:
    (1) 甲、乙两人中至少去一人;
    (2) 甲、丁两人不能一起去;
    (3) 甲、戊、己三人中应去两人;
    (4) 乙、丙两人要么都去,要么都不去;
    (5) 丙、丁两人中去一人;
    (6) 如果丁不去,则戊也不去。
    由此可知,最后去执行侦查任务的是( )。
    A. 甲、乙、己三人　　　　　　B. 乙、丙、戊三人
    C. 甲、乙、丙、己四人　　　　D. 乙、丙、丁、戊四人

14. 甲、乙、丙、丁四人是同宿舍室友,甲说:"我们宿舍里全是党员。"乙说:"丁不是党员。"丙说:"我们宿舍有人不是党员。"丁说:"乙也不是党员。"已知四人当中只有一人说的是假话,则以下判断正确的选项是(   )。

    A. 说假话的是丁,乙不是党员   B. 说假话的是甲,乙不是党员
    C. 说假话的是乙,丙不是党员   D. 说假话的是甲,丙不是党员

15. 所有优秀的管理者都关心员工的福利,所有关心员工福利的管理者在满足员工个人需求方面都很开明;在满足员工个人需求方面不开明的所有管理者不是优秀的管理者。由此可推出以下判断正确的选项是(   )。

    A. 所有好的管理者在满足员工个人需求方面都很开明
    B. 不优秀的管理者关心员工的福利
    C. 有些优秀的管理者在满足员工个人需求方面不开明
    D. 不优秀的管理者在满足员工个人需求方面开明

二、简答题

1. 请问您在大学期间参加过哪些社团组织或公益活动,您在其中扮演了什么样的角色?
2. 如果您发现一位同事做了一件违反公司规章制度的事情,您会采取怎样的方法来使这位同事改正他的这种行为?
3. 您觉得外行可以领导内行吗?

选择题答案:
1. C   2. C   3. A   4. B   5. C
6. A   7. C   8. D   9. B   10. D
11. B   12. C   13. C   14. B   15. A

简答题答案:(略)

3. 能力笔试试题开发

(1) 逻辑推理能力试题开发

逻辑能力是一个人通过给出的信息和已掌握的知识,综合运用理解、分析、综合、判断、归纳等方法,引出概念、寻求规律,对事物间的关系或事件的趋势做出合理判断与分析,确定解决问题的途径和方法的能力。以下试题可以用来在面试中考察应聘者的逻辑能力,供读者参考。

逻辑能力笔试题

1. 屋里有三盏灯,屋外有三个开关,一个开关仅控制一盏灯,人在屋外看不到屋内的情况。怎样能只进屋一次,就知道哪个开关控制哪盏灯呢?
2. 一个岔路口分别通向诚实国和说谎国,诚实国人永远说实话,说谎国人永远说谎话。路上来了两个人,已知一个来自诚实国,一个来自说谎国。你该如何问路上来

的这两个人才能确定哪条路通往说谎国?

3. 一位逻辑学家误入某部落,被囚于牢狱,酋长意欲放行,遂对逻辑学家说:"今有两门,一为自由,一为死亡,你可以任意开启一门。先从两个卫兵中选择一人负责回答你所提的任意一个问题(Y/N),其中一个天性诚实,另一个说谎成性,今后生死任你选择。"逻辑学家该如何发问才能得到自由?

4. 有23枚硬币放在桌子上,其中10枚正面朝上。假设你被蒙住眼睛,而用手又摸不出硬币的正反面,如何把这些硬币分成两堆,且每堆中正面朝上的硬币数目相等?

5. 医院里的医生和护士,包括我在内,总共是16名。下面讲到的人员情况,无论是否把我计算在内,都不会有任何变化。在这些医护人员中:

(1) 护士多于医生。
(2) 男医生多于男护士。
(3) 男护士多于女护士。
(4) 至少有一位女医生。

请问这位说话者是什么性别和职务。

参考答案:

1. 先打开一盏灯,过一段时间后关掉,再打开另一盏灯,随后进屋看,关着且灯泡发热的灯便是之前打开又关掉的那盏灯,其余两盏灯则很好区分了。

2. 哪条路不到你们国家?

3. 逻辑学家手指一门问身旁的卫兵说:"这扇门是死亡门,他(指另一名卫兵)将回答'是',对吗?"当被问卫兵回答"对",则逻辑学家开启所指的门从容离去;当被问卫兵回答"否",则逻辑学家开启另一扇门从容离去。

4. 首先将这些硬币分成两堆,各10枚和13枚,然后将10枚那堆的各个硬币翻转上下面,现在两堆硬币中正面朝上的硬币数目便相等了。

5. 女护士。

(2) 通用管理能力试题开发

管理能力是指直接影响管理人员完成管理工作的效率及效能的能力要素。根据管理职能的划分方法,通用管理能力可以分为计划能力、企业能力、决策能力、领导能力、控制能力和沟通能力,具体如表6-10所示。

表6-10 管理人员通用管理能力构成表

能力名称	能力定义
计划能力	(1) 指管理人员正确确立企业发展的目标、制定全局战略等各种活动的能力 (2) 计划决定企业的发展方向和前进道路,所以对于管理人员,尤其是高层管理人员来说,计划能力是一种至关重要的能力要素
企业能力	(1) 指管理人员合理有效配置企业的人、财、物等各种资源,形成高效的企业结构的能力 (2) 良好的企业能力有利于统一企业结构的责、权、利,有利于控制企业结构的层次和幅度

(续表)

能力名称	能力定义
决策能力	（1）指管理人员根据企业经营环境的特点,快速、准确地做出各种决策的能力 （2）良好的决策能力是企业管理人员必备的能力要素之一
激励能力	管理人员领导能力的重要体现,主要是指调动职工工作的积极性、主动性和创造性的能力
控制能力	（1）指管理人员监督各项经营活动按计划进行或纠正重要偏差的能力 （2）管理人员的有效控制是实现企业战略目标和短期经营计划的关键
沟通能力	在实际工作中,管理人员沟通能力具体体现为,说服能力、表达能力、人际交往能力、获取信息的能力、冲突解决能力等

以下试题可以用来在面试中考察应聘者的沟通能力,供读者参考。

沟通能力笔试题

一、与上级沟通

1. 讲一个你和你的老板有分歧的事例,你是怎样处理这些分歧的?
2. 如果你发现你的老板要犯一个很大的判断性错误时,你该怎么办?
3. 想想你共事过的老板,你认为他们工作中各自的缺点是什么?
4. 假如你不得不改变一个公司中比你职位高的人,公司的人都知道这个人思维和工作都很死板,你将怎么办?

二、与同事沟通

1. 若你的经理让你告诉你的某位同事"表现不好就走人",你该怎样处理这件事?
2. 假如公司准备派你和一位跟你关系十分不好的同事一起去外地出差,而且由你负责,那么你如何完成任务?
3. 假设你在某部门工作,成绩比较突出,得到了领导的肯定。但同时你发现同事们越来越孤立你,你怎么看这个问题? 你准备怎么办?
4. 请举例说明当你和你的同事在工作中产生观点分歧时,对方的观点是什么,以及对方的论据何在,你们是如何解决分歧的?

三、跨部门沟通

1. 请讲一个这样的经历:为了完成某项工作,你需要另一个部门提供十分重要的信息;但另一个部门认为,为你的部门收集信息不是他们的工作重点。你该怎样解决这个问题?
2. 当你的工作需要其他部门协助时,你是如何取得其他部门配合的? 请举例说明。
3. 请讲一个你和其他部门因部门间工作协调而发生冲突的经历。问题是怎样解决的? 你在解决这个问题中起了什么作用?

四、与客户沟通

1. 若让你在公司客户答谢会上发言,作为销售总监的你该怎样准备发言稿?

2. 如果你接到一通客户的投诉电话,且确知无法立即解决他的问题时,你会如何处理?

3. 在一次客户推广会上,某客户向演讲嘉宾提问,但是他说话不清楚,作为演讲嘉宾的你还必须听懂他的话并予以回答,你将怎么办?

五、说服与影响他人

1. 假如你不得不劝说你的同事付出额外的努力以完成某项任务,你将如何劝说他?

2. 请告诉我你曾经劝服他人做某事的一次经历。当时情况是怎样的?你是如何劝服此人的?

3. 请你讲一下和一个有非常糟糕习惯的人在一起工作的经历。你是怎样通过沟通使对方改变他的不良行为的?

4. 谈谈你的这样一次经历:你的团队拒绝了你的建议,你是怎样劝说团队接受你的观点的?

六、协调能力

1. 请举例说说你前任工作中遇到的最常见的矛盾和冲突,你是用什么方法来解决这些矛盾和冲突的?

2. 你认为一个管理者在调节员工间矛盾上应起到什么作用?请举例说明,在解决矛盾方面,什么时候参与有必要,什么时候参与没有必要。

3. 假如你是足球队队长,而队中有两名队员有些不和,他们都是主力队员,而此时有一场重要比赛,你如何去协调处理?

答案:(略)

三、面试管理

面试是企业与应聘者双方进行面对面的沟通,企业根据应聘者在面试过程中的表现而对其做出评定,从而为人员录用决策提供依据的一种重要手段。面试阶段的管理工作包括面试企业管理、面试试题开发管理、面试沟通技巧、常用面试方法选择等内容。

1. 面试管理的主要内容

人力资源部是面试的企业及管理部门。相关人员在正式开始面试之前,要做很多沟通、协调、安排、跟进、检查、监督执行的工作,以保证面试的效果。本节的内容主要包括面试团队的建立、面试分工和准备、面试实施的流程、面试提纲的编写、面试通知的发放。

(1) 面试团队的建立

根据面试考官人数的多少,面试可以分为个人面试和集体面试两种。从面试团队成员组成来看,面试人员一般包括人力资源部招聘负责人员、用人部门负责人或指定人员、外部相关专家等。面试团队根据拟招聘岗位的实际需要,由人力资源部负责组建。

面试团队的成员必须具备以下条件。

① 必须具备良好的个人品格和修养,为人正直、公正、客观。

② 应具备相关的专业知识和自己的面试风格,面试成员之间的知识结构和面试风格应相互补充。

③ 了解企业状况及职位要求,这样才能帮助企业选出真正需要的人才。

④ 面对各类应聘者,能熟练运用各种面试技巧,控制面试的进程。

⑤ 能公正、客观地评价应聘者,不受应聘者外表、性格或背景等各项主观感受的影响,因此要求面试者有良好的自我认知能力。

⑥ 要求面试者掌握相关的人才测评技术,能够对录用与否提供合理建议。

⑦ 具有较强的人际沟通能力和观察判断能力。

⑧ 具备相关专业知识。

(2) 面试分工和准备

一般情况下,面试分两个阶段进行,初次面试由人力资源部招聘负责人员进行,复试由拟招聘岗位的直接上级和招聘负责人员同时进行。对于一些高级岗位,还需要人力资源经理、用人部门负责人甚至主管领导面试。不同的企业安排不一,要根据实际情况来确定。

在面试进行之前,人力资源部门招聘负责人员及面试考官要做好充分的准备工作。准备工作主要包括以下几个方面。

① 明确面试的目的。面试考官应明确面试的目的是什么,最终要达到什么效果等。弄清楚了这些问题,考官才能对应聘者做出客观、公正的评定。

② 制定面试实施方案。面试方案应包括面试的时间和地点安排,面试的方法和面试问题等内容。

③ 资料的准备。应聘者资料,包括个人简历、求职申请表等;企业资料,包括企业简介、面试考官名片等;评价表,包括面试评分表、加权评定表。

④ 面试时间、地点的安排。合理安排面试的时间,让面试的双方都有充分的准备时间。对应聘者来说,在参加面试时,总会因为一些压力而感到紧张,而干扰性的环境则会加深其紧张感,这样极有可能影响应聘者的正常发挥。另一方面,面试考官在外界环境的干扰下,也有可能遗漏许多关键性的信息。面试环境的好坏会给应聘者留下较深的印象,这也关系到社会对企业形象的评价。因此,在面试地点的准备上,应注意以下两个方面的问题。

首先,环境应宽敞、明亮、安静、室内温度适宜。

其次,座位的摆放。根据面试考官的数量,座位安排应遵循如下规律。

- 多对一的面试:即多个面试考官(考官一般不要超过 5 人,3 人较佳)面对一个应聘者。最好采用圆桌式的座位安排,应聘者与主考官面对面而坐。
- 一对一的面试:有几种座位安排方法。图 6-2 对多对一、一对一的方式做了说明。
- 多对多的面试:即集体面试。采用此方式时,应聘者通常会被随机地分为几个小组,就某一问题展开讨论,面试考官要在一旁观察应聘者的逻辑思维能力、领导能力、语言表达能力等,从而对应聘者进行甄选。

⑤ 面试考官的准备工作。

a. 回顾岗位说明书:面试官清晰知晓拟招聘职位的任职资格条件,依据的是岗位说

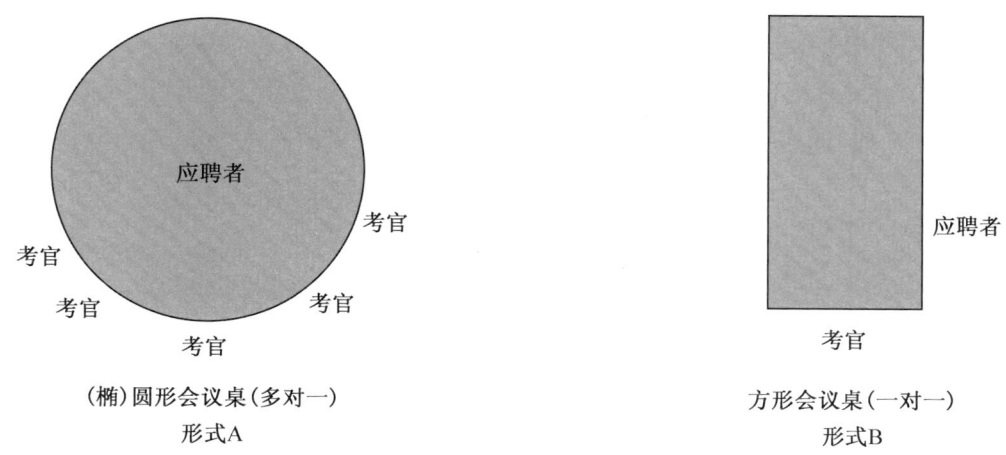

图 6-2　结构化面试应聘者与考官的位置安排

明书。

b. 阅读应聘者的个人简历及相关资料：面试官应在面试正式开始前的 3~5 分钟，快速浏览应聘者的相关资料，这样有助于对应聘者有初步的了解，还可以在应聘者的资料中及时发现问题，方便双方进行沟通。

（3）面试实施的流程

大部分面试的过程包括 6 个阶段，具体指关系建立阶段、导入阶段、核心阶段、确认阶段、结束阶段和回顾阶段。每个阶段有各自不同的主要任务，在不同的阶段中，对应的面试题目类型也有所不同。

① 关系建立阶段。这一阶段主要的任务是面试官要为应聘者创造轻松、友好的氛围。这种氛围将有助于应聘者在面试过程中更加开放地沟通。通常讨论一些与工作无关的问题，例如天气、交通等。在这个阶段中，通常没有必要采用基于关键胜任能力的行为性面试题目，而主要采用一些需要简短回答的封闭性问题。

② 导入阶段。在导入阶段，面试考官首先要问一些应聘者一般有所准备的比较熟悉的问题，以缓解应聘者可能依然有点紧张的情绪。这些问题一般包括，让应聘者介绍一下自己的经历，介绍自己过去的工作等。所问的问题一般应比较宽泛，使应聘者有较大的自由度，也为后面的提问做准备。这一阶段最适合的是开放性的题目。

③ 核心阶段。核心阶段是整个面试中最为重要的阶段。在核心阶段，面试官将着重搜集关于应聘者核心胜任能力的信息。应聘者将被要求讲述一些关于核心胜任能力的事例，面试考官将基于这些事实做出基本的判断，对应聘者的各项关键胜任能力做出评价；在面试结束后，主要依据这一阶段的信息对应聘者做出录用决定。这一阶段使用的面试问题主要是基于关键胜任能力的行为性问题。

④ 确认阶段。在这一阶段，面试官将进一步对核心阶段所获得的，对应聘者关键胜任能力的判断进行确认。这一阶段所使用的问题是开放性的问题，因为如果使用过多的封闭性问题，则会对应聘者的回答形成导向性，应聘者可能倾向于给出面试官希望听到的答案。

⑤ 结束阶段。在面试结束阶段，应留有时间回答应聘者的问题，并坚持你对其的评价

立场,适当时还要向应聘者宣传企业。以积极的语气结束面试,并告知应聘者,企业是否对其背景感兴趣;如感兴趣,公司下一步将怎么办。另外,拒绝应聘者时要讲策略。如果正在考虑应聘者,但不能马上做出决策,就应当告诉应聘者,企业将尽快通知面试结果。

⑥ 回顾阶段。应聘者离开后,趁着头脑中留着尚很清晰的面试场景,面试官应检查面试记录,填写结构化面试表格(若采用结构化面试且面试过程中未填写好),并仔细回顾面试,切勿轻易判断和强调负面信息。

(4) 面试提纲的编写

面试中有一种通用的考察应聘者胜任特质的方法,叫行为面试法。这种方法的理论假设是,过去行为是对未来行为的最佳预测。编制面试提纲需要结合阅读简历时发现的疑点来设计提问的问题,并确定拟招聘岗位需要考核的维度,然后围绕这些维度来编制面试提纲,如"上进心""沟通协作""责任感"等。

① 提纲题目的编写。

a. 提纲中的题目应具体、明确,以保证整个面试过程控制在 30 分钟以内。

b. 面试题目要针对前面确定的维度。为保证应聘者叙述事例的完整性,需要根据 STAR 方式来提出问题。

- Situation——工作情景或具体任务;
- Target——上述情况下想达到的目的、任务;
- Action——怎么说的、怎么做的;
- Result——上述行为导致的结果怎样。

每个应聘者有着不同的情况和经历,不必要每个人选都要用同一套提纲依序一问到底。因此,每一个面试项目可从不同角度出一组题目,以便于面试时选择。

② 提纲的主要内容。面试提纲可以分为通用提纲和重点提纲两个部分。通用提纲涉及方面较广,适合于提问各类应聘者;重点提纲则是针对应聘者的特点提出的,以便对职位要求中有代表性的内容有所了解。

另外,不要问一些让应聘者很难回答的问题,例如"您近两年内会考虑结婚(生小孩)吗?",这样的问题让应聘者难以回答,也让人很尴尬。有些招聘者在面谈时,喜欢向其他同事证明他有高明的面谈技巧,会问一些极难回答的问题,令面谈气氛向负面方向发展。

对于一些应聘者因某些方面能力欠缺而回答不上来的问题,不要一再追问,可以换个问题,因为这不是知识竞赛或论文答辩,你只需要了解他的适岗程度即可。还有一些招聘者自以为是,态度很不友善,无形中为面谈加压。

(5) 面试通知的发放

面试通知看似非常简单,但是如何操作才能体现招聘管理的规范性,树立企业良好形象作用,体现招聘者的职业素养,提高面试人员的到岗率,这些都是人力资源从业者尤其是招聘负责人员需要深思的和不断探索的。

① 面试通知的发放方式。面试通知的发放主要可采用电话通知、电子邮件、公告栏、手机短信、信函等方式。根据企业招聘岗位的性质不同可选择不同的方式,由于工作习惯不同,不同企业也会采用不同的形式。各种面试通知发放方式如表 6-11 所示。

表 6-11　面试通知的发放方式

通知方式	通知范围	优点	缺点
电话通知	社会应聘者	较常用,实现了与应聘者的双向沟通,信息反馈及时,同时也是一次简单的电话面试	会占用招聘者较多的时间
电子邮件	(1)电话通知不到的情况下或是非重要岗位的面试 (2)需在短时间内通知大量应聘者	快捷,省力	(1)单向沟通,招聘者不能及时收到反馈信息,且不能保证及时通知应聘者 (2)通知的成功率不高
公告栏（电子版或纸质版）	多用于招聘大量在校毕业生	快速、省力、省时;借发布面试信息,可实现宣传企业的目的	招聘者不能及时收到反馈信息,且不能保证及时通知应聘者;通知的成功率不高
手机短信	招聘量大,通知工作量过大	快捷、省时、省力	单向沟通,应聘者可能会将其与垃圾信息混淆,影响企业形象
信函	招聘量很小,重要岗位	正式、严谨	单向沟通,信息传递慢,反馈不及时

② 面试通知的发放模板。本处中,笔者引用邮件面试通知和公告面试通知的模板范例,供学员学习。

以电子邮件的方式给应聘者的面试通知如下。

面试邀请函

_____先生/女士:

您好!

首先感谢您对我们公司的关注与支持!

经过初步的挑选,我们认为您具备胜任经理助理一职的能力和要求,因此,很荣幸地通知您,请按照以下要求到我公司参加面试。

面试时间:_____年___月___日(上/下)午___时___分

面试地点:

乘车路线:

主要事项:

1. 请携带个人身份证、学历证书、相关职业资格证书原件;
2. 个人免冠一寸照片两张;
3. 若对以上问题有疑问,请电话联系:_____。

祝您一切顺利!

公司
　　年　　月　　日

以发布公告的形式通知面试人员参考如下。

广东人事考试网：县级以上机关公务员面试公告

根据《中华人民共和国公务员法》《公务员录用规定（试行）》《广东省公务员录用办法（试行）》和《广东省公务员录用面试工作实施细则（试行）》有关规定，现就广东省县级以上机关2012年考试录用公务员面试有关事项公告如下：

一、面试时间

面试定于6月26日至30日进行，每天上午8时30分开始，下午14时30分开始。考生具体面试时间请留意报考职位所在考区公务员主管部门相关通知或公告。

二、面试地点

报考惠州、汕尾、阳江、湛江、茂名、揭阳市职位的考生实行异地面试，其中：惠州市职位的考生到汕尾市面试，汕尾市职位的考生到揭阳市面试，揭阳市职位的考生到惠州市面试；阳江市职位的考生到湛江市面试，湛江市职位的考生到茂名市面试，茂名市职位的考生到阳江市面试。报考其他市职位的考生仍在职位所在市面试。报考省直机关职位的考生面试考场设在广州。

三、面试方式

实行结构化面试，每位考生面试时间不得超过20分钟。

四、注意事项

（一）报考各市职位的考生资格复审、体能测评、体检等环节仍在职位所在市进行。报考省直机关职位的考生到省直机关所在地进行资格复审、体能测试和体检。

（二）报考各市职位的考生要密切留意报考职位所在市公务员主管部门的相关通知或公告，并保持电话联络畅通。异地面试的考生要密切留意面试考场所在市公务员主管部门相关通知或公告。建议考生提前熟悉考场，预留足够时间，勿因迟到而造成遗憾。

（三）考生须按照公务员主管部门公布的面试时间与考场安排，在当天面试开考前45分钟凭本人笔试准考证和身份证到指定考场报到，参加面试抽签。考生所携带的通信工具和音频、视频发射、接收设备须关闭后连同其他物品交工作人员统一保管，考完离场时领回。考生未能准时报到的，按自动放弃面试资格处理；对证件携带不齐的，取消面试资格。

（四）考生报到后，工作人员按分组顺序组织考生抽签，决定面试的先后顺序，考生应按抽签确定的面试顺序进行面试。

（五）考生不得穿制服或有明显文字或图案标识的服装参加面试。

（六）面试开始后，工作人员按抽签顺序逐一引导考生进入面试室面试。候考考生须在候考室静候，不得喧哗，不得影响他人，应服从工作人员的管理。候考期间实行全封闭，考生不得擅自离开候考室。需上洗手间的，须经工作人员同意，并由工作人员陪同前往。候考考生需离开考场的，应书面提出申请，经考场主考同意后按弃考处理。严禁任何人向考生传递试题信息。

（七）考生必须以普通话回答考官提问。在面试中，应严格按照考官的指令回答问题，不得暗示或透露个人信息。暗示或透露个人信息的，面试成绩按零分处理。考生对考官的提问不清楚的，可要求考官重新念题。考生须服从考官对自己的成绩评定，不得要求考官加分、复试或无理取闹。

（八）面试结束后，考生到候分室等候，待面试成绩统计完毕，签收面试成绩回执后，应立即离开考场，不得在考场附近逗留。

（九）考生应接受现场工作人员的管理，对违反面试规定的，将按照《公务员录用考试违纪违规行为处理办法（试行）》进行严肃处理。

本公告同时在广东组织工作网、广东人事网和广东省人事考试局公务员考试网上发布，并在各市公务员主管部门网站同步转发，由中共广东省委组织部、广东省人力资源和社会保障厅负责解释。

为帮助广大考生朋友们提高专业水平，增强应试能力，使考生在自学的基础上能较好地掌握2012年公务员考试用书的内容，可参加中大公务员考试网组织的2012年国家公务员考试培训。

③ 面试顺序的排序技巧。从面试官的顺序安排来看，面试应该由人力资源部先进行，合格的候选人进入下一环节再由用人部门人员面试。这样的安排可以提高用人部门面试的成功率，节省用人部门时间。

从应聘者的角度来看，在安排多个人员面试时，应尽量将学历、经历、背景等层次相当的候选人安排在一起，避免安排在一起的候选人落差太大。面试官对应聘者的评价一般容易受到其前后应聘者的影响，而前后相差太大的面试者，更容易使这种影响扩大化。

2. 面试问题开发

（1）面试问题编制要求

① 在设计面试题目时要遵循以下原则。

a. 针对性原则。该原则是指面试试题是根据面试的具体情况，围绕岗位要求、应聘者的状况和面试本身的特点来设计的。有些出题者经常以难倒应聘者为出题目的，这是一种非常错误的心理。面试不是为了难倒应聘者，而是给应聘者一个展示自己的机会，充分体现其综合素质，只有这样，面试考官才能根据应聘者的表现做出准确的判断。

b. 可行性原则。面试是短时间抽样测评，不可能面面俱到。在出题时要考虑面试现场测试的实际情况，避免出现一些难以实施测试的项目。

c. 代表性原则。面试内容不能过于简单，也不能过于深奥，应在某一方面或某一环节上具有一定的代表性，足以在短时间内有效地测试出应聘者的某一特定素质。

d. 区别性原则。在设计题目时，要考虑招聘职位的具体情况。例如，如果招聘的是应届生，考察点则不应侧重于某些特殊素质，如工作经验等。

② 对面试题目的设计要求。

a. 题目内容要明确、具体。

b. 问题既要保证与考察点相契合，又不能让应聘者觉察出考察的目的。

c. 题目要新颖,易于挖掘应聘者的潜在素质。

d. 注意遵守相关政策法规,避免出现侵犯应聘者人权、隐私的问题。

(2) 通用面试试题编制

通用面试题目是指任何岗位均可使用的面试试题。但是在实际面试执行过程中,根据岗位的级别、性质不同,面试问题的侧重点是有区别的。

表6-12是3个通用考核因素及其可供选择的相关面试题目,读者可阅读了解。

表6-12 通用面试考核因素及考核内容

因素名称	主要内容
专业知识水平	(1) 测试对象是应届毕业生。 ① 所掌握的专业技能; ② 上学期间所接受的培训有哪些; ③ 举一个理论与实际相结合的运用事例; ④ 专业领域所涉及的问题。 (2) 测试对象是已有一定工作经验的人员。 ① 业余进修的课程; ② 对专业领域的案例进行分析。
工作经验	(1) 在过去所从事的工作中主要的工作职责是什么? (2) 在过去的工作中主要有哪些成就? (3) 工作中遇到××困难时,如何处理? (4) 您觉得胜任这份工作需要具备哪些基本素质? (5) 如果您今天成功地应聘上了这个职位,企业对您进行培训,您觉得需要得到哪些方面的培训? (6) 工作中遇到最大的挑战是什么?
求职动机与愿望	(1) 为什么希望来我们公司工作? (2) 工作中最看重什么,比如晋升发展的机会、待遇、工作环境、企业名气还是其他? (3) 最希望从事的工作是什么? (4) 自己的短期与长期规划是什么? (5) 工作中最不能容忍的事情是什么?

(3) 岗位面试试题编制

面试试题的编制依据的是招聘岗位的工作说明书和应聘者的个人简历,不同岗位对工作能力的要求是不同的,因此,面试试题的内容也有所不同。

① 销售人员面试题。销售人员应具备较强的销售技巧、谈判能力、说服能力和应变能力等多种素质,以下介绍在面试销售人员时的试题编制及考核的角度。

A. 销售能力。

a. 自我介绍。

b. 对自己最为熟悉的商品进行介绍。

c. 对考场周围的任意一件物品作即兴推销。

B. 谈判、说服能力。

a. 请举一个能说明您成功地说服别人按照您的想法去做事情的事例。

b. 请讲述曾遇到的最困难的一次销售经历,其间您是如何与客户进行沟通的。

C. 现场模拟：与某公司的采购经理进行业务谈判。

D. 工作经验。

a. 描述某一具体业务的销售流程。

b. 如果让您给新员工以销售为主题进行培训，您的主要内容如何安排？

c. 工作过程中，您是如何开发新客户和维持老客户的？

E. 求职动机。您为什么来应聘这个职位？

a. 综合素质。如果您的一位客户无意中落下了一个文件夹，其中有很多对您来说很重要的商业信息，您打算怎么做？

b. 团队合作。您的一位同事，工作能力和业绩都不如您，可最近得到了提高，您如何对待此事？

c. 工作主动性。请举一个本属于您的上级领导分内的工作，而他却没有做、您主动完成的事例。

d. 情绪控制能力。当您对客户进行推销，遭到多次拒绝，您如何调整自己的心态？

e. 应变能力。您做出了一个较大的决定，而事情的发展却事与愿违，您如何处理？

② 技术人员面试题。对技术人员主要是考察其专业知识水平和工作技能，以下介绍在面试技术人员时的试题编制及考核的角度。

A. 技术水平。介绍一个在以前的生产过程中发现问题并采取了处理措施的成功事例。

B. 学习能力。面对一项新技能，您是如何快速掌握的？

C. 人际沟通能力。当您提出一个新的建议或想法时，却遭到了其他人的反对，而您确信您的想法是正确的，您将会怎么做？

D. 进取心。在工作中，您觉得还有哪些需要改进的地方？

E. 责任心。当您发现有员工违反公司规章制度时，您会怎么做？

F. 环境适应能力。如果您所在的工作环境并非是您喜欢的，您会怎么做？

G. 工作经验。

a. 您过往工作中最成功的一件事情是什么？

b. 您过往工作中最失败的一件事情是什么？

③ 客户服务类人员面试题。客户服务类工作需要具备良好的工作态度和心理素质，以下介绍在面试客户服务类人员时的试题编制及考核的角度。

A. 服务理念。您如何理解"顾客就是上帝"这句话？

B. 沟通能力。

a. 请举一个事例。成功维护了一个起初非常不满意您公司的服务而后来成为您忠实的客户。您是如何做的？

b. 请举一个事例。您如何成功地处理一个较大客户的投诉？

C. 工作原则性。当顾客提出明显不合理的要求时，您通常是怎么处理的？

D. 工作经验。

a. 您觉得在服务型行业，服务的重点在哪些方面？

b. 如何理解和运用"二八"原则？

c. 按照您的理解,应如何对顾客进行划分的?

④ 中层管理人员面试题。中层管理人员的考察一般从管理能力、决策分析能力、团队领导能力、情绪控制能力等方面展开,其面试试题编制及考核的角度如下。

A. 管理意识。
a. 谈谈对管理的理解。
b. 企业文化的作用是什么?
c. 企业的良好发展需具备哪些条件?

B. 管理技巧。
a. 如何处理部门之间的矛盾?
b. 如何调动员工的工作积极性?

C. 管理风格。
a. 如何对下属进行授权?
b. 请描述一下您是如何对员工进行管理的,能举个例子说明吗?

D. 决策能力。现在有一个项目,急需请总经理批示,而总经理一时联系不上,您会怎么处理?

E. 监控能力。如何监控和支持下属的工作?

F. 团队管理能力。如何领导一个高效的团队?

G. 学习和知识更新的速度。请分享一些管理书籍的阅读心得。

H. 情绪控制能力。如果我们公司决定淘汰您,您认为您面试表现中所反映出来的不足之处在哪,以至于我们做出这样的决定?

(4) 素质面试试题编制

对应聘者素质的考察有多个方面,表 6-13 对一些素质及相应的考察题目做了介绍。

表 6-13 素质面试试题

因素名称	主要内容
工作主动性	(1) 工作中,除了做好自己的本职工作外,是否还会做职责之外的事情? 如果是这样,为何要这样做? (2) 工作过程中,除了工作技能的提高,您还学到了哪些额外的知识/技能? (3) 请描述一个自己独辟蹊径为公司成功地解决某一难题的事例。 (4) 业余时间有无进修提高工作技能方面的课程? (5) 在接触一个新领域时,您会通过什么样的渠道尽快获得新知识?
情绪控制能力	(1) 如果领导当众在您的下属面前批评您,您会是什么反应? (2) 接到公司其中一个大客户的投诉,且您已经就不满的问题跟他解释过很多遍了,可他还是不满意,您将如何处理? (3) 您的一位下属不服从您工作安排,您会如何处理? (4) 在面试环节中,如果您所展示出来的某些性格与我们招聘的职位有一定的差距,换句话说,如果我们录用您的可能性不大,您有什么想法? (5) 这么长时间,您一直没有找到合适的工作的原因。

(续表)

因素名称	主要内容
灵活应变能力	(1) 如果我们公司的竞争对手也决定录用您,您将做出如何抉择? (2) 当您接到一个重要客户的电话,说要与总经理商谈要事,而此时您联系不到总经理,您将如何给客户答复? (3) 请描述一个较为典型的事例:在工作或者学习过程中遇到的两难选择,最后您又是如何解决的?
责任感	(1) 当您得到一个重要的信息,这事关公司利益,而这件事情一旦告诉总经理,则您的好友将会受到牵连,您会怎么做? (2) 如果您生病了且比较严重,而此时公司业务很忙,您又是公司的骨干之一,您会怎么做?
个人兴趣、爱好	(1) 您业余时间是如何安排的? (2) 有什么爱好?

(5) 能力面试试题编制

表6-14列举了在面试过程中通常会考察到的一些能力及相应考察题目,供学员学习。

表6-14 能力面试试题

因素名称	主要内容
计划企业能力	(1) 您为这次面试做了哪些准备? (2) 请描述您以往的工作中最忙碌的一天。 (3) 如果您现在成功地应聘上了部门经理这个职位,现需要制订一个部门季度计划,请问您将如何制订? (4) 您最近五年的职业规划是什么? 您计划如何去实现它? (5) 如果您是一个团队的领导人,现正忙于完成一个新任务;可您发现,无论是所需的资源还是人力,都与其他部门发生冲突,请问您如何处理?
领导能力	(1) 您如何给领导这一角色定位? (2) 您认为管理人员需具备哪些基本素质? (3) 请描述一个成功地说服别人支持并参与您的工作,最终达到您所期望结果的事例。 (4) 作为公司的高层领导,您是如何让下属尊敬并信任您的? (5) 当下属不服从管理时,您会怎么解决?
分析决策能力	(1) 以往的工作、学习生活中,您做出的最重大、最有意义的决定是什么? 为何做出那样的决定? (2) 在做出较大的决定时,一般会考虑哪些因素? 举个例子加以说明。 (3) 如果您需要一名助手,那您希望他具备什么样的条件? (4) 公司决定投资一个重大的项目,而据您所掌握的信息和资源分析,只有60%的成功概率,您会怎么做? (5) 衡量一个好的领导者,您的判断标准是什么?
人际沟通能力	(1) 您觉得良好的沟通须具备哪些条件? (2) 您的同事、同学对您是怎样评价的? (3) 在学习和工作过程中,您遇到的最难相处的人是怎样的? 您又是如何和他(她)相处的? (4) 假如现在您所负责的部门中,有两个优秀的员工之间存在激烈的摩擦,由于二人之间关系矛盾,已经严重影响到部门的业绩。请问您将如何改变这一现状? (5) 工作中您是如何处理与领导之间的关系的?

(续表)

因素名称	主要内容
团队合作能力	(1) 您所希望的合作伙伴应具有哪些特点? (2) 您不喜欢哪一类型的合作伙伴? (3) 您认为一个高效的团队需具备哪些条件? (4) 请列举一个您曾经领导一个团队完成某项任务或活动的事例,包括当时的客观条件,工作是如何进行的,最后完成的结果如何等。 (5) 请描述一个在团队活动中,您曾提出的正确的建议或意见没有被采纳的事例,其间您是如何争取的?

3. 常用的面试方法与技巧

(1) 面试方法的选择

常用的面试方法包括结构化面试、评价中心面试及针对高级人才的面试方法。各种方法都有其相应的适用范围和使用条件,面试官在选取面试方法时,应结合岗位任职条件来确定。

① 面试方法选择的原则:SMART 原则。

S——Specific,明确性。面试方法选择的明确性是指面试方法在选择时有确定的范围、原因及目标,即从哪些内容中筛选面试方法,选择该种面试方法的原因是什么,目标是筛选出什么样的人才。

M——Measurable,可衡量性。面试方法选择的可衡量性是指有明确的指标或者标准来确定选择何种方法。

A——Attainable,可实现性。考虑到面试方法在具体执行时有对成本和实施人员素质的要求,所以在选择面试方法时,一定要确保面试方法实施的成本在预算范围之内,并且公司内部有具备相应素质的人员。

R——Realistic,相关性。面试方法选择的相关性是指所选择的方法一定与岗位要求相匹配,能够为岗位筛选出合适的人才。

T——Time-bound,时限性。面试方法的时限性主要由岗位需求决定。在选择面试方法时,一定要考虑各种方法的时间要求。如评价中心方法需要较长时间,对人员需求比较紧张的岗位就不太适用。

② 面试方法分类。根据不同的划分标准,面试可以分为以下几种,如图 6-3 所示。

③ 不同面试方法的特点及适用范围。不同面试方法有各自的特点,对面试效果也有很大影响,不同面试方法的比较如表 6-15 所示。

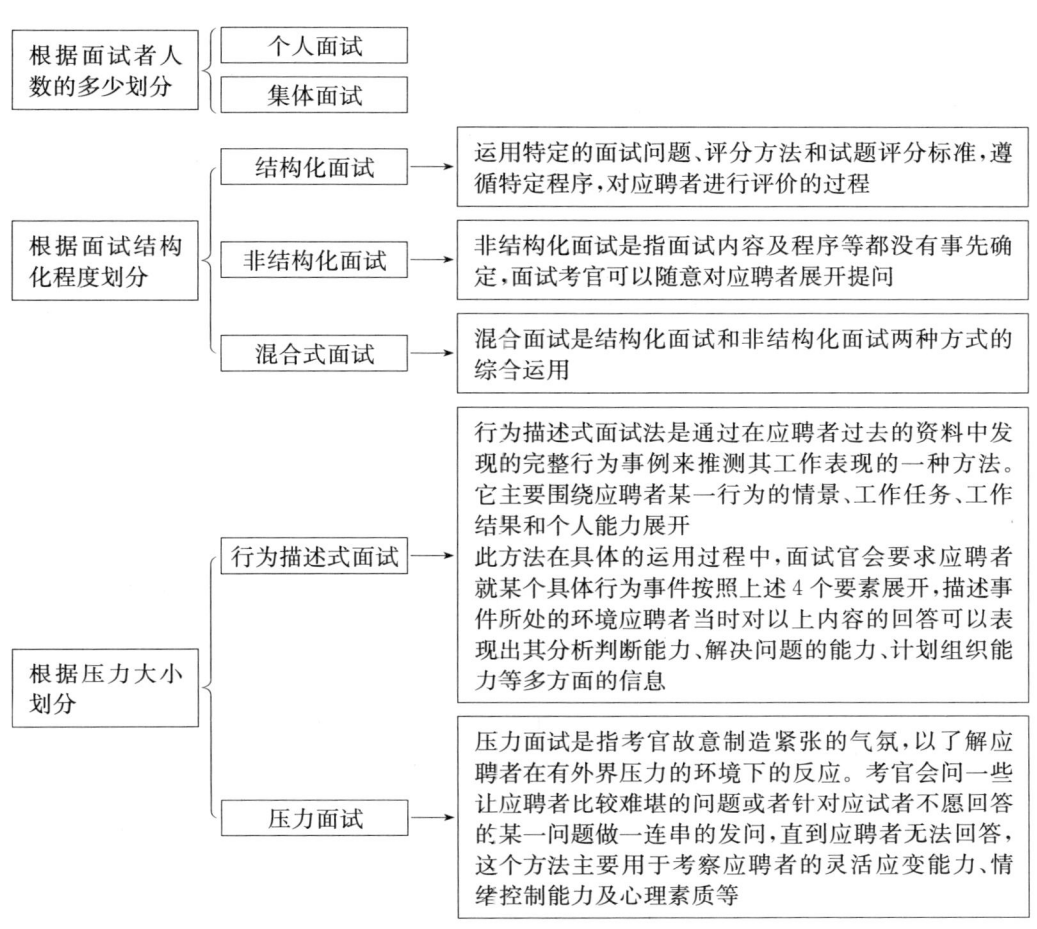

图 6-3 面试方法分类

表 6-15 不同面试方法的特点及适用范围

面试方法	结构化面试	非结构化面试	混合式面试	行为描述面试	压力面试
特点	标准化、程序化	大致确定面试的内容，随意性较强	结合两方面的特点	与过去工作内容和绩效有关的行为事件描述	(1) 面试官故意制造压力 (2) 可能会问一些不礼貌甚至具有冒犯性的问题
使用范围	教育背景、工作经验等客观因素的考察	个人能力、综合素质等主观因素的考察	适用范围较广	适用范围较广	对心理素质要求较高的工作岗位

（2）结构化面试

结构化面试又称标准化面试，它是指面试前就其所涉及的试题内容、试题评分标准、评分方法、分数使用等一系列问题进行系统的、结构化的面试方式。

① 结构化面试的特点。结构化面试同一般面试一样，是通过面试官与应聘者的谈话，

以双向交流的方式进行的,但它有自己独特的特点—结构化。与非结构化面试相比,结构化面试显得更加标准化、规范化,提高了面试的信度与效度,因而目前被企业在面试时广泛采用。

a. 测评要素结构化。在每一道面试题目后,会列出该题的测评要素(或考察要点),并给出答题要点(或参考答案),供考官对应聘者表现评估打分时参考。

b. 面试程序结构化。结构化面试有严格的程序安排,如面试的导入语、提问方式、面试时间及场地的选择等;同时,对每一道题目的测试也有时间的规定。

c. 评分标准结构化。结构化面试要求对每个测评要素都要有严格的操作定义和考察要点,并且还要规定每个评分等级对应的行为表现。

d. 考评小组结构化。结构化面试中,考官要求是2人以上,一般由5~9名考官依据招聘职位的需要,将专业、职务等按一定比例进行科学配置,设主考官一名,负责向应聘者提问并掌控整个面试局面。

② 结构化面试流程。结构化面试的程序主要由面试的准备、面试的实施、面试的总结与评估3大步骤构成,如图6-4所示。在结构化面试的实施过程中,与其他面试不同的是,结构化面试的提问方式、考核的问题、实施的步骤都是按照事先的设计进行的。面试一般从寒暄、问候开始,即导入阶段,主要是缓解紧张的气氛,让应聘者消除紧张的心理,以更好地发挥自己的水平。正式进入面试阶段,是面试中最为重要的、最实质的阶段,主要考察应聘者的能力,考评者应从应聘者的表现中收集信息,最后得出对应聘者的整体评价。

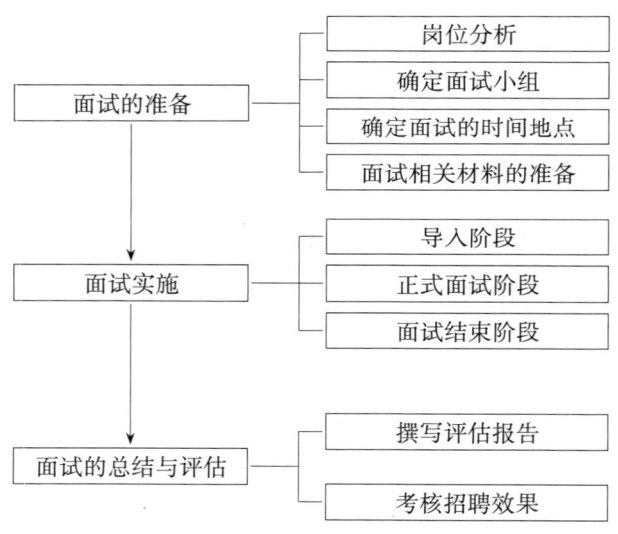

图6-4 结构化面试的实施程序

面试结束时,考官要让应聘者感觉顺畅、自然,并对应聘者表示感谢。

(3) 非结构化面试

非结构化面试是对与面试有关的因素不做任何限定的面试,也就是通常没有任何规范的随意性面试。主考官所提问问题的内容和顺序都取决于其本身的兴趣和现场应聘者的回答。这种方法给谈话双方以充分的自由,主考官可以针对被测者的特点进行有区别的提问。

虽然非结构化面试这一形式给面试考官以自由发挥的空间,但它也有一些问题,如易受主考官主观因素的影响,测试结果无法量化以及无法同其他被测者的评价结果进行横向比较等。

(4) 演讲式面试。

演讲式面试是应聘者与考官面对面交流信息的手段,兼具答辩与一般演讲的特点。演讲既可以是即兴的,也可以是有所准备的。演讲题目可以是结构化的,也可以是半结构化的,甚至是无结构化的。

① 演讲法的主要评价要素

a. 应聘者的素质。主要考察应聘者的思想素质、道德品质、知识能力以及良好的心理素质。

b. 应聘者的能力。主要考察应聘者的思维能力、信息搜集能力以及语言表达能力。

c. 应聘者的形象。主要是对应聘者仪表和言谈举止的评价。

d. 演讲的内容。考察应聘者对演讲的内容是否熟悉、对专业知识是否能活学活用。演讲的内容是否贴近现实生活而非照搬书本上的知识,是否具有说服力。

② 演讲式面试的特点。

a. 演讲式面试的优点是能够更方便、直接地观察了解面试者的口才、思想和逻辑等各方面能力、信息量大、观察面广、灵活并可操作性强。

b. 演讲式面试的局限性是过于强调口头表达,对实际能力考察不够,在实际操作中如果能结合情景面试、笔试等方法进行综合测评,则会取得更好的效果。

4. 避免面试误区

(1) 面试注意事项

① 面试官的注意事项。

a. 面试官应牢记面试的过程是一个双向评价的过程。面试的过程不仅是面试官在评价应聘者,而且应聘者也在评价面试官。应聘者会通过面试官的言谈举止来感知,评价所应聘单位的企业文化、工作作风、用人理念等。因此,在面试过程中,面试官应明确自己代表的不是本人,而是代表着用人单位的形象。

b. 面试官应明确评分标准。对应聘者的回答,不同面试官会给予不同的评价。因此,在编制好面试试题后,相关负责人应根据每个问题可能出现的答案设置评分标准,并就其对面试官进行培训;对于不清晰的地方,面试官应及时与设置评分标准的人员进行沟通。

③ 评判标准应公正客观、前后一致。面试官应根据应聘者的表现给予客观公正的评判,不能够因为个人喜好或个人情绪等因素而影响面试的效果。

② 应聘者的注意事项。在进行面试前,参加面试的男士和女士均应该对自己的仪容、仪表等进行关注。

a. 参加面试的男士须注意的事项。男士穿着应整洁,避免穿着过于老旧的西装,尽量选择颜色鲜亮、平整的领带。戴眼镜的男士,其镜框的佩戴应给人感觉稳重、和谐。另外,应注意头发要整齐、不适宜佩戴较夸张的饰品。

b. 参加面试的女士须注意的事项。女士面试应该穿着整洁、明亮,服装颜色搭配应协调,尽量穿高跟鞋,头发梳理整齐。另外,女士有明显声响的珠宝饰物、过浓的香水、蓬松的头发等都会给面试官留下不好的印象。

(2) 面试常见误区

由于面试带有很大的主观色彩,因此在实施过程中,会有一些人为的因素影响面试官对结果的评估,企业负责或参与招聘工作的人员应尽量避免,主要表现在以下8个方面。

① 晕轮效应。晕轮效应是指当认知者对一个人的某种特征形成好的或坏的印象后,他还倾向于据此推论该人其他方面的特征。在面试过程中,面试考官应从多方面来考察应试者,而不能仅根据应试者的某一优点或是缺点而做出对其整体的判断。

② 首因效应。首因效应又称第一印象。在面试之初,考官就可能对应试者有一个比较固定的印象(可能是好的,也可能是不好的),并且可能根据这个固定的印象对应试者在整个面试过程中的表现给予过分包容或是做出负面的评价。

③ 个人偏好。在面试过程中,考官可能会对某一现象或者行为感兴趣,例如,倾向于重点大学毕业的应试者或者是对自己的校友、老乡存在偏爱等,这些都是应该避免的。

④ 优势心理。优势心理是指招聘者因处于主导地位而产生的居高临下的心理倾向。表现为面试谈话中的随意性、分析判断上的主观性和对面试结果评定上的个性倾向性。

⑤ 近因效应。近因效应是指在知觉过程中,最后给人留下的印象最为深刻,对以后该对象留下的印象起着强烈的影响。一般来说,在知觉熟悉的人时,近因效应起较大的作用;在知觉陌生人时,首因效应起较大的作用。在面试中,招聘者在连续面试多名候选人时,做出的面试评估会受面试的前一个候选人的影响,并有无意识地对前后候选人进行比较。

⑥ 投射效应。投射效应就是人们在信息不足的情况下了解一个人时,总愿意把自己的某些特性归到认识对象身上,特别是在被了解对象和自己年龄、职业相同的时候更是如此。这种效应使人们在信息不足的情况下评价一个人时,往往会比实际上的那个人更像评价者自己,这样就歪曲被了解对象的某些特性。

⑦ 选择性知觉。选择性知觉是指人的兴趣和偏好对知觉产生强烈影响的知觉过程,人们往往对于自己感兴趣的东西给予极大的注意。倾向于认同自己的"同类"(例如,同爱好、同气质、同校、同族等),而更适合于所招聘职位的"异己"被拒之门外。

⑧ 趋中效应。趋中效应是指负责招聘者对应聘者的评价多数都集中在中间段,这种现象常常出现在对应聘者的评估感觉没有把握的情况下,所以这种效应对应聘者的评价失真。

四、心理测验

随着人们社会分工越来越精细,工作本身对人的综合素质和心理适应性的要求也越来越高。心理测验的运用可以使人事决策更为科学、准确。通过心理测验,可以对个体的兴趣、人格、能力、技能等多方面进行分析,为实现人才的合理配置提供信息,心理测验也由此受到了各方面的普遍关注。

1. 心理测验概述

心理测验(Psychological Test),又称心理测评或心理测试,是指通过一些心理学方法来测评人的能力水平和人格方面特征的一种科学方法。心理测验可以反映被测者的能力特征,预测其发展潜能,也可以测定应聘者的人格品质及职业兴趣等。

(1) 心理测验的5个要素

心理测验是对行为样本的客观的和标准化的测量,是人力资源测评的重要手段。它包含行为样组、标准化、难度的客观测量、信度和效度 5 个基本要素,具体内容如表 6-16 所示。

表 6-16 心理测验的 5 个要素

因素名称	主要内容
行为样组	(1) 对一类事物的某种特性进行考察,无法逐个观测,因而抽取这类事物中有典型性的一部分进行观测,推论该事物的普遍特性 (2) 个体对所抽选出来的,对问题的解决行为是行为样本
标准化	(1) 标准化是指测验编制、实施、记分和测验分数解释必须遵循严格的、统一的科学程序 (2) 测验题目的标准化、实施过程和记分的标准化、选有代表性的常模等
客观测量	(1) 测验题目的难度水平会影响到测验的客观性 (2) 测验题目太容易或者太难都会影响测验的客观性,使所有被测者的反应趋于一致,抹消了个体差异
信度	(1) 信度是指测验结果的可靠性、稳定性,即测验结果是否反映了被测者的稳定的、一贯性的真实特征 (2) 体现为测验结果跨时间一致性、测验内容一致性、不同评分者之间一致性
效度	(1) 效度是指所测量的结果能反映所想要考察内容的程度 (2) 测量结果与要考察的内容越吻合,则效度越高;反之,则效度越低

(2) 心理测验的种类与形式

心理测验是设计一套科学的测评量表,将应聘者的心理特征数量化,通过应聘者的回答来评估其在智力水平及个性方面的差异。

心理测验主要有人格测验、兴趣测验和能力测验 3 种类型,具体内容如表 6-17 所示。

表 6-17 心理测试类型介绍

心理测试类型	测试内容	技术方法
人格测验	被测个体所拥有的可测量的人格特质,测试个体的行为反应方式和与他人的交往方式	明尼苏达多相人格测验(MMPI) 卡特尔 16 种因素测验(16PF) 加州心理测验(CPI)
兴趣测验	被测个体的职业兴趣,测试个体感兴趣的工作是什么,从工作中找到个体最希望得到什么样的满足	霍兰德职业兴趣测验 斯特朗职业兴趣量表 库德职业兴趣调查表
能力测验	被测个体表现在认知能力方面的心理特质,如观察力、理解能力、思维能力、推理能力等	韦氏智力量表 麦夸里机械能力测验 奥康纳手指灵活性和镊子灵活性测验

在招聘活动中运用最多的是性格测试和职业兴趣测验。从某种程度上讲,应聘者能否在工作中取得优异成绩,其性格和职业兴趣发挥着很重要的作用。因为一个人如果工作能力不足,可以通过后期培训提高;而如果性格不适合岗位或对工作没有兴趣,要改变起来则比较困难。所以在招聘活动中,有的人力资源工作人员会首先考虑应聘者的性格及兴趣是否与应聘岗位相符合。

性格作为人格的重要组成部分，是个体在一定外界条件下表现出来的习惯性行为及情感反应。关于性格类型的划分，心理学家有各自的划分标准和原则，表6-18所示的划分类型是比较有代表性的观点，应聘者可以此为参考，判断自己的性格类型。

表6-18 各种性格类型划分及其特征

划分标准	类型	性格特征
心理机能	理智型	往往以理智来评价、支配和控制自己的行动
	情绪型	通常不善于思考，其言谈举止易受情绪左右
	意志型	一般表现为行动目标明确，主动积极
心理活动倾向	外向型	思维外向，心直口快，活泼开朗，善于交际，感情外露，热情诚恳，适应环境的能力较强
	内向型	思维内向，感情深沉，待人接物小心谨慎，喜欢独处和思考，不能灵活适应新环境
个体独立性	独立型	善于独立思考，不易受外来因素的干扰，能够独立地发现问题和解决问题
	顺从型	易受外来因素的干扰，常不加分析地接受他人意见，应变能力较差
	反抗型	特立独行，自我意识非常明显，且行为上有很大的自主性，一般来讲，自尊心和意志力较强
人际交往	敏感型	精神饱满、热情，好动不好静，办事速战速决，但是行为常有盲目性，受挫时易消沉
	感情型	感情丰富，喜怒哀乐溢于言表，喜欢刺激，容易感情用事，对新事物很有兴趣，容易冲动
	思考型	逻辑思维发达，善于思考，一切以事实为依据，能够持之以恒，重视调查研究和精确性
	想象型	想象力丰富，喜欢憧憬未来，不拘小节，但有时行为刻板、不合群

2. 心理测验准备

心理测试之前，要先做好准备工作。心理测评选择的内容、测评的实施和计分以及测评结果的解释都是有严格顺序的。一般来说，招聘者要受过严格的心理测试方面的训练。

招聘者要事先做好充分准备，包括要能统一地讲出测评指导语，准备好测试材料，能够熟练地掌握测试的具体实施手续，尽可能使每一次测试的条件相同等。这样测试结果才准确。

3. 心理测验题目编制

在企业招聘中，心理测验的应用不是编制几套题目那么简单的问题，而是一个系统的过程。实施心理测试不仅要针对岗位编制或选择有效的心理测试题，还要对它进行不断的修正，这是个不断循环的长期过程。

（1）试题编制与选择

编制试题关键在于如何利用资源，首先就是如何编制试题或者是如何选择试题。要针对某个岗位编制或选择心理测试题，首先要了解岗位需要什么样素质的人。我们可以从已有的心理测试题库里去寻找和选择与这些因素相关的测题，也可以委托有关心理学家针对这些因素去编制试题,甚至也可以自己设计。

不管采取什么方式,应当注意的是,不要认为试题编制完了就万事大吉了,还要确定试题的信度和效度。

(2) 确定试题的效度

一般我们可以用编制好的试题对从事这项职位的人员进行测试,使用在职员工的绩效记录或评价作为工作成功与否的判别标准,将在职员工的工作绩效与测试分数联系起来进行相关分析,计算试题的效度,进而对试题进行修正,在这个步骤中,还要做好宣传工作,告知员工测试的目的和意义,以获得在职员工的充分配合。

4. 常用心理测验方法

心理测评的常用方法有5种,如表6-19所示。

表6-19 心理测评的常用方法

心理测评的常用方法	主要含义	使用说明
纸笔测试	(1) 被测评者根据试题的内容进行填写 (2) 试题类型主要有单项选择题、多种选择题、是非题、匹配题、填空题、简答题和小论文7种	(1) 适用于大规模招聘 (2) 员工时对员工的集中测评
自陈量表法	(1) 通过建构一个标准,对测评者进行测评 (2) 常见的是威克斯勒智力测验量表	适用于专业类岗位的测评
投射测验	(1) 让被测评者通过一定的媒介,构建一定的场景 (2) 测评者通过被测评者对场景的描述,去分析被测评者的个性特征	适用所有岗位的测评
联想技术	(1) 测评者给被测评者某些刺激,观察被测评者对刺激产生的反应 (2) 测评者根据被测评者对某刺激做出的反应,分析被测评者的特征 (3) 常用的有墨渍投射测验、各种字词的联想测验	适用于对技术类岗位的测评
构成技术	(1) 根据被测评者对一个或一组图形或文字材料构建的故事,分析被测评者的个性特征 (2) 常见的有主题视觉测验、麦克莱兰的成就测验和宗教信仰测验	适用于对信息管理类岗位的测评
语句完成法	(1) 根据被测评者对一些没有完成句子的补充内容,分析被测评者的个性特征 (2) 例如:"我觉得薪酬的结构应该是……"	主要用来测评被测评者的真实想法
排序技术	根据被测评者对一组目标、愿望、需要等按照某种标准进行排序,了解被测评者的个性特征	主要用来测评被测评者的价值观、成就动机和态度等
表现技术	(1) 模拟生活中的某种场景,让被测评者参与其中,观察其工作方式和与人相处的技巧,分析被测评者的个性特征 (2) 主要是查看他们的需要、愿望、情绪或动机 (3) 比较常用的方法有做游戏、角色扮演或者完成某件作品	适用于测评专业知识和专业技能,或用于对专业技能要求较高岗位的测评

(续表)

心理测评的常用方法	主要含义	使用说明
个案分析技术	设计与岗位相关的典型案例,让被测评者对案例里的现象和问题做出某种判断和决策,以此来分析被测评者的个性特征	适用于管理类职位或对沟通、协调能力要求较高岗位的测评
仪器测量法	(1)通过科学的仪器对被测评者进行测量,以了解被测评者的心理活动 (2)常用的方法有多导仪、眼动仪和动作稳定仪3种	主要用来测评员工的兴趣、动机和技能

职业倾向测试是员工甄选环节中一种必要的测验方法,本节主要学习职业倾向测试的常见方式、进行职业倾向测试的意义、职业倾向测试的实施流程以及职业倾向测试的评估4个方面的内容。

5. 职业倾向测试

职业兴趣是指一个人的兴趣在职业选择活动方面的表现,是产生工作动力的一个源泉。不同的人在职业兴趣上有很大差异,不同的职业兴趣倾向差异会影响人们的工作绩效。

常用的职业兴趣测试问卷有"霍兰德职业兴趣调查表""斯特朗——坎贝尔职业兴趣问卷"和"库德职业兴趣调查表"。

(1)霍兰德职业兴趣测试(SDS)

霍兰德(Holland)职业兴趣理论又称为人格——职业匹配理论(Personality-job fit Theory),其职业兴趣理论对职业兴趣测量产生了深远的影响。

约翰·霍兰德(John Holland)是美国约翰·霍普金斯大学的心理学教授、美国著名的职业指导专家,他于1959年提出了具有广泛社会影响的职业兴趣理论,认为人的人格类型、兴趣和职业密切相关,兴趣是人们活动的巨大动力,凡是具有职业兴趣的职业,都可以提高人们的积极性,促使人们积极地、愉快地从事该职业,而且职业兴趣和人格之间存在很高的相关性。

霍兰德职业兴趣测试是根据职业——个性匹配理论编制而成的,量表由4个部分组成。

第一部分:你所感兴趣的活动。对分归于六类的60种活动,选择"是"或"否"的方式回答"你喜欢从事系列活动吗?"的问题。

第二部分:你所擅长或胜任的活动。对分归于六类的60种活动,选出你能做或大概能做的事,能做在"是"栏里打钩,否则在"否"栏里打叉。

第三部分:你所喜欢的职业。对分归于六类的60种职业,选出你有兴趣的职业。

第四部分:你的能力类型简评。评定自己在6个职业能力方面的大致水平,测试完成后,可以对照职业索引表,判断受测者的职业兴趣以及适合受测者的职业类型。在本系统中,这一查找索引表的工作由计算机自动完成。这一量表在职业指导和人事选拔中应用十分广泛。

比较常见的职业兴趣测验工具是霍兰德职业兴趣测验。美国著名心理学家霍兰德根据数字和符号、人和社会、机械和工具操作3个方面的职业兴趣,提出著名的职业兴趣六边形学说,把职业兴趣分为技能型、事务型、企业型、社会型、研究型和艺术型6种兴趣倾向,具体如图 6-5 所示。

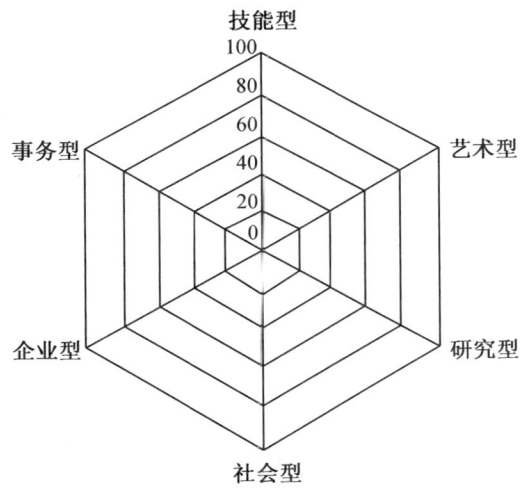

图 6-5 霍兰德职业兴趣倾向图

不同的职业兴趣倾向对应着个体的不同性格特征，也适应着不同的职业领域，如职业兴趣偏重于社会型的应聘者，比较适合咨询、公关等职位，详细如下。

R——现实型，具有现实型人格特点的人偏好与物体打交道，喜欢摆弄和操作工具、机械、电子设备等具体有形的实物；不喜欢与人打交道的活动，厌恶从事教育性、服务性和劝诱说服性的职业。现实型的人往往表现出看重具体的事物或真实的个人特点的价值观。

I——调研型，调研型的人偏好对各种现象进行观察、分析和推理，并进行系统的创造性的探究，以求能理解和把握这些现象；他们不喜欢企业和领导方面的活动，厌恶要求劝说和机械重复的活动。调研型的人多体现出看科学研究的价值观。

A——艺术型，艺术型的人偏好模糊、自由和非系统化的活动，并在这些活动中创造艺术作品，完成自我表现；他们厌恶明确、秩序化和系统化的活动。艺术型的人想象丰富，看重美的品质。

S——社会型，社会型的人偏好对他人进行传授、培训、教导、治疗和咨询等方面的社会服务性的活动，不喜欢与材料、工具、机械等实物打交道。社会型的人表现出看重社会和伦理道德问题的价值观。

E——企业型，企业型的人对领导角色和冒险性的活动感兴趣，喜欢从事领导他人实现企业目标或获取经济收益的活动；厌恶研究性的活动。企业型的人看重政治和经济方面的成就。

C——常规型，常规型的人偏好对数据资料进行明确、有序和系统化的整理工作，如按既定的规程保管记录，填写和整理书面和数字的资料，使用文字和数据处理设备等，协助实现企业目标或获取经济收益；厌恶模糊、不正规、非程序化或探究性的活动。这种类型的人有责任心，有条理，但容易满足，缺乏创造性。

（2）斯特朗——坎贝尔职业兴趣问卷（SCII）

斯特朗——坎贝尔职业兴趣问卷是世界上最早的兴趣问卷，其前身是美国心理学家斯特朗于1927年编制的"斯特朗职业兴趣表"。1963年后,坎贝尔对量表进行了多次修订,于1974年出版了以"斯特朗——坎贝尔兴趣问卷"命名的量表。

坎贝尔的修订和改进,使得问卷测量的结果能够在3个层次上进行解释,这3个层次分别是霍兰德的一般职业主题(GOT)、互相异质的同质性表(BIS)和职业量表。

(3)库德职业兴趣调查表(KOIS)

库德于1966年在先前的"库德爱好记录表"的基础上编制了"库德职业兴趣调查表",并于1985年进行了修订。

KOIS(1985)由100组、3个项目构成的强迫选择项目组构成,并直接把个人成绩与标准职业组或大学专业组的测验成绩进行比较,如果受测者与哪个标准职业组或大学专业组的分数接近,就说明其对该测验或专业感兴趣,确定感兴趣职业或专业的标准是最高相似系数之间相差0.06以内的职业或专业。

除了职业和大学专业量表外,还有职业兴趣评估和个人匹配(即把一个人单独地与某个职业中的不同个人榜样进行匹配)部分。

职业兴趣测试的目的是实现人适其职、职得其人、人尽其才、才尽其用。它在研究、咨询、辅导和企业员工的职业生涯开发中占据重要的地位,是职业生涯管理不可或缺的工具。具体来说,它有以下几种功能,如表6-20所示。

表6-20 职业倾向测试的功能

名称	主要内容
预测功能	预测个体在教育训练、职业训练以及未来工作中的表现
诊断功能	评估个体的长处和短处、优势和劣势,并判断个体在兴趣、价值观和职业生涯决策等方面的特质
区别功能	区别出个体的某些特质最类似于哪一类的职业群体
比较功能	依据测量学指标,将个体素质(能力倾向、兴趣、价值观等)与某些校标团体相比较,从而观察两者之间的匹配程度
探测功能	了解个体在职业生涯发展的连续过程中,其职业决策、职业适应性有关的行为、态度,以及能力方面的一般状况,以便进行必要的职业辅导
评估功能	对职业生涯咨询或辅导的进展情况和效果进行评估

很显然,企业需要通过职业兴趣测试对企业内的人力资源进行有效的规划,为招聘、安置、考核、晋升提供依据;同时,职业兴趣测试也为个人选择职业提供参考,是职业生涯规划与开发的基础。可见,通过职业兴趣测试,无疑可以实现企业和个人"双赢"的目的。

五、管理评价中心

管理评价中心(Assessment Center,AC)被认为是当代人力资源管理中识别有才能的管理者最有效的工具。它起源于1929年德国心理学家建立的一套用于选拔军官的多项评价程序。开创在工业企业中使用评价中心技术先河的,是美国电话电报公司。此后,许多大公司都开始采用这项技术,并建立了相应的评价中心机构来评价管理人员。

1. 管理评价中心概述

(1) 概念

国内学者对评价中心的研究,始于 20 世纪 80 年代后期。在目前的管理人员评价中,测评管理能力的最有效方法就是评价中心技术,尤其在选用管理人员时,评价其是否具备较好的管理能力,这种方法最为常用。有研究表明,评价中心技术的预测效度在现有各种方法中是最高的,它是一种包含多种测评方法和技术的综合测评系统,通过对目标岗位的工作分析作业,在了解岗位的工作内容与职务素质要求的基础上,事先创设一系列与工作高度相关的模拟情景,然后将被试者纳入该模拟情景中,要求其完成该情景下多种典型的管理工作,如主持会议、处理公文、商务谈判、处理突发事件等。在被试者按照情景角色要求,处理或解决问题的过程中,测试者按照各种方法或技术的要求,观察和分析被试者在模拟情景压力下的心理、行为表现,测量和评价被试者的能力、性格等素质特征。

2005 年 5 月,在美国加利福尼亚州举行的第 28 届国际评价中心会议对其做出如下的界定:评价中心是从多角度对行为进行标准化的评估。它使用多种行为测评技术,对测评对象在特定的模拟情景中的行为表现做出判断,有多位受过培训的测评师进行测评,所有测评师的意见将通过开会讨论或采用统计分析方法以确保符合专业认可的标准。

从这个定义出发,把评价中心的内涵本质概括为 4 点,并认为这 4 个方面的有机整合是保证评价中心能有效地对被评价者做出素质评价的基本前提。

① 多技术、多方法的综合应用。评价中心不是一种单独的测试方法或技术,而是多种测评方法与技术的综合应用。单个心理测试、面试或工作情景模拟都不能称为评价中心。

② 以通过对目标岗位的工作分析所获得的工作内容和职位素质要求为出发点,来设计测评技术,这突出强调了评价中心设计的针对性。

③ 应用与目标岗位工作具有高度相关性的情景模拟练习。评价中心一般包括一组情景模拟测评,这次测评是评价中心最为显著的特点,尤其强调对相关工作的情景模拟性。

④ 多名评价人员共同做出评价。每一被试者的评价结果都要由数名评价人员经过多次讨论共同得出。

(2) 方法

评价中心是多方法、多技术的综合体,从测评的形式来看,广义的评价中心包含了传统的心理测试(评价被试的人格、能力、职业兴趣等特质)、面谈(主要是结构化面谈)、投射测试(评估被试的深层次人格特质、职业动机、职业价值观等)和情景模拟等。通过对国内外大量的研究文献进行分析发现,实际应用领域特别是研究领域中的评价中心,主要是指以情景模拟为核心的系列测评技术,是狭义上的评价中心。因此,根据被试者所应聘的或在职的工作岗位,设计各类相关情景模拟技术也就被认为是评价中心最主要的技术与方法。

比较经典的情景模拟技术包括文件筐测试、无领导小组讨论、管理游戏、角色扮演、案例分析、演讲等。关于几种方法的对比,如表 6-21 所示。

表 6-21 评价中心方法比较

测评方法	方法概述	考察的能力
文件筐测验	假定应聘者为岗位任职人员,在其办公室桌上堆放着一大堆亟待处理的文件,包括信函、电话记录、电报、报告和备忘录,应聘者被要求在给定的时间内完成文件的处理工作	计划能力、企业协调能力、分析判断能力、沟通协调能力、决策能力、授权能力、团队管理能力、时间管理能力、文字表达能力、信息的收集和利用能力、处理问题的条件性程度和灵活性程度及人际敏感等
无领导小组讨论	把应聘者划分为不同的小组,每组人数6~8人,不指定领导者,大家地位平等,在此基础上根据提供的案例进行讨论,最后形成一致意见,并以书面或口头形式汇报。整个讨论过程中,考评者并不参与,完全由应聘者自己控制讨论进程	企业协调能力、团队合作能力、说服能力、综合分析能力、决策能力、自信心、进取心、责任感、灵活性、情绪稳定性等
管理游戏	给几个应聘者分配一定的任务,这些任务必须通过合作才能较好地完成;有时引入一些竞争因素,通过对游戏项目的完成判断应聘者的能力	沟通能力、语言表达能力、综合分析能力、团队合作、领导能力、决策能力、应变能力等
角色扮演	考评者设置了一系列尖锐的人际矛盾与人际冲突,要求应聘者扮演某一管理角色并进入角色情景去处理各种问题和矛盾。考评者对应聘者在不同角色情境中表现出来的行为进行观察和记录	判断能力、创造能力、谈判能力、沟通能力、决策能力、语言表达能力、策划能力等
案例分析	考评者提供给应聘者一些在管理中遇到的现实问题,要求他们通过准备一系列的建议,形成一份书面报告提交相关部门	综合分析能力、逻辑思维能力、独创性、决策能力、策划能力等
演讲	给应聘者随机抽取一个题目,让其准备5~10分钟,然后进行演讲,演讲时间一般在5~10分钟。通过演讲让应聘者阐述自己的观点和理由	分析推理能力、逻辑思维能力、反应理解能力、语言表达能力、言谈举止和风度气质等

(3) 程序

① 明确使用目的。评价中心是企业人力资源管理中的一个辅助手段。在使用评价中心技术前,应与企业高层沟通,确定是否要引入该技术、使用的主要目的、评价对象的层级等。

评价中心方法的最好使用情境是在缺乏一个人未来绩效数据的情况。评价对象的目标职位与现任职位的差别越大(如从推销员提高为销售主任),就越需要评价其执行未来工作的胜任能力。职位的管理工作比例越大,评价中心所评价出的管理潜力往往越准确。确定评价对象的层级要注意两点:一是该层级要有足够的参加者,使评价中心最为经济;二是要有足够的评价者且至少比参加者的层级高一级或两级。

② 确定目标岗位的胜任特征。所谓"目标岗位",是指招聘和选拔的人才将被安置在什么岗位上。胜任特征主要是直接与个体的工作绩效紧密相关的内在因素,因而是预测个体工作绩效的有效的评价指标,评价中心以此作为测评工作的基准。测评前,要确定岗位的胜任力模型,并界定有关胜任力的维度定义。如果忽略这一环节,即使在测评上投入再多的精

力也是无的放矢,评价的结果也很可能会"南辕北辙"。

③ 设计测试方案。这一步骤的主要目的是,明确胜任力的测量方法。首先,需要选择和完善测评工具和练习,针对目标岗位的胜任力要求,选择合适的测评工具和练习。此时需注意几个原则:a. 每个练习必须与测评的胜任力标准直接相关;b. 每个练习的难度适中;c. 内容丰富,具备与岗位相关的情境;d. 测评工具和练习经过专家的精心设计,具有合理的信度和效度;e. 针对客户的企业机构特点和时间、费用要求,对测评工具进行修正。其次,设计胜任力评价矩阵。评价矩阵包括测评工具和胜任力两部分内容,每个素质维度必须通过多个测试手段进行观察,以保证测试的效度。最后,制订评价行动计划,包括确认评价目标、设计测评流程和测试的时间进度表;将测试时间表提供给每位测评者,保证测试能够按照时间进度进行,确保测试条件的公平和一致。表 6-22 是某企业的评价中心测试安排表。

表 6-22 评价中心测试安排表

年　　月

日期	测评项目	时间	测评对象	评委组成	地点
×月×日	无领导小组讨论	9:00—11:10	第1组受测者	A组评委:李××、张××、王××、刘××、程××	××会议室
			第2组受测者	B组评委:姜××、任××、周××、韩××、耿××	××会议室
		14:00—16:00	第3组、第4组受测者	第3组:A组评委 第4组:B组评委	
×月×日	动机与个性心理测验	9:00—11:00	全体受测者		××室
	文件筐测试	14:00—17:00	全体受测者		××室
×月×日	半结构化面谈	9:00—9:45	1号受测者	A组评委:李××、张××	××室
			2号受测者	B组评委:王××、刘××	××室
			3号受测者	C组评委:姜××、任××	××室
			4号受测者	D组评委:周××、韩××	××室
		10:00—10:45	5~8号受测者	依次为A,B,C,D组评委	
		11:00—11:45	9~12号受测者	依次为A,B,C,D组评委	
		14:00—14:45	13~16号受测者	依次为A,B,C,D组评委	
		15:00—15:45	17~20号受测者	依次为A,B,C,D组评委	
		16:00—16:45	21~24号受测者	依次为A,B,C,D组评委	

④ 培训测评师。作为评价中心的核心技术,情景模拟测试具有很强的主观性,测试结果的好坏在很大程度上依赖于测评的技术水平。测评要从专业人士中挑选,并且具有丰富的测评实践经验,即使是最优秀的测评专家,在测试前也要接受有针对性的培训。培训的内容通常包括:熟悉测评的素质维度(胜任力)和测试工具,了解特殊测验的一些操作实施细节;主持情景模拟测试的方法与技巧;测试过程中行为观察、记录、归类和行为评估技巧;统一的评价标准和尺度,提高测评评价的一致性;测评在培训中要将刚掌握的内容进行实际演练;测评每年至少应参加1~2次评价中心,以保持技能状态。

⑤ 试测。严格的试测程序中,在正式实施评价中心前应该找一个与被试者类似的群体做一次试测。

⑥ 单独评价测试结果。在各项评价中心的活动中,每个评价人员都要对被试者进行观察,尤其是观察被试者所说的和所做的具体事情,观察过程中不允许评价人员作解释性说明。在一个评价练习结束后,每位评价人员要将其观察记录归类并进行评估,并按照各个胜任力中成功行为的特征独立地评价其等级水平。通常每个行为特征分为6个等级。

5——显著地高于成功管理行为特征标准。

4——有些高于成功管理行为的定性和定量标准。

3——符合成功管理行为的定性定量标准。

2——有些低于成功管理行为的定性定量标准。

1——显著地低于成功管理行为的标准。

0——没有足够资料表明等级。

⑦ 整合测试结果。评价结束后,评价人员会逐一讨论被试者的所有测量和观察的结果,直到确定所有评价人员都同意的一个等级为止。首先,由评价人员宣读各自对被试者的观察和记录结果,具体内容可包括被试者的行为表现、作用和地位等,尤其是与成功管理行为有关的行为表现和初步的等级。一般而言,宣读结果的顺序是面谈结果、纸笔测验结果、心理测验结果、情景模拟测试结果。越是重要的评价技术,越要靠后宣读。当所有评价人员宣读结束后,大家共同讨论行为等级。在讨论过程中,评价人员可以改变其最初的评价等级,直到取得一致的等级。有时候,根据评价目的还会做一些额外讨论,指出每位被试者未来的职业发展方向和培养方法。

⑧ 撰写测评报告。评价人员以书面形式写出对被评者的评价等级,并给出其在今后几年的发展建议。然后,将书面报告呈送给企业人力资源部,为企业最终的人力资源决策提供依据。

2. 无领导小组讨论

在无领导小组讨论(Leadless Group Discussion,LGD)中,将被试者组成一个临时工作小组,让他们讨论管理活动中一些比较复杂棘手的精心设计的问题。由于这个小组是临时组建的,并不指定谁是负责人。在这种情况下,通过对被试者在讨论中所展现的语言表达能力、独立分析问题的能力、概括能力、应变能力、团队合作能力、感染力、建议的价值性、措施的可行性、方案的创意性等划分等级,进行评价。其目的就在于考察被试者的表现,尤其是看谁会从中脱颖而出,成为自发的领导者。

(1) 无领导小组讨论考察的管理能力

无领导小组讨论主要比较和评价被试者在下列管理能力方面的差异。

① 领导能力,可从以下方面考察领导能力。

a. 在讨论中,能否在经意和不经意间引导小组讨论的进行。若能做到,就具有一定的领导能力。

b. 在讨论中,用什么方式和态度引导会议的讨论。如果能够不显山露水地指导和掌控全局,就是一个天生的领导者,具备领导者的魅力。

c. 在讨论中,态度强硬,如自己发言时不让别人插嘴,或用更大的声音压倒不同的声音。这种人看似引导了讨论,实际上缺乏真正的领导能力,缺乏把握大局、左右他人的内在潜质。

d. 在讨论中,其发言始终无法引起他人的注意,或更多地在附和强势的一方,这种人通常缺乏领导能力。

② 沟通能力,可从以下方面考察沟通能力。

a. 能否倾听他人的意见,特别是与自己不同的意见,能否完整地、耐心地听完。能倾听并善于倾听的人一般沟通能力强。

b. 能在他人与自己意见完全不同,并严厉反驳自己的意见时,态度温和,不骄不躁,准确地表达自己的意见与他人的意见之分歧所在。能分析产生不同意见的原因和背景,或者分析这两种意见在深层次及本质上有无共同点,并由此引导大家继续讨论,有这种表现的人沟通能力强。

c. 在小组其他人之间产生争论时,能准确把握他们的分歧点,帮助分析他们各自意见中的正确和不够合理之处。能缓和气氛,准确表达,态度恰到好处,其意见能为他人所接受。有这种表现的人沟通能力强。

d. 如果一遇到矛盾就动怒,控制不了自己的情绪,或者不能耐心倾听他人的意见,在争论开始时无法主动、平和地积极参与,则沟通能力较弱。

③ 应变能力,可从以下方面考察应变能力。

a. 当讨论出现激烈争吵和矛盾时,表现稳重自信,能准确抓住产生冲突的原因,说服对方,缓和气氛。有这种表现的人应变能力强。

b. 当个人的发言被粗暴打断或听到他人反驳自己的意见时,能稳定情绪,面露笑容,静候他人粗暴无理地讲完意见,然后及时调整自己的态度和讨论问题的方式,缓和会议气氛。有这种表现的人应变能力强。

c. 如果出现某些突发状况,如其他小组喧哗、提前结束讨论或其他未预料的情况,能镇定自若,有"泰山崩于前而色不变,麋鹿兴于左而目不瞬"的风度,从而使小组的讨论得以继续。有这种表现的人应变能力强。

d. 对于任何一件意料之外事情的发生或任何环境的变化均不知所措者,应变能力弱。

④ 团队精神,可从以下方面考察团队精神。

a. 尊重他人、顾全大局、不以小乱大者,具备团队合作精神。

b. 遇事稳重、谦让、谈吐得体、态度谦和、主次分明、缓急有序者,具备团队合作精神。

c. 对于临时组成小组的成员均能态度友善、善于妥协和让步,能快速了解他人的性格和需求,愿意先己后人、不出风头者,具备团队精神。

d. 说话尖刻、态度骄横、出语不逊、不懂礼让者,不具备团队精神。

(2) 无领导小组讨论的试题编制

无领导小组讨论的试题一般都是智能型的题目,这类题目应该符合三个条件:首先,题目必须是大家关心的热点问题,容易引发大家的兴趣、关注和争论;其次,题目的内容应该浅显易懂,属于常识性问题,不要将试题变成考"状元"的难题;最后,试题的答案是开放式的,无准确答案,便于激发每个人的想象力。同时,试题要话头多、视角多、争议多,难以形成一致意见。从形式上看,试题可以分为以下五种(见表6-23)。

表6-23 无领导小组讨论试题一览表

问题类型	定义	考察要点	举例	特点
开放式问题	答案的范围可以很宽、很广,没有固定答案	全面性、针对性、思路清晰、新见解	你认为什么样的领导是好领导?	容易出题,不太容易引起争辩
两难问题	在两种各有利弊的答案中选择一种	分析能力、语言表达能力以及说服能力	你认为以工作为导向的领导是好领导,还是以人为导向的领导是好领导?	编制试题比较方便,可以引起争辩,两个答案要保持均衡
多项选择问题	每一种选择都有自己的分析和判断,只要能自圆其说,就是一个好的回答	分析问题实质,抓住问题本质的能力	有四个人掉入井中,一个是军人,一个是妇女,一个是官员,一个是商人,请问你先救哪一个?	可以有多种答案,每一个答案均包含多种个性倾向和能力特征,便于考察
操作性问题	给被试者提供一些材料、道具和工具,要求制作出考官指定的一个或一些物品	主动性、合作能力以及在实际操作任务中充当的角色	给被试者提供一些材料,要求他们相互配合构造出一种建筑物的模型	主要考察操作能力,不太容易引起争辩,对考官和题目的要求较高

① 开放式问题。开放式问题是指其答案的范围可以很广、很宽的一种问题,主要考察被试者思考问题是否全面,是否有针对性,思路是否清晰,是否有新的观点和见解。对于考官来说,开放式问题容易编制,但是不容易对被试者进行评价,因为此类问题不太容易引起被试者之间的争辩,所考察的被试者的能力有限。

② 两难问题。两难问题要求被试者在各有利弊的两种答案中选择其中之一,主要考察被试者的分析能力、语言表达能力以及说服力等。对于被试者而言,此类问题不但通俗易懂,而且能够引起充分的辩论;对于考官而言,不但试题的编制比较方便,而且在评价被试者方面也比较有效。此种类型的试题需要注意的是:两种备选答案一定要有同等程度的利弊,不能显示出是其中一个答案比另一个答案有更明显的选择性优势。

③ 多项选择问题。此类问题要求被试者在多种备选答案中选择其中有效的几种,或对备选答案的重要性进行排序,主要考察应试者分析问题实质,抓住问题本质方面的能力。对于考官来说,此类问题的编制较难,但对于评价被试者各个方面的能力和性格特点则比较

有利。

④ 操作性问题。操作性问题要求被试者利用一些材料、工具或者道具，制作一个或一些由考官指定的物品，主要考察应试者的主动性、合作能力以及在实际操作任务中所充当的角色。比如，给被试者一些材料，要求他们相互配合，搭建一座楼房模型。此类问题对被试者的操作行为方面的考察较多，更像是一种情景模拟，但对言语能力方面的考察则较少。由于需要考官准备好所需用到的一切材料，因此对考官和试题的要求都比较高。

⑤ 资源争夺型问题。此类问题适用于指定角色的无领导小组讨论，要求处于同等地位的被试者就有限的资源进行分配，从而考查应试者的问题分析能力、概括或总结能力、行动能力、反应能力和竞争意识等。比如，让被应试者担任公司某一个部门经理，并就有限数量的资金进行分配，或就有限的资源进行实际操作，有利于就近考察他们的反应速度，但试题本身必须具有角色地位的平等性和准备材料的充分性。

3. 公文筐测评

公文筐处理这种方式常常设计一个管理者非常熟悉的、具有代表性的工作情境，将各类有关信息和有待处理的问题形成十几份乃至几十份书面材料（这些文件可能是信函、备忘录、报表、账单、投诉信、电话记录、命令、请示、汇报、通知等）放在被试者办公桌上的公文筐内。公文中包括许多棘手的问题，而且许多问题之间相互影响，关系错综复杂，被试者只有全力以赴地认真分析和统筹考虑方能有效应对。由于时间有限，可利用的资源有限，现有信息又残缺不全，被试者必须借助个人拥有的知识进行分析、推理、比较、判断才能做出决定。被试者必须在孤立无援的情况下对所有问题迅速理出思路，对公文筐中的材料一一形成文字处理意见或报告。

公文筐处理高度仿真并接近管理实践，非常有利于激发被试者的积极性和创造性，对于在很短的时间内全面、系统、准确地了解被试者的管理能力具有不可替代的作用。

（1）公文筐处理考察的管理能力

公文筐处理所要测试的管理能力主要包括对企业中人、财、物、时间、信息等，多方面的控制、理解和把握等能力。具体来说，主要考察以下几方面的管理能力。

① 分析能力。被试者若能从众多公文中分析问题的轻重缓急，了解问题产生的根源、背景，快速抓住关键性问题，则分析能力强。

② 计划能力。面对浩繁的公文信息，被试者若能有条不紊地对公文进行分类，急事要办，在处理文件的过程中表现沉稳，工作有序，清晰了解各类文件的处理过程，将办公桌上的文件经分类后归档，能准确排序并有序处理，则计划能力强。

③ 资源整合能力。在时间和资源有限的情况下，要将公文筐内必须处理的文件都处理完毕，必须充分使用纸、笔、电话、复印件、打印机等资源（如有条件还应学会如何使用助手）。有些公文须通过电话请他人处理，有些公文必须亲自处理。能将手边的各种资源充分使用的人，资源整合能力强。

④ 协调与授权能力。在处理公文筐内的公文时，在完全仿真模拟的环境中，有部分文件的处理须与其他部门、单位或个人进行协调。被试者若协调沟通得当，语言表达清晰准确，授权干脆利落，协作氛围好，工作效率高，能快速解决问题，则协调与授权能力强。

⑤ 决策能力。在处理公文筐内的公文时，被试者应能快速做出判断和决策，把所有处

理好的公文归为一类,将尚需调集其他信息或需要做进一步分析的公文放在手边。如果无法获得处理所需资源,应根据现有信息做出果断的判断和决策。有这种表现的人决策能力强。

⑥ 创新能力。在处理公文的过程中,被试者应能够立即发现问题(如工作中的问题、公文交接的问题、资源整合的问题、工作程序的问题),并对所发现的问题进行思考,提出一些极富建设性的意见。有这种表现的人创新能力强,常能在工作中提出一些新颖的工作思路和工作方法。

(2) 公文筐处理试题的设计

有效的工作分析是公文筐处理的基础工作,工作分析的关键内容准备得越规范、越全面、越深入、越细致,公文筐处理的题目设计就越容易,测评结果的信度和效度也就越高。但仅有系统的工作分析还远远不够,对行业特点、企业内外环境、企业文化和测评目标的分析也是设计公文筐处理试题时需要考虑的重要内容。公文筐处理试题设计的主要依据为:

① 企业所在行业的特点及内部和外部环境状况;
② 企业文化和核心价值观;
③ 管理职位设置的目的和工作职责;
④ 管理者工作活动的内容、各项工作活动占全部工作活动时间的比例、各项工作活动的执行权限和执行依据、工作活动结果的预期标准(每一管理者的工作活动都包括团队维系、信息传递和决策制定三大类活动);
⑤ 管理者每一工作活动的主导业务流程;
⑥ 管理者的工作关系,包括管理者的直接上级和间接上级、直接下级和间接下级、管理者的同级、管理者的企业内部客户和外部客户;
⑦ 管理者可调遣或协调的工作资源,包括人力资源、物力资源、财力资源和信息资源。

公文筐处理的优势在于其情景模拟的特性,因此,必须进入一线管理部门收集管理者的日常公文,以确定其遇到的典型公文以及在工作中出现的关键事件和典型事件。收集公文素材的最好方式就是邀请一批比较优秀的任职者或者他们的直接上级召开交流会,运用关键事件法,获取重要的仿真公文原型,一般要按所需文件数量的2~3倍来征集。在进行公文搜集时,电话记录、请示报告、上级管理者的指示、待审批的文件,各种函件、建议等多种形式的文件都要有一定比例。此外,还要根据多项细目表逐项设计公文筐试题。在这个过程中,首先要考虑到公文设计的管理能力要素,然后是公文的重要性和紧迫性的比例,最后是公文的形式和内容的比例。在充分掌握相关信息的前提下,一般用2~3个工作日即可完成一个重要管理职位的公文筐处理的题目设计。

(3) 公文筐处理的操作说明

公文筐处理的实际操作可分为准备、实施和结果处理3个阶段(见图6-6)。

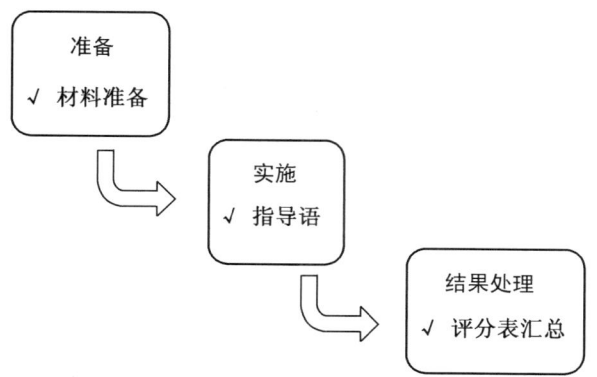

图 6-6 公文筐处理的操作流程

公文筐题目的具体编制步骤为：① 收集文件。收集拟任岗位的日常文件，所收集的相关公文材料应该能充分地反映拟任岗位的特点，并且能够让被试者在处理时有一定的难度。② 文件筛选。对收集的所有原始案例进行甄别、筛选，选出内容合适、形式各异、轻重缓急各不相同的文件约 20 份。③ 编制文件。对所筛选出的文件进行加工和整理，使其符合公文筐测试的要求，各种公文的内容及难易程度，都是围绕目标职位可能遇到的状况进行设计的。公文筐处理试题示例如表 6-24 所示。

表 6-24 公文筐处理试题示例

背景：某医院是一家私立医院，约有 600 名员工，是由现任董事会成员康永创建的。你是人力资源部经理，在 6 个月之前上任。有传言说，前任的人力资源部经理出了问题，但大家在公开场合闭口不谈，你直到最近才让部门氛围有所改变并使部门平稳运行。但是，这时你必须到外地开会，这是你上任后第一次出差，出差前，你只有一个小时去处理公文筐里的各种文件。今天是 1 月 30 日（星期五），你一个星期之后才能回来。 文件一： 送交：王经理（假设你姓王） 来自：张恒，办公室主任 日期：1 月 26 日 有一个叫李梅莉的电话接线员，已经在公司工作了 7 年，向我们抱怨另外一个刚被录用的接线员的工资与她相差无几。我告诉她，跟你商量之后再给她答复，请在今天给我电话，谢谢！

对所有公文应该有一个总体情景的介绍，内容包括：① 日期、时间；② 时间背景；③ 公司概况（企业结构图）；④ 被试者所在职位及职责权限。

为了得到尽可能多的与拟聘职位有关的公文材料，在编制题目的过程中需要得到人才需求部门主管的支持，因为只有他们能够提供第一手、最翔实的各种文档。此外，还需要准备答题纸（见表 6-25）和评分表（见表 6-26）。被试者对文件的处理意见应填写在答题纸（行为理由问卷）上，答题纸的内容包括文件编号、重要程度、紧急程度、处理意见、处理依据或理由。处理意见是被试者关于如何处置文件中具体事宜的指示，处理依据应表明处理意见的缘由。评分表则包括评分标准及评分范围。评分标准是对各测评能力指标进行的表述，来自胜任特征的表述和行为样本；评分范围给出测评能力指标在总分中的权重和具体分值，及该能力优、良、中、差等级的评分区间。

表6-25 公文筐处理答题纸示例

考生编号		文件编号	
重要程度	很重要□ 重要□ 一般□ 不重要□		
紧急程度	很紧急□ 紧急□ 一般□ 不紧急□		
处理意见：			
处理人签名： 年　　月　　日			
处理理由：			

表6-26 公文筐处理评分表示例

目标职位：
被试者姓名：　　　　　　　　　　　　　　　　　卷号：
年龄：　　　　　　　　　　　　　　　　　　　　性别：

评价指标	得分（满分为10分）				权重	备注
	9～10	7～8	5～6	0～4		
分析能力					20%	
计划能力					15%	
企业协调能力					10%	
决策能力					20%	
预测能力					15%	
表达和沟通能力					10%	
创新能力					10%	
评语：					总得分：	
					考官签名：	

六、背景调查与体检

在整个招聘选拔过程中，所有的信息都是从应聘者那里直接获得的，包括审阅应聘者自己提供的简历和应聘材料，与应聘者面谈，在各种人才测评活动中观察应聘者的表现。尽管在选拔人员时，这些从应聘者处直接获得的信息，以及其胜任力特征很重要，但是也不排除应聘者的其他一些背景信息的重要性。

1. 背景调查的计划与实施

全面审查应聘者的所有资料，有助于挑选出合格的候选人。背景调查通常包括犯罪记录、信用状况、工作经历、学历和从业许可等。背景调查所需要的资料大部分都是公开的记录，可以提供给任何人。

对应聘者与工作有关的一些背景信息进行查证，以确定其任职资格。通过背景调查，一方面可以发现应聘者过去是否有不良记录；另一方面，也可以对应聘者的诚实性进行考察。例如，一个应聘者在简历中写了他是某个部门的主管，负责部门的全面管理，实际上他的主管职位只是一个头衔；另一个应聘者说他是国外某个名牌大学的毕业生，而实际上他只是学习了该学校的远程教育课程。对于这些不能如实提供自己信息的应聘者，你会决定录用他们吗？

背景调查可以提供极好的信息，来帮助企业做出正确的录用决策，但是必须正当地使用这些信息，对企业最有利的是，得到关于如何合法地使用背景调查的建议。现在我国公民的权利意识越来越强，企业切不可因调查而侵犯了他们的隐私权。

（1）背景调查的3种类型

① 向证明人核实。包括与熟悉应聘者工作历史的人交谈，并询问一些侧重于获得与工作有关信息的问题，那些信息能帮助招聘者衡量应聘者是否适合工作。

② 核实凭证。包括核实学位、证书、执照之类的东西；如果有可能，还要对是否有前科、信用历史等方面进行调查。

③ 核实是否需要培训。雇佣应聘者前了解他们的优点和缺点将有助于招聘者确定是否需要培训，这样可以节省时间和精力，从而提高生产效率。最好的做法是去问问过去管理他们的人。

（2）背景调查的内容

背景调查的主要内容有身份背景调查、学历背景调查、工作背景调查、过去的不良记录调查。

① 身份背景调查。身份背景调查可以通过收取应聘者带证件的原件和复印件，审核原件，留复印件。关于身份证的信息，目前网上有很多验证身份证号的软件和网络，但只能查询身份证号是否有效以及身份证首次等级的地址（一般精确到区）等信息。

② 学历背景调查。在应聘中最常见的一种造假方式就是在受教育程度上造假。因为在很多招聘的职位中都会对学历提出要求，所以有些没有达到学历要求的应聘者就有可能对此进行造假。因此在招聘中有必要对一个人教育的背景进行调查。目前，学历背景调查有多种途径，审核毕业证原件只是其中的一个环节，但目前假证泛滥，且伪造技术越来越高，因此在审核毕业证原件的同时还要辅以其他验证方式。第一种方式就是到教育部学历验证中心的网站上去验证，该服务为收费服务，非常适合企业招聘用，在此网站查询的结果比较权威，除军校学历及自考学历外，数据库中一般都包含各个层次的学历数据；第二种方式就是打电话到所在院校的学籍管理部门进行确认，该种方式不用花费任何费用，但费时费力。对于职位比较重要的应聘者，可以考虑采用这种方式。

③ 工作背景调查。背景调查的另一个重要方面就是对过去的工作经历进行调查。过去的工作经历调查侧重了解的是受聘时间、职位和职责、离职原因、薪酬等问题。了解过去经历的最好的方式就是向过去的雇主了解，此外还可以向过去的同事、客户了解情况。

④ 过去的不良记录调查。主要是调查应聘者过去是否犯过错误，是否会改过自新，但

这些信息仍然要引起注意。

进行背景调查要注意如下问题。不要只听信一个被调查者或者一个渠道来源的信息，应该从各个不同的信息渠道验证信息。如果一个应聘者还没有离开原有的工作单位，那么在向他的雇主做背景调查时应该注意技巧，不要给原雇主留下该应聘者将要跳槽的印象，否则对该应聘者不利。此外，只花费时间调查与应聘者未来工作有关的信息，不要将时间花在无用的信息上。必要时，可以委托专业的调查机构进行调查，因此他们会有更加广泛的渠道与证明人联系，并且在询问技巧方面更加专业。

背景调查内容应以简明、实用为原则。内容简明是为了控制背景调查的工作量，降低调查成本，缩短调查时间，以免延误上岗时间而使用人部门人力吃紧，影响业务开展；再者，优秀人才往往几家互相争夺，长时间的调查是给竞争对手制造机会。实用指调查的项目必须与工作岗位需求紧密相关，避免查非所用，用者未查。

做好背景调查的第一步是将招聘者需要核实的与工作相关的信息列成一张表。只核实与工作相关的内容。这样做主要有两个目的：一是使企业不至于陷入麻烦，因为只有与工作相关的资料才是做雇佣决定的合法依据；二是使证明人更放心，从而更愿意帮助你。

背景调查可以达到两个目的：核实申请表、个人简历上或面试时得到的信息；搜集到应聘者可能不愿意透露的其他信息，如表 6-27 所示。

表 6-27 建议核实的背景目的

典型的	较棘手的
文凭、普通高等教育的文凭或其他学位	离职的原因
执照、证明或其他证书	是否有资格在此被录用
永久聘用或聘用时间	工作表现的描述（与其他工作人员相比）
所任职务	可靠或尽责的程度
基本职责	举个例子说明其出色的表现
主管的姓名与职务	强项及其发展要求
离职后的补偿	阅读部分简历或申请表，请证明人证实其准确性
	为雇佣他，我会保留哪些条件

（3）核实信息

为了保证核实工作的连贯性和准确性，最好列出一份调查表，如表 6-28 所示。建表时可以利用才能分析中得来的信息和申请表或简历筛选调查表上的内容，这样可以将重要信息一一列出，使招聘者不至于遗漏重点或误入与工作无关的领域，而且还可以保证每一位申请者都能经历同样的程序。

表6-28 背景调查表

背景问题样表	
尊敬的＿＿＿＿公司人力资源经理： 　　您好！贵公司前任员工＿＿＿＿女士/先生将被我公司聘用担任＿＿＿＿职务。现我公司需对其相关情况进行核实，烦请贵公司协助填写本样表，并加盖公章，对于您的协助，我们不胜感激！	
学　历　　　　　　　　所属部门　　　　　　　　所任职位	
职责	
在贵公司工作起止日期	
劳动合同起止日期	
贵公司已为其办理的社会保险	□ 养老保险　□ 医疗保险　□ 失业保险 □ 工伤保险　□ 生育保险
是否与贵公司解除劳动合同	□ 已解决　□ 未解除
离职原因	□ 合同到期　□ 被开除　□ 被辞退 □ 主动辞职　□ 其他（请注明）
近期工作表现	□ 很好，能出色完成各项工作 □ 一般，基本能完成本职工作 □ 较差，几乎不能完成本职工作
有无违纪行为	□ 经常违纪　□ 偶尔违纪　□ 从不违纪
请您盖章或签名： 　　　　年　　月　　日	
非常感谢您的合作！祝您工作愉快！ 　　此致 敬礼	
××公司人力资源部 　　　　　　　　　　　　　　　　　　　　　　　　　　　　年　月　日	

① 争取证明人的合作。

招聘者只与业务上的证明人联系。与直接了解应聘者工作情况的人进行交谈。私人的或有关性格的证明作用不大。

招聘者与证明人建立融洽关系。仅仅关系不错是不够的，应努力与证明人建立共同的立场。如果招聘者与另一个曾有同样体会的经理谈话，那么机会就来了。阐明自己的要求，试着唤起对方的共识，使他们感到帮助自己是他们工作上应尽的义务。

进行感情交流。让对方知道自己非常理解证明人多么难做，招聘者可以告诉对方自己做证明人时的困难经历。但是不要过分夸大这种感情，毕竟招聘者是想从对方那里得到某些材料。

建立证明人合作网。如果一位证明人对你有帮助，问问他是否还有别人也熟悉应聘者的工作情况。与每一位证明人接触时,都可以这样做。建的网络越大,就越不会错过重要信息。而且提供资料的人不会有那么多的事先考虑,态度也就更为坦率。

招聘者应多与证明人联系。事前至少跟证明人交谈,特别是涉及反面资料时,然后再做决定。

不要放弃。如果人力资源部不肯与招聘者好好合作,不要怕再次打扰他们,精诚所至,金石为开,也许最后跟自己谈话的人更好合作。

不要局限于明显的证明人。同事、下属和客户都是获取信息的良好来源。特别是在招聘主管职务或客户服务类工作时,情况更是如此。通常情况下,通过常规渠道,特别是通过人力资源部的工作人员进行背景调查,效果最不好。

着力于可核实的、与工作相关的信息。有关个人的信息和意见不仅用处不大,还可能使你惹上麻烦。而且,证明人在评论与工作有关的信息时,会觉得较为安全,且这种讨论较有价值。

应聘者有责任提供证明。告诉应聘者只有提供一位愿意与招聘者交谈的业务上的证明人,方有可能得到聘用。而且,如果应聘者求职不迫切或怀疑证明人不会对其评价太高,通常会因此而不来应聘。同时,这在招聘者想要看到应聘者的学习成绩单时,也很管用。

让应聘者在弃权书上签字。有时,一个要求提供信息(有利或者不利的)的文件就足以让证明人开口。与你的法律顾问研究一下这种选择。

利用你已掌握的信息。对应聘者在申请表上、简历上或者面试中提供的信息有什么疑虑,可以向证明人求证,证明人回答这种问题时会比较客观。招聘者可以考虑一下应聘者填写的内容,问问证明人是否同意。如果有可能,请他说得详细些,看他是极为赞成还是不冷不热。

听听证明人没说的内容。犹豫或者含糊其词可能会告诉招聘者很多东西。

向证明人求证时,不要太直接,不要太直率,这样会对自己有利。例如,如果招聘者说那位应聘者作为新雇员需要接受培训,那么招聘者言外之意就是该应聘者已经得到了这份工作。证明人可能就更愿意提供有关此人需要的资料。

亲自与证明人联系或请专业机构代理。证明人更愿意跟企业的招聘经理交谈,而不愿与招聘经理的助手谈,而且招聘经理还可以当场问一系列的问题。

提醒证明人不要忘记自己的职责。显然,一开始可以不要使用这种对策;但必要时,招聘者的提醒可以使不肯合作的证明人开口谈话。使用时,要注意方式方法,因为这样可能吓跑或者疏远证明人。

② 背景调查的时机。背景调查最好安排在面试结束后与上岗前的间隙。此时,大部分不合格人选已经被淘汰,对淘汰人员自然没有实行调查的意义。剩下的佼佼者数量已经很少,进行背景调查的工作量相对少一些,并且根据几次面试的结果,他们介绍的资料已经熟悉,因此如果在此时调查,在调查项目设计更有针对性。根据调查结果,决定是否安排上岗,以免在上岗后再调查出问题,令公司和人力资源部进退两难。

对应聘者进行背景调查的最佳时间是,在最后一次面试之后和做出录用决策之前。挑选这个时间有如下理由:最后一次面试之后,应聘合格数减少,只剩下最合适的应聘者,有利于将费用降至最低;如果面试内容以行为表现为基础,那么面试官能核实应聘者向你描述的情况；被录用的应聘者将不会知道他们为什么被淘汰，是因为向证明人调查，还是因为面试造成的，这有助于保护证明人。

③ 如何解释、使用和储存调查结果。怎样解释和使用背景调查中得来的资料，还是以他们与工作的相关性信息为中心。如果一个应聘者在最近的一份工作中开车出了事故，而企业正在招聘的这份工作与开车无关，则招聘者根本不用考虑这些事故；但是任何伪造资料的行为都应该严肃对待，因为它反映了应聘者的道德问题。

招聘者在把要核实的与工作有关的因素列成表时，要列出最关键的淘汰因素及招聘者认为做好这份工作所需具备的特质。如果招聘者要将一位应聘者排除在考虑范围之外，应在北京调查表上写明原因。

将背景调查中得到的资料与应聘者的申请表和评估报告放在一起，应保证这些档案安全，只有那些"有必要知道的人"（如人力资源部经理和招聘负责人）才能看到它。

2. 核实背景资料的技巧

（1）面试人员需要做什么

① 让应聘者提出专业和业务证明人选。这些证明人应是应聘者日常工作的同事。理想的证明人选是最近5～7年时间内曾与应聘者共事的上司、同事和下属。要求应聘者提供证明人名单，以向他们了解有关问题。应聘者提供证明人选时，可能已经提前获得了提名证明人的许可；可能的结果是，证明人接到核实电话后，将非常乐意回答该应聘者过去工作业绩的问题。如果证明人拒绝回答，应再找应聘者，要求他们要么说服证明人提供信息，要么另换人选。

② 训练核实员。对应聘者提名证明人的担心之一是，后者只说好的方面，因此核实员应具备丰富的经验，接受过关于提出有价值的问题技巧的充分训练。他们应了解需要完成的工作，并精通相关的法律和法规。事先要准备好与工作有关问题的要点清单，但应根据证明人的回答做一些探究，核实员所提的问题越专业，效果越好。

③ 保持目标。只问与工作有关的问题，而打听生活方式或个人事务是自找麻烦。向所有证明人提同样的关键问题，以便对比他们的回答，探究证明人回答不一致的地方，直到弄清楚为止。以下是一些可能会提及的典型问题。

- 某某为企业工作了多长时间？
- 他最初的职位是什么？
- 他离开企业时的职位是什么？
- 他在企业工作期间的其他职位有哪些？
- 他的长处是什么？缺点呢？
- 你认为他的职业道德如何？
- 你愿意再雇用他吗？愿意的原因是什么？不愿意的原因是什么？
- 这就是他将在本企业从事的工作，你如何看待他的技能和能力是否适合？
- 关于雇佣他，我还需做哪些保留工作？
- 贵企业中还有哪些人有资格对他的业绩做出评价？
- 他为什么离开贵企业？
- 确认教育资格。

- 在决定雇佣之前,要验证学历证书的真实性。

(2) 识别文凭

① 观察法。通过肉眼观察和真文凭的对比来识别假文凭。有些假文凭做工比较低劣,如纸质硬度不够、没有水印、学校公章模糊、钢印不清等,都可以用肉眼来识别。当然,现在的一些假文凭制作得比较逼真,水印、公章、钢印等一应俱全,简单地通过肉眼很难识别。如果周围有真文凭,可以将它与需识别的文凭进行对比,这时往往可以很快发现文凭的真伪。如果假文凭做工精细,并且没有真文凭进行参照,可以使用提问法或者核实法来进行识别。

② 提问法。通过对应聘者的学识、常识和能力的提问来鉴别文凭的真假是最有效的方法。根据文凭中的专业,面试人员可以提一些专业性的问题,这些问题有的可能非常肤浅,有的甚至是错误的,通过应聘者对问题的反应,可以初步判断文凭的真伪。如果面试人员对应聘者的专业不甚了解,可以使用一些提问技巧。面试人员可以假装和文凭中的学校很熟悉的样子,随便聊一些学校里的事情,如"我有一个朋友叫某某,就在你们专业,还是学生会副主席,你应该很熟吧?""某某学校的科技楼现在盖好了没有?",等等,根据应聘者的反应可以轻而易举地判断出文凭的真实性。

在通过观察法和提问法都没有办法确定文凭的真伪性时,面试人员可以与文凭所在学校的学籍管理部门取得联系,让他们协助调查该文凭的真伪。一般而言,学校都能积极地进行协助,虽然比较复杂一些,但准确率可以达到百分之百。

(3) 识别材料

将应聘者材料中的内容分为两类:一类是客观内容,如学习经历、工作经历、专业知识、技术经验等;另一类是主观内容,如个人兴趣、爱好、性格等。应将无法证实的主观内容忽略掉,认真分析客观内容。将客观内容分为两类:常规客观内容和关键客观内容。常规客观内容是指普通的客观内容,如中小学学习经历、计算机的普通操作技能、普通的工作技能等;关键客观内容是指与应聘岗位直接相关的客观内容,如与岗位相关的知识、技术、工作经验等;应聘者是否能够通过面试,关键取决于关键客观内容的真实性,所以它也是识别假材料的重点内容。识别的步骤如下:

① 对关键客观内容进行认真分析,估计材料的可信度;

② 以可信度最差的内容开始对应聘者进行提问;

③ 提问采用"步步紧逼法",尽可能对其中的细节问题进行连续提问;

④ 面试人员不一定需要了解相关的技术知识,仅需要根据应聘者的反映就可以判断他是否靠谱;

⑤ 一旦发现应聘者有撒谎行为,则立即停止面试,以未通过处理;

⑥ 如果通过提问还是很难估计材料的真伪性,人力资源部门可以向应聘者原单位进行联系,调查应聘者的实际工作表现。

(4) 背景调查可以委托中介机构进行

选择一家具有良好声誉的咨询公司,提出需要调查的项目和时限要求即可。如果工作量较小,也可以由人力资源部门操作,建议根据调查内容把目标部门分为三类,分头进行调查。一是学校学籍管理部门。在该部门查阅应聘者的教育情况,能够得到最真实可靠的信息,真假"李逵"即可分辨,持假文凭者此时就现原形。二是历任雇佣公司。从雇主那里原则上可以了解到应聘者的工作业绩、表现和能力,但雇主的评价是否客观需要加以识别,有的雇主为防止优秀员工被挖走,而故意低调评价手下干将,以打消竞争对手的挖人意图。三是档案管理部门。一般而言,从原始档案管理里可以得到比较系统、原始的资料。目前,档案的保管部门是国有单位的人事部门和人才交流中心。按照规定,他们对档案的传递有一套严格保密手续,因此,档案的真实性比较可靠。但是目前人才中心保管的档案存在资料更新不及时的额普遍缺陷,员工在流动期间的资料往往得不到补充,完整性较差。相比较而言,国有单位人事部门对自己员工的资料补充较好,每年的考评结果都会入档。

3. 体检

(1) 体检的意义

体格检查通常是选拔过程后紧接着的一个步骤。在某些情况下,体格检查在雇员开始工作后进行。进行雇佣前体格检查有以下三个主要原因。

① 体检可以用来确定应聘者是否符合职位的身体要求,发现在对应聘者进行工作安排时应当予以考虑的体格局限因素。

② 通过体检还可建立应聘者健康记录和基线,以服务于未来保险或雇员赔偿要求的目的。

③ 通过确定健康状况,体检还可以降低缺勤率和事故,发现雇员可能不知道的传染病。

体检这一环节的执行相对比较简单,一般企业会指定一个有信誉的或长期往来的医疗机构,要求应聘者在一定时期内进行体检。在规模大的企业中,体检通常在招聘者的医疗部门中进行。体检的费用由招聘者支付,体检的结果也交给招聘者。体检也是录用时不可忽视的一个环节。不同的职位对健康情况的要求有所不同,一些对健康状况有特殊要求的职位在招聘时尤其要对应聘者进行严格的体检,否则有可能给企业带来许多麻烦。

(2) 体检的主要内容

体检内容的确定要基于上文所述体检的意义,可以从检测应聘者身体健康状况和岗位对身体要求两个方面出发来确定体检的主要内容。就实际情况来说,对应聘者身体健康状况检查的内容已经基本确定,并有明确的法律规定作为指导。但是,对于特殊岗位对身体状况的要求,招聘方会相应地增加特殊的体检项目。例如,司机、交警等岗位和涉及绘画、摄影、艺术设计、动画等活动的岗位,会对视力的要求比较高,色盲、色弱是不适合这类岗位的;对于涉及音乐、影视等的相关岗位,听力不佳者也是不适合的。总之,在实际的体检过程中,体检的内容是根据岗位对身体条件的要求不同而不同的。

(3) 体检结果的处理

体检的结果分为合格与不合适两类。相应地,通知也分为录用通知和辞谢通知两类。一方面,在通知被录用者方面,最重要的原则就是及时,以防止应聘者在这段时间内接受了其他竞争公司,这对于公司来说将是一笔巨大的损失。另一方面,对于身体条件不符合要求的应聘者,要委婉地辞谢,给留下好的印象。对于那些身体条件暂时不符合要求、其他方面条件较优异的应聘者,可将其资料留存备用。

第三节 甄选决策

招聘管理者根据甄选技术选拔人员,并做出选拔决策。常见的甄选决策有多重淘汰式、互为补充式、结合式等方法。

1. 多重淘汰式

多重淘汰式是指在人员选拔过程中采用多种测试方法,每种测试方法依次进行,其中每种测试方法都具有淘汰性,应聘者若有其中一项测试没有达到要求标准即被淘汰。应聘者要想通过筛选,必须在每项测试中都达到要求的标准。最后通过全部测试者,再按最后综合分数排出名次,择优确定录用名单。

2. 互为补充式

互为补充式指不同测试的成绩可以互为补充,最后根据应聘者在所有测试中的总成绩做出录用决策。如分别对应聘者进行笔试与面试选择,再按照规定的笔试与面试的权重比例,综合算出应聘者的总成绩,决定录用人选。

值得注意的是,由于各测试项目的权重不一样,录用结果也会有差别。假设某次招聘中要在甲、乙两人中录用一人,两人的基本情况与考核得分综合不相上下,到底录用谁,关键要看不同项目的权重系数。

3. 结合式

结合式是指选拔过程中的测试方法,由淘汰式测试和互为补充式测试共同组成,测试的顺序是首先进行淘汰式测试,再进行互为补充式测试。淘汰式测试中有一项不通过者即被淘汰,淘汰式测试全部通过者再进行互为补充式测试。最后将应聘者的总成绩进行综合,决定录用人选。

本章小结

人员甄选是通过运用一系列工具和手段对招募到的应聘者进行鉴别和考察,区分它们的人格特点与知识技能水平,预测它们的未来工作绩效,从而最终挑选出组织所需要的,填补恰当空缺职位的活动。这一阶段的工作直接决定组织最后雇佣人员的状况,因此也是招聘过程中最重要的决策环节。同时,也是技术性最强的一步。

复习思考题

1. 什么是甄选管理?
2. 人员甄选的流程是什么?
3. 如何进行工作申请表的筛选和个人简历的筛选?
4. 如何开发岗位和能力笔试试题?

5. 面试沟通过程中应注意哪些技巧？
6. 有哪些常用的面试方法？如何避免面试误区？
7. 介绍几种常见的管理评价中心方法？
8. 如何编制心理测验题目？
9. 有哪些常用的心理测验方法？
10. 背景调查包括哪些内容？
11. 体检的主要内容是什么？
12. 甄选决策的主要类型以及相应特点？

案例讨论

大数据背景下的人员甄选

科技企业创新性强，企业结构调整频繁，岗位轮替变化很大，对人才的选用育留构成挑战。作为中国互联网行业的领军企业，百度充分发挥其在人工智能和大数据方面的天然优势，组建了面向智能化人才管理的专业复合型团队："百度人才智库"（Baidu Talent Intelligence Center，TIC）。TIC 能够极大提高招聘效率，科学识别优秀管理者与人才潜力，预判员工离职倾向和离职后影响，并为有针对性的人才获取、培养与保留提供智能支持。

TIC 带来最大的变化之一，就是实现"人才"与"岗位"的智能双向自动匹配。从候选人搜寻（Sourcing）角度改变了以前依靠人力从海量简历中大海捞针的模式，通过人工智能实现从"百里挑一"到"十里挑一"的转变。以前部门管理者在向 HR 部门提出人才需求时，描述可能主观且模糊，而 HR 经理去市面上各大招聘网站大海捞针寻找简历，招聘结果还不尽人意，须反复寻找、匹配，过程烦琐耗时漫长。而 TIC 可以在整个百度招聘系统里自动搜索排列某个岗位最具价值的人才资源。例如，HR 部门提出招聘 C 语言工程师的岗位需求，TIC 系统能通过分析百度系统中所有相关员工的简历信息和工作绩效数据，立刻把市面上最符合要求的前 10 位人选资源直接搜索出来，省略了很多不必要的招聘中间环节。为百度高效寻找到相关领域的优秀人才提供了支持。

思考：
（1）如何甄选出与岗位最匹配的候选人？
（2）如何提高招聘效率？
（3）大数据的出现给招聘甄选带来了哪些新的趋势？

【实训游戏】

每五名同学一组，假如你们是 B 公司负责招聘的小组，请讨论出一个方案，明确每名同学的职责，包括谁负责通知、谁负责接待、谁负责出笔试题、谁负责考场安排、谁判阅试卷等，请对即将在 4 天后到来应聘的笔试人员做出妥善安排，在编制笔试安排表时，可参考表 6-29 的格式。

表 6-29 笔试安排表

团队成员	职责安排	备注

第七章　录用与入职管理

学习目标

- 掌握录用管理的内涵及流程。
- 了解入职管理的概念及步骤。
- 理解试用管理的意义和流程。

开篇故事

迪士尼新员工的入职培训

大家都知道有迪士尼乐园,恐怕很少有人知道迪士尼还有自己的学院。迪士尼学院是专门为迪士尼培养员工的机构,对于那些刚刚进入迪士尼的新员工来讲,首先就是要到这里来接受"洗礼"。每个新员工在迪士尼学院都要经过三个阶段的培训,分别是迪士尼传统、探索迪士尼和岗位培训。其中,迪士尼传统入职培训课程,一方面训练员工用迪士尼用语来称呼顾客、工作、员工等,明确定位并暗示演职人员如何处理他们的角色;另一方面,在扮演每个角色时,要求员工在艺术和技术之间取得平衡。

以扮演白雪公主的演职人员为例,她如果要在被游客环绕的情况下表演,前提是要接受大量的培训,掌握扮演白雪公主的艺术。为了和各个年龄段的游客接触,白雪公主要时时刻刻保持友好的态度,并且像电影中一样,扮演白雪公主的演职人员需要一定的人际交往技巧,确保她不会把游客的好奇当作烦人的事情。同时,白雪公主的身份也要求演职人员具有成为白雪公主的技术,用专业知识帮助她做身份转换。她必须完全熟悉电影里白雪公主的各个动作,并且把自己想象成自己扮演的人物,让自己真正地成为"白雪公主"。他们就是演员,就是戏精,就像迪士尼那样宣称的一样,工作就是表演。

如果你还没看过迪士尼的动画片和电影,那么恭喜你,你中奖了!迪士尼对新入职的员工都会采取一系列的培训,其中包括迪士尼的历史和文化。因为迪士尼乐园为游客提供的是沉浸于故事之中的独特体验,而培训的最好方式之一,就是让员工观看众多的迪士尼动画片,了解和熟悉迪士尼的经典故事和人物角色,一直看到让你想吐,嘴上还要说想看想看。

除了以上的内容,迪士尼还会向新员工传达它那经典的为顾客服务的四个关键因素——"安全,礼貌,表演和效率",迪士尼会让他们了解这其中的真正含义以及如何在今后的工作之中切实地履行这些标准。

团队合作也是培训中重要内容,迪斯尼世界中的"演员们"必须紧密合作,才能产生"魔法"效果。培训通过小组项目来帮助成员学习团队合作,从寻宝游戏到创建迪士尼动画人物列表,最好的团队会获得奖励,而挑战是如此有趣,以至于他们没有察觉到自己是在工作之中。

迪士尼在培训新员工时,还会因不同的地区、不同地域有着不同的特色,我们以上海和东京为例。上海迪士尼最初选择从美国过来的培训师进行培训,也挑选了一批上海大三、大四的学生到奥兰多迪士尼实习半年,以使他们对迪士尼的理念更熟悉,在感情上更接近。入职以后,这批学生有的就成了上海迪士尼的内训师,成为提高服务水平的重要手段。

东京迪士尼是怎么培训新员工的呢?以最基层的清洁工为例,他们的第一个要求就是为人要乐观、性格要开朗,决定聘用之后,又要对他们进行三天的"特别培训"。

头天上午培训的内容是扫地。他们有三种扫帚,一种是扒树叶的,一种是扫纸屑的,还有一种是掸灰尘的,这三种扫帚的形状都不一样,用法也不一样,怎么扫不会让树叶飘起来?怎么刮才能把地上的纸屑刮干净?怎么掸灰尘才不会飞起来?这几项是基本功,要用半天的时间学会,然后让每个清洁员工都记牢一个规定:开门的时候不能扫,关门的时候不能扫,中午吃饭的时候不能扫,客人距离你只有15米的时候不能扫。

下午培训的内容是照相。全世界各种品牌的代表性数码相机(现在还应该加上各种手机及滤镜的使用),大大小小数十款全部摆在那里,都要学会为止,因为有很多时候,客人会让他们帮忙拍照,东京迪士尼要确保包括清洁工在内的任何一个员工都能够帮上他们,而不是摇摇手说:"我不会用相机。"

次日上午培训的内容是抱小孩和包尿片。有些带小孩的妈妈可能会叫清洁工帮忙抱一下小孩,清洁工万万不能一接过来就把人家小孩的腰给弄断了,小孩子的骨头是非常嫩的,正确的抱法是"端",右手托住孩子的臀部,左手托着孩子的背,左食指要翘起来,顶住孩子的颈椎或者后脑。同时,还要培训清洁工们学会给小孩子上尿片,怎么包最科学,怎么叠最合理。

下午培训辨识方位。游客经常会向人问路。"小姐,洗手间在哪里?……右前方,左拐,向前50米的那个红色的房子。……小姐,我儿子要喝可乐,在哪儿可以买?左下方7点钟方向前进150米,有个灰色的房子。"每一位清洁工都要把整个迪士尼的平面图刻进脑子里,哪怕是第一天工作,也不能对问路的顾客说:"我刚来,我也不知道!"

第三天是花一整天的时间培训沟通方式和多国外语。首先是与人沟通时的姿势,必须要礼貌和尊重。例如,和小孩子对话,必须要蹲下,这样双方的眼睛就保持在一个相等的高度上,不能让小孩子仰着头说话。至于学外语,要让人在大半天的时间里熟练掌握多国外语是不现实的,所以东京迪士尼只要求他们会讲一句话的多国外语版就行了,内容是"对不起,我并不能与你顺利沟通,我这就联系办公室,让能够和你交流沟通的人来到你身边"。三天培训结束后,清洁工们才能被分配到相应的岗位开始工作。

东京迪士尼对待清洁工尚且如此花费精力去培训,而且培训的如此细致,完全到了近乎"变态"的地步,难怪东京迪士尼乐园被誉为亚洲第一游乐园,年均游园人次甚至超过美国本土的迪士尼。如此重视对于员工特别是新员工的培训,也是迪士尼能够获得成功的一大法宝。

资料来源:http://www.hrsee.com/?id=1333(有删改)

请分析:迪士尼员工的入职培训对你有什么启发?

第一节 录用管理

在运用了笔试、面试、心理测试和情景模拟等多种测试方法对应聘者进行选拔评估后,考评者根据应聘者在甄选过程中的表现,对获得的相关信息进行综合评价与分析汇总,从而了解每一位应聘者的素质和能力特点,然后根据事先确定的人员录用标准和录用计划进行录用阶段的管理。

一、录用管理概述

1. 录用管理的概念

录用管理是指对录取、任用人员的引进、安置、培训、考核、评估、正式录用等工作的过程管理。它是企业招聘工作的关键环节。具体地说,人员录用是指从招聘阶段层层筛选出来的候选人中,选择符合企业需要的人,并做出最终决定,通知其报到并办理入职手续的过程。

人员录用对企业来说至关重要。研究表明,同一职位上的最优员工比最差员工的劳动生产率至少高 3 倍,这意味着在人员进入企业之前就要进行有效的识别、甄选,挑选出有相应技能、知识和经验,同时又愿意为企业工作的人,这样才能为提高劳动生产率,节约生产管理成本打下基础。

2. 录用管理的意义

(1) 人员录用关系到企业人力资源管理活动的成败

人力资源管理的目的在于科学管理企业中的员工,让他们可以充分发挥其效能,使企业的人力资本投资得到最大的收益。员工的能力与岗位是否匹配是企业获得优良绩效的关键。员工能力与岗位相匹配,工作就会得心应手,易于取得成绩;员工能力与岗位不相适应,则会降低员工工作效率,进而离职率上升,并最终影响企业经营活动的顺利进行。员工能力与工作岗位结合的有效程度取决于企业人员录用决策。

(2) 人员录用有利于降低员工离职成本和培训成本

成功的人员录用可为企业节省费用,减少了雇佣不合格人员和不愿为企业工作人员的可能性,降低了员工的辞退与辞职风险,为企业节约了离职成本。同时,企业还可以减少员工培训费用,以节省培训开支。所以,企业在进行录用决策时,不能只注重人才技术方面的要求,而忽略对应聘者个性的考察。尤其是当处于社会转型时期,员工在工作要求和工作满意度出现了较大的代际差别,要充分了解应聘者最满意的工作环境,包括工作条件、技术导向、竞争氛围等多个方面,考虑本企业所提供的岗位和工作环境是否与应聘者追求的工作环境相匹配,尽量找到与企业具有一致的价值追求、能够接受企业的前景规划、能够真正融入企业的员工,这样可以有效降低将来的员工离职率,进而降低离职成本。

(3) 人员录用有利于开发员工的潜能

有效的人员录用,使应聘者可以根据自己的能力、兴趣与发展目标来选择企业及其工作岗位,促使员工的个人潜能的充分发挥。有助于激发和调动员工学习的自觉性和热情,促使员工主动学习有关知识技能,不断提高自身素质。

（4）人员录用有利于员工激励机制的形成

有效的人员录用会使企业内员工产生压力和竞争，感受到岗位的挑战，从而对员工产生激励作用。一个企业的内部竞争是企业得以进步的动力源泉，只有让员工切实地感受到岗位压力，才能使其不断地提高个人的素质，从而使企业的整体实力得以提高。有效的人员录用为企业内的员工与企业外的应聘者提供了公平竞争的机会。通过一系列的笔试、面试与其他方式测试，每一个应聘者均有机会展示自己的才能，企业也可达到广招人才的目的。

（5）人员录用有利于企业与个人共同发展

有效的人员录用，可以保证企业对员工的投入能获得回报，也有利于企业与个人共同发展。企业对员工的投入能否得到收益、收益的大小以及收益期的长短，取决于员工的工作积极性与其劳动生产率。前者取决于员工对工作的满意度，后者则取决于员工的劳动技能、掌握的知识与经验的丰富程度。如果在人员录用过程中，员工对工作的满意度高，愿意为企业工作，而企业对员工拥有的技能、知识、经验也感到满意，则企业必然会收到高额、快速的回报。由于员工对企业满意，对工作满意，他必然会在企业中充分发挥才能，使得企业与个人得到共同发展。

3. 录用管理的流程

录用管理流程包括录用通知发放、资料审查、背景调查、办理入职手续、新员工试用与考核、新员工转正管理6个环节。

（1）录用通知发放。通过笔试、面试等环节的选拔后，经公司考核合格的应聘者，人力资源部应在做出录用决策后，及时向其发出录用通知。员工录用通知应注明具体报到时间、地点以及应携带的个人资料等。对未被公司录用的人员，人力资源部应礼貌地以电话、邮件或者信函的形式及时告知对方。

（2）资料审查。被录用的员工应在人力资源部指定的时间报到，并办理入职手续。对于未在规定时间内办理入职手续的人员，人力资源部可取消其录用资格，特殊情况经批准后可延期报到。

新员工在报到时需向人力资源部提供以下资料，如图7-1所示。

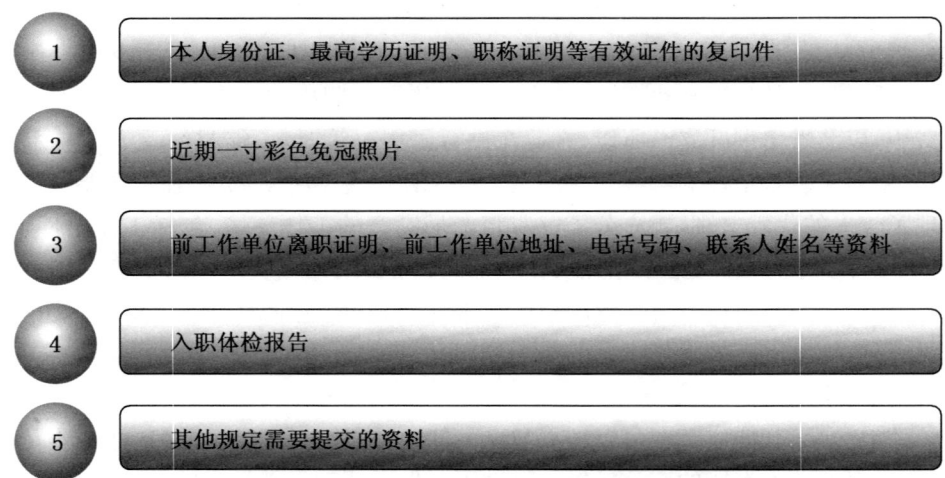

图7-1　新员工报到时需提交的资料

（3）背景调查。人力资源部接收到新员工的相关资料后，应仔细审查，避免出现身份不符或证件虚假等情况。人力资源部可根据情况对新员工做有关背景调查，调查的主要内容包括员工学历水平、工作经历、综合素质等。

（4）办理入职手续。新员工交付有关证明后，需填写"员工登记表"，由人力资源部为新员工建立个人档案；员工一经录用，公司将按国家劳动法有关规定，与新员工在平等、自愿、协商一致的基础上签订劳动合同；人力资源部为新员工发放考勤卡及其他相关办公用品；办理新员工入职手续后，由人力资源部通知用人部门做好相应的工作安排。

（5）新员工试用与考核。新员工进入试用期后，人力资源部负责对新员工进行岗前培训，用人部门对其进行相关的岗位培训。人力资源部和用人部门对试用期员工的表现共同考核与鉴定。新员工在试用期提出辞职的，人力资源部门应与其进行离职面谈，了解其辞职原因并做适当挽留；若谈判失败，则双方终止劳动关系。新员工在试用期内，因表现不佳或能力不符合要求的，用人部门应以书面形式通知人力资源部，经核准后可予以辞退。

（6）新员工转正管理。新员工试用期结束前，由人力资源部通知其填写"转正申请表"，同时公司根据其表现做出相应的人事决策。如考核未通过，将视情况予以辞退。

经考核通过的新员工，人力资源部为其转正，在为新员工办理转正手续后，将转正员工相关资料存档，更新人事档案。

二、录用决策管理

人员录用是依据选拔结果做出录用决策并进行安置的活动，其中最关键的内容是做好录用决策。

录用决策是依照人员录用的原则，避免主观武断和不正之风的干扰，把选拔阶段多种考核和测验结果联系起来，进行综合评价，从中择优确定录用名单。做出录用决策既是过程又是结果，结果包含在过程中。

1. 做出录用决策

在招聘过程中，甄选的目的就是为了有效地对应聘者做出判断，正确做出对申请者的接受或拒绝的决定。为了保证评价应聘者过程中信息的完整性，还需要一系列的信息整理和分析的过程。做出录用决策的过程包括总结应聘者信息、分析录用决策影响因素、确定录用决策标准、决策方法的形成、做出录用决策5个环节，每个环节逐一顺利完成，录用人员就已基本确定。

具体的过程如图7-2所示。

（1）总结应聘者的有关信息

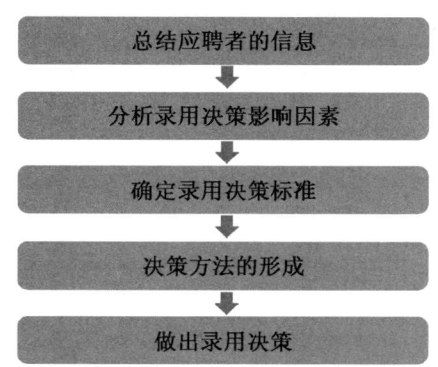

图7-2 录用决策程序

评价小组或专家委员主要关注应聘者"现在能做什么""愿意做什么""将来可能做什么""志向是什么"等方面的信息。根据企业发展和职位需要，专家最终应将注意力集中在"能做"和"愿做"两个方面。其中，"能做"指的是知识和技能，以及获得新的知识和技能的能力

（或潜力）；"愿做"则指工作动机、兴趣和其他个人特性。这两个因素是良好工作表现所不可缺少的，用简单的公式表示如下：

$$工作表现 = 能做什么 \times 愿做什么$$

"能做"的因素可以从测试得分和经核实的信息中获得；对"愿做"的因素的判断则较为困难，可以从面试中的回答和申请表的相关信息中推测应聘者"愿做"的信息。

（2）分析决策的影响要素

根据能岗匹配原理，不同的职位权级配置不同能级的人员，相应的录用决策也会出现差异。例如，对高级管理人员的决策方法就不同于一般的文职人员和技术人员。在做出录用决策时，一般要考虑以下因素：注重应聘者的潜能发挥，还是根据企业的现有需要；现有的薪酬水平与应聘者的要求的差距；以目前对工作的适应度为准，还是以将来发展潜力为准；合格和不合格是否存在特殊要求；超出合格标准的人员是否在考虑范围之列。

（3）确定录用决策的标准

在全面了解所有应聘者的情况后，就要确定录用决策的标准。人员录用的标准是衡量应聘者能否被企业选中的标尺。从理论上讲，它是以工作描述与工作说明书为依据而制定的，又称为因事择人。但在现实中，它将随着招聘情况的不同而有所改变，在人员录用中，有三种录用决策的标准，具体如下。

① 以人为标准。以人为标准，即从人的角度，按每人得分最高的一项给其安排职位。这样做会带来一个问题，即可能出现同时多人在该项职位上得分都最高，结果只能选择一个而把优秀人才拒之门外。

② 以职位为标准。即从职位的角度出发，每个职位都挑选最合适的人来做，但这样做可能会导致一个人同时被好几个职位选中。尽管这样做的企业效率最高，但只有在允许职位空缺的前提下才能实现，因此常常是不可能的。

③ 以双向选择为标准。单纯以人为标准和单纯以职位为标准，均有欠缺，因此结合使用这两种方法，即从职位和人双向选择的角度出发，合理配置人员。这样的结果可能并不是最合适的人去做每一项职位，也不是每个人都安排到其得分最高的职位上去，但因其平衡了两方面的因素，又比较现实，从总体的效率来看是好的。

（4）选择决策方法

① 诊断法。这种方法主要根据决策者对某项工作和承担者资格的理解，在分析候选人所有资料的基础上，凭主观印象做出决策。这样，每个评价人员会对候选人做出不同的评价。此时，谁是最终的决定者就显得尤为重要了。这种方法较为简单，成本较低，并得到了广泛的使用。但是，由于主观性强，评价人员的素质和经验在判断中起着重要的作用。

② 统计法。为了尽量避免因主观评价造成的偏差，在实际的录用决策中，要尽量做到量化，引入统计分析的方法。统计法比诊断法更客观一些。这种方法首先要区分各评价指标的重要性，赋予一定的权重，然后根据评分的结果，用统计法进行加权计算，分数高者即被录用。

（5）做出录用决定

让最有潜力的应聘者与用人部门主管进入诊断性面谈，最后由用人主管（或专家小组）

做出决定,并反馈给人力资源管理部门。最后,由人力资源管理部门通知应聘者有关的录用决定,办理各项录用手续。录用决定过程如图 7-3 所示。

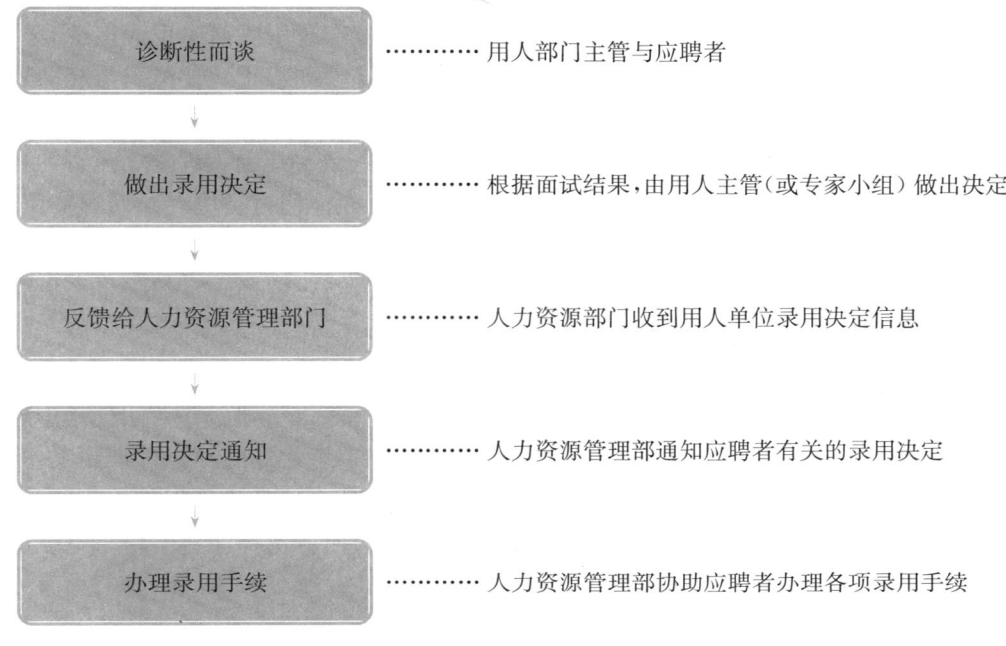

图 7-3 录用决定过程

3. 录用决策者

人力资源管理的一项重要职能就是要为企业获取合格的人力资源,尤其是在人才竞争十分激烈的今天,能否选拔录用到优秀的人才已经成为企业能否生存和发展的关键。企业的选拔录用程序作为企业重要的人力资源管理职能活动,特别是录用的决策者对人才选拔质量有着重大的影响。

在企业录用决策过程中,通常由人力资源部门的专业人员通过简历确定面试人员,也可由人力资源部门和用人部门依顺序面试或共同面试(有的企业是面试小组),用人部门对录用起主导作用。此外,部门经理以上的职位,还需经公司高层或专家来面试做出决策。

(1) 人力资源专业人员。

在录用选拔中,人力资源专业人员是最基本的决策者,他们应该参与人员选拔的全过程。基于他们的工作内容和相关的经验、阅历,人力资源专业人员可以为直线经理提供后者未觉察到的关于应聘者的认知。例如,人力资源专业人员能提供对应聘者人际技能面试意见,因为他们通过专业训练,对这些方面更为敏感,此外,他们还具有用于解释纸笔测验的知识。

(2) 用人部门主管。

是否录用一般由人力资源管理部门具体负责决定。他们常常为部门经理提供经过筛选的候选人名单,并由用人部门主管做出最终决策。用人部门主管是直接领导和管理员工的人,是业务方面的专家,因而录用决策通常也吸纳用人部门主管的参与。用人部门主管的参与程度与其对管理工作深度和水平相一致。因为主管如果参与不熟悉的领域,其决策的有效性是值得质疑的。

（3）工作团队。在工作团队越来越普及的今天,有的企业已经在尝试由工作团队来共同筛选并做出录用决策。为了工作的顺利开展,有的企业在录用决策中也让员工有一定的发言权。在公开竞聘中,民主评议在总体评价中占有决定性的权重。让员工与应聘者进行面谈,员工可以表达他们愿意选择谁的愿望。这些尝试无疑给招聘工作带来了新的挑战。

（4）员工。传统上,员工不是录用决策者,但这一传统受到当前管理学中流行的自我管理团队的影响。自我管理团队中的员工越来越多地被授权他们自己决定录用哪些应聘者。也就是说,员工在录用决策中有越来越多的发言权,这样也有助于员工更好地认同企业目标,培养主人翁意识。当然,员工作为录用决策的参与者,需要掌握一定的关于人员聘用方面的知识与技能。

在进行录用决策时,录用决策者需要注意几点问题。第一,如果人力资源部门与用人部门在人选问题上的意见有冲突,应尊重用人部门的意见。第二,企业应该尽可能地选择那些具有与企业文化相吻合的个性特点的应聘者,即使他们缺乏相应的知识背景和工作经验。因为相对而言,知识经验可以通过培训而获得,而一个人的个性品质是很难改变的。第三,不一定总是选择雇佣应聘者群体中总体条件最好的人员,而应选择那些条件与空缺职位要求最接近的人,否则会造成人才浪费或抬高人力成本。最后,人力资源部门应将所有人员招聘与录用的资料存档备案,以备查询。

4. 录用决策误区与纠偏

（1）录用决策的误区

① 岗位任职资格不明确。

招聘前,公司没有确立明确的任职资格以及确定候选人胜任的关键素质模型。例如,总经理只是简单地要求"名牌大学中文专业的研究生或者本科生",此要求非常抽象,不具体。

② 缺乏科学的录用决策流程。

对简历的筛选没有标准,简单、随意,没有科学的简历评估体系。

录用前的面试不规范、不科学。对于候选人的面试非常随意,没有建立科学的甄选体系,没有进行全面的测评,仅以决策者的感觉为主。人力资源管理人员在候选人基本情况审核方面失察,过于信任猎头公司,没有对候选人的学历、经历等基本情况进行考察,也没有填写相关登记表、审查证件等。录用决策的最终决定权在总经理。

录用决策随意性。没有科学的录用决策体系,候选人的合适与否以总经理是否满意为判定标准,而不是按照任职资格所需要的素质能力模型进行判别。

评价标准不清晰。为了防止决策时依据的标准不统一,造成用人失误,在人力资源管理部门和用人部门之间应该建立相同的评价指标。

没有进行录用前的背景调查,以及学历、资质验证等,草率决定。决策之前未对甄选过程中模糊的细节进行澄清,因而导致录用决策失误。所以对甄选中存在的疑惑之处,必须先澄清,然后才能做出决策。

③ 录用决策团队缺乏一致性。

决策团队小组成员之间不协调。录用决策的关键点在于录用决策小组成员之间有一致的判断标准,才能保证评价结果的客观、真实。

④ 中介机构选择的随意性。对猎头公司的选择存在随意性,没有对猎头公司进行筛选和考评。猎头公司对候选人的学历、资历进行了包装,而人力资源部门又没有进行认真的考察和核实。

(2) 录用决策误区的纠偏措施

① 进行需求分析。明确招聘的目标,了解企业为什么要招聘该岗位,目标岗位的职责是什么,什么样的人可以满足目标岗位的需要,岗位创造的价值是什么,在此基础上制定符合企业战略目标的人才甄选录用模型。

② 制定企业的招聘录用标准。企业应该事先形成统一的评价标准,制定企业录用标准。招聘录用标准包括企业的用人观、目标岗位的任职要求和岗位的胜任能力模型。岗位的任职要求即通过职位分析确定岗位职责及能力素质要求。岗位的胜任能力模型即根据岗位职责及胜任能力模型确定招聘测试的内容与方法。招聘之前,在岗位分析的基础上,由人力资源部协调各部门统一评价指标,并对相关人员进行培训。录用决策的最重要依据是人与岗位的匹配,做出录用决策的人,应该能清楚地解释决策的依据。

③ 强化录用决策团队的一致性。企业应该明确招聘录用决策中人力资源管理部门与用人部门的责任。人力资源管理部门承担决策中的专业性工作,帮助各部门管理者挑选合适的人选。用人部门则对岗位角色更为熟悉,了解岗位对人员的资格要求。双方必须密切配合,共同完成招聘任务。

④ 完善录用决策流程。制定有效的简历识别和筛选流程以及目标岗位简历筛选的标准。设计和制定面试标准,包括不同岗位类别面试考官的确定,面试考官的分工以及面试执行标准、实施流程等。

(3) 录用决策中应该处理的几种关系

① 职得其人与过分胜任的关系。建议职得其人,因为在"过分胜任"情况下,工作岗位本身对任职者难以形成吸引力,不利于员工队伍的稳定。

② 当前需要与长远需要的关系。首先解决的问题是满足当前需要,长远需要应当视具体情况而定。

③ 工作热情(忠诚)与能力适用性的关系。招聘方法难以预测人的忠诚度,所以招聘应当更加关注应聘者与应聘职位的适合度问题。

④ 企业发展阶段与用人策略的关系。企业处于不同的发展阶段,对于人的胜任要求的倾向性会有变化,根据不同的企业发展目标,也会选择不同的人去承担任务,这是毫无疑义的。

⑤ 班子搭配与个体心理特征的互补性的关系。应当强调人员之间的互补性,这样才有利于员工队伍的稳定。互补性的关键在于,招聘中既要关注应聘者是否具备所需要的胜任特征,也要明确有哪些不足是应当容忍的。

三、录用通知

通知应聘者是录用工作的一个重要部分。通知一般有两种:一种是录用通知,另一种是辞谢通知。两种通知是完全不一样的,一个是给人带来好消息,另一个是给人带来坏消息。

当然,写录用通知相对更容易,因为无论如何措辞,该内容都是被通知者乐于阅读到的;而写辞谢通知则相对比较困难,因为无论如何措辞,被通知者都很难高兴起来。

1. 通知被录用者

在通知被录用者方面,最重要的原则是及时。录用通知晚发一天,有可能损失重要的人力资源。所以录用决策一旦做出,就应该马上通知被录用者。在录用通知书中,应该讲清什么时候开始报到,在什么地点报到,应该如何抵达报到地点等详细信息。当然,也要记得欢迎新雇员加入本单位。在通知中,让录用的人知道他们的到来对于企业提高工作效率有很重要的意义。这对于被录用者是一个很好的吸引手段。对于被录用者,应该用相同的方法通知他们被录用的信息,不要有的人用电话通知,有的人用信函通知。公平一致地对待所有的被录用者,能够给人留下好印象。

在录用通知书中,要让被录用的人员了解到,他们的到来对于企业发展有重要意义。应该说,这是企业吸引人员的一种手段,同时也表明企业对人才的尊重。图7-4给出了录用通知书的示例。如果用电话通知一个应聘者没有被录用,那么所有的申请者都应该用电话通知。每一个参加了面谈的人都应该接到一个及时的答复。辞谢信最好是以信函的形式来通知。图7-4为录用通知书的范例。

录用通知书

尊敬的先生/女士:

我们上周五与您的会面是很愉快的,因此现在很高兴地通知您,我司向您提供所谈职位。

接受该职位的工作意味着您应该先完成职能范围内的工作职责,您的工资按照我们商谈的结果确定。

我们很希望您能够接受该职位的工作,并将为您提供良好的发展机会和工作环境。

我们很希望在#年#月#日之前获得您是否接受该职位的消息。如果您有什么问题,请尽快与我联系。我的联系电话是##,期望尽快得到您的回答。

此致

敬礼!

人力资源部经理:

年　　月　　日

报道须知:

报到时请携带录用通知书;

报到时须携带本人2寸照片1张;

报到时须携带身份证、学历学位证书原件和复印件;

指定医院体检表。

图7-4　录用通知书范例

2. 辞谢通知

在选择过程中的任一阶段,应聘者都可能被拒绝。如果初步面试表明应聘者明显不符合要求,则对其伤害的可能性较小。对大多数人来说,求职过程是最不愉快的经历之一,大多数企业认识到了这一点,并努力使应聘者尽可能保持平静,但是告诉人们他们未被录用仍然是件难事。一般而言,人力资源部工作人员会选择写一封拒绝信通知应聘者。真正以人为本的企业,不会粗暴地对待任何一位哪怕是与公司要求相差很多的应聘者。向未被录用者发出辞谢通知,感谢其对公司的关注,是企业招聘流程中一个不可缺少的环节。如何做好对未被录用者的处理工作是企业筛选工作的一个重要组成部分。

（1）对未被录用者处理工作的基本宗旨

对应聘者给予本单位的关注和支持,表示诚挚的感谢之情。企业的生存离不开来自社会各个方面的支持,即使应聘者没有被录用,至少也给企业带来了宝贵的人气,企业理应表达谢意。

对应聘者表示尊重。未被录用者不等于不具有才能,或许只是在此时此刻双方的所供所需未能达成一致,不录用不是对应聘者才能的否定,而是为应聘者在未来更合适的工作岗位上,更有效地发挥其才能提供便利。

未被录用者可以是企业未来合作者的储备库。通过筛选,企业获得了大量应聘者的信息,较多的接触也会给双方留下深厚的感情。毫无疑问,当企业进一步发展壮大或转行改业而急需新的人才时,那些失之交臂的未被录用者将最有可能成为被录用者。

展示企业风采。对待未被录用者都能够彬彬有礼,充满人文关怀,那么对待合作者更能以人为本,这充分展示了一个企业的形象。

（2）辞谢通知的方式

辞谢通知的方式可分为口头方式和书面方式,但采用书面方式会更好。可以用电话通知、邮件通知和信函通知三种方式进行。

（3）辞谢通知的模板

公司答复未被录用者时尽量用书面的方式进行通知,并且有统一的表达格式。这样做,一方面可以保持公司形象的统一;另一方面,对待每一位应聘者都很公平。此外,做好统一的辞谢通知书的模板也能使操作简便。图7-5给出了辞谢通知书的示例。

辞谢通知书

尊敬的先生/女士:

十分感谢您应聘我们公司的职位。您对我们公司的支持,我们不胜感激。您在应聘该岗位时的良好表现,给我们留下深刻的印象。但是由于我们名额有限,这次只能割爱。我们已经将您的个人信息存入我们的人才档案库,并会在其中保留至少一年,在此段期间内,如果公司有了适合您的空缺职位,我们将立即与您联系。

感谢您能够理解我们的决定。祝您早日找到理想的工作。

对您热诚应聘我们公司,再次表示感谢!

人力资源部经理:
年　　月　　日

图7-5　辞谢通知书

在发给应聘者的拒绝信中，首先要表达对其关注本公司的感谢，其次要告诉应聘者，未被录用只是一种暂时的情况，并且要把不能录用的原因归结为公司目前没有合适的岗位，而不要归结为应聘者能力和经验等因素。在拒绝信中通常不必说明具体的原因，也不必将公司的选拔标准写在信中。拒绝信使用的语言应该简洁、坦率、礼貌，同时应该具有鼓励性，并表示愿意与应聘者建立长期的合作关系。

3. 拒聘的处理

企业经常会遇到应聘者接到录用通知而不来就职的情况。如果拒聘的人员正是企业所需要的优秀人员，则企业的人力资源管理部门甚至最高层主管应该主动与之取得联系，采取积极的争取态度。如果候选人要求更多的报酬，企业可以与其进一步谈判。因此在打电话之前，对于企业在这方面还能够做出怎样的妥协，尽量应有所准备。如果在招聘活动中，企业被许多应聘者拒聘，就应该反思招聘过程可能存在的问题。另外，企业从拒聘的调查中，也可以获得一些对今后招聘工作有用的信息。

四、录用面谈管理

1. 录用面谈的重要性

通过录用面谈，可以加强企业对新员工的进一步了解，面对面的交流所得到的信息量远远大于其他方式。同时也能加强新员工对企业的了解，能使新员工愉快地上岗、快速入岗和适岗，并为新升迁的老员工排除由于岗位变动带来的新矛盾。

2. 录用面谈的执行者

谁来执行录用面谈要根据录用岗位级别的高低来决定。通常录用高级管理人员，由董事长、总经理或人力资源专家顾问来执行。如果是中层管理人员，由分管的公司领导（副职）来执行。如果是基层管理人员，由部门主管或分管领导来执行。普通员工的录用则由人力资源部主管来执行。录用面谈的执行者一定要心胸宽阔，关心爱护录用的人员，具有换位思考的能力和良好的沟通能力，能理解他人的困难并努力地帮助他们克服困难。

3. 录用面谈的场所

通常可在执行面谈的主动方的办公室进行，但根据被录用者的层级，也可以选择其他更加休闲的地方进行，如到咖啡馆一起喝咖啡，也可到公园一起散步交谈，还可以有许多更丰富的选择，如一起划船、登山等。

4. 录用面谈的内容和方法

新到岗的员工根据招聘渠道不同可以分为两类：一是外部招聘进来的新员工；二是通过企业内部竞聘到新岗位的员工。对于外部引进的新员工，进入企业后尽量安排相关的负责人，就工作职责、企业规章制度、企业文化、企业结构等与其进行沟通，这样可以加深彼此的了解，有利于以后工作的开展。对于通过内部竞聘到新岗位的员工，可安排一个指导人对其重点讲解与工作岗位职责相关的事项，帮助其尽快熟悉岗位。

五、录用流程管理

员工录用流程包括以下 8 个阶段。

1. 汇总招聘成绩，拟定录用名单
2. 发放录用通知

录用通知书的内容包括企业名称、录用部门及岗位、薪酬、入职报到的时间、入职报到需携带的材料等。

3. 资料审查

验证入职资料的真伪，并查看背景调查和入职体检信息。入职报到材料包括身份证、学历和学位证书及其他相关证书的原件和复印件，还有离职证明、近期照片及其他简历上提及的证明录用人员能力和素质的材料等。

4. 办理入职手续

根据面试与录用管理制度为员工办理入职手续。

5. 试用期培训

新员工入职培训的内容包括企业文化、企业制度、职责权限、工作流程等。培训人员包括人力资源部培训人员、用人部门主管或项目负责人。

6. 试用期考评

根据国家和公司试用期管理的规定，对员工的业绩、能力和工作态度等进行考核，包括是否胜任目前的工作，是否认同企业文化，是否能与领导及同事和睦相处等。

7. 办理转正手续或辞退

根据试用期考评结果做出相关录用决策，一是考核未通过的员工，为其办理辞退手续。二是考核通过的员工，由部门主管或负责人签字，经人力资源部审核后办理转正手续。

第二节　新员工的入职管理

新员工的入职管理是员工管理的起点，入职管理成效的好坏直接关系到员工管理工作后续的开展。如何做好员工的初期管理，成功地实现新员工的企业社会化，使他们更快地融入企业、工作中，对员工和企业来说都很重要。员工入职工作主要包括入职体检、办理入职手续、签订劳动合同、入职引导和入职培训五项内容。

一、入职体检管理

员工正式入职之前，需进行身体健康检查，目的是了解员工的身体健康，以便更好地为此工作。企业可在录用通知上告知被录用者提交医院出具的体检报告。当然，如果企业有条件和规定，人力资源部应该根据规定统一企业新员工体检。

入职体检管理应注意以下事项。

（1）在通知体检时，负责入职管理的人员要告知应聘者"体检当天早晨禁食，体检前一天晚上禁食油腻的食品，注意休息"的信息以及体检的时间、详细地点等。

（2）防止其他人代替体检。应规定体检表上必须贴上体检本人的照片，特别是在抽血时，并请负责体检的医生帮助核对照片，防止作假。

二、入职手续管理

新录用员工接到公司录用通知后,在规定时间内到公司报到。人力资源部负责为新员工办理入职手续,包括以下事项。

1. 验收相关证件

相关证件包括身份证、学历证书、毕业证书、离职证明、照片、职称证书、英语等级证书等。

2. 员工入职体检

用人单位可统一企业员工入职体检,也可要求员工提供相关医院出具的体检报告。

3. 填写入职登记表

入职登记表包括员工个人信息、联系方式、所属部门、所任职务、工作经历、所受教育、培训经历等。

4. 签订劳动合同

视具体情况签订固定期限、无固定期或以一定工作任务为期限的劳动合同。

三、劳动合同签订

员工入职管理中,最重要的一项工作便是签订劳动合同。劳动合同也称劳动契约、劳动协议,是指劳动者同企业、事业、机关单位等用人单位为确立劳动关系,明确双方责任、权利和义务的协议。劳动合同一般以书面形式体现。

1. 劳动合同必备条款

按照国家劳动合同法规定,一份劳动合同至少应该具备以下条款。

(1) 用人单位的名称、住所和法定代表人或者主要负责人。

(2) 劳动者的姓名、住址和居民身份证或者其他有效身份证件号码。

(3) 劳动合同期限。

(4) 工作内容和工作地点。

(5) 工作时间和休息休假。

(6) 劳动报酬。

(7) 社会保险。

(8) 劳动保护、劳动条件和职业危害防护。

(9) 法律、法规规定应当纳入劳动合同的其他事项。

2. 劳动合同期限及试用期规定

按照国家法律法规相关规定,签订不同期限的劳动合同,其试用期规定是有所不同的。

(1) 合同期限在3个月以上不满1年的,试用期≤1个月。

(2) 合同期限在1年以上不满3年的,试用期≤2个月。

(3) 3年以上固定期限和无固定期限合同,试用期≤6个月。

3. 同一用人单位与同一劳动者只能约定一次试用期。另外,还应注意如下两种情况。

(1) 以完成一定工作任务为期限的劳动合同或者劳动合同期限不满3个月的,不得约定试用期。

（2）试用期包含在劳动合同期限内。劳动合同仅约定试用期的，试用期不成立，该期限为劳动合同期限。

同时，在与新员工签订劳动合同时，人力资源部还应制作劳动合同签收备案表，以方便劳动用工管理，如表 7-1 所示。

表 7-1 合同签收备案表

合同编号	员工姓名	劳动合同期限		签收日期	员工签名	备注
		起始日期	终止日期			

下面是劳动合同的样本，供读者参考。

劳动合同样本

甲　　方：　　　　　　　　　乙　　方：
法人代表：　　　　　　　　　联系方式（家庭电话）：
公司地址：　　　　　　　　　身份证号码：
根据《中华人民共和国劳动法》和_____省/市/县/镇相关劳动法规规定，甲、乙双方本着自愿、平等的原则，经协商一致，自愿签订本合同。

一、劳动合同期限

本劳动合同类型为固定期限劳动合同。

其中试用期为_____个月，合同期限为_____年，自_____年_____月_____日至_____年_____月_____日止。本合同生效日期_____年_____月_____日。

二、工作内容

乙方同意根据甲方工作需要，在_____部门从事_____岗位的工作。乙方应按时、保质保量地完成甲方指派的工作任务。

三、工作时间

甲方安排乙方执行_____工作制，每周上班时间_____小时，上班时间_____时至_____时。

甲方安排乙方加班的，应安排乙方同等时间补休或依法支付加班工资；加点的，甲方应支付加点工资。

四、劳动报酬

1. 工资分配遵循按劳分配原则。

2. 甲方每月_____日以货币形式支付乙方工资，工资人民币_____元/月，其中，试用期间工资为人民币_____元/月。

3. 甲方工资每次月_____日发放，遇到周六、日顺延 2 天。

五、保险福利待遇

1. 甲乙双方应按国家有关部门关于社会保险的有关规定,缴纳职工养老、失业和大病医疗统筹、生育及工伤保险。

2. 乙方享有国家规定的法定假期(双休、元旦1天、春节3天、劳动节1天、国庆节3天、中秋节1天、端午节1天)。

3. 甲方为乙方提供相应福利待遇:_____

4. 乙方可参加甲方每年企业的旅游等文体活动。

六、劳动纪律

1. 乙方应遵守国家的法律、法规及甲方依法制定的规章制度;爱护甲方的财产,遵守职业道德;积极参加甲方企业的培训。

2. 乙方违反甲方依法制定的劳动纪律和规章制度,甲方可依据本单位规章制度,给予纪律处分,直到解除本合同。

七、劳动合同的解除

1. 乙方有下列情形之一的,甲方可以解除本合同。

(1) 在试用期间,被证明不符合录用条件的。

(2) 严重违反劳动纪律或给甲方带来重大利益损害的。

(3) 严重失职、营私舞弊,对甲方利益造成损失的。

(4) 泄露甲方商业秘密,给甲方造成严重损失的。

(5) 被依法追究刑事责任的。

2. 乙方有下列情形之一的,甲方可以解除劳动合同,但须提前30天以书面形式通知乙方。

(1) 不能胜任岗位工作,经过培训或调整岗位仍不能胜任工作的。

(2) 乙方患病或非因工负伤、医疗期满后,不能从事原工作也不能从事甲方另行安排的工作的。

(3) 劳动合同订立时依据的客观情况发生重大变化,致使劳动合同无法履行,经当事人协商不能就变更劳动合同达成协议的。

3. 乙方有下列情形之一,甲方不能依据本合同第六款第二条的规定解除本合同。

(1) 患职业病或者因工负伤,劳动鉴定委员会确认丧失或者部分丧失劳动能力的。

(2) 患病或非因工负伤,在规定的医疗期的。

(3) 女职工在孕期、产期、哺乳期的。

(4) 法律、行政法规规定的其他情形。

4. 有下列情形之一的,乙方可以随时通知甲方解除本合同。

(1) 在试用期内间,被证明不符合录用条件的。

(2) 甲方以威胁、暴力等手段强迫乙方劳动的。

(3) 甲方未按照本合同规定支付劳动报酬或者提供劳动条件的。

八、劳动合同的续签

本合同期限届满时,劳动关系即终止。甲乙双方经协商同意,可以续签订劳动合同,续签的期限为一年。

九、违反劳动合同的经济补偿

有下列情形之一者,甲方需按照下列标准支付乙方经济补偿金。

1. 用人单位克扣或者无故拖欠劳动者工资的,以及拒不支付劳动者延长工作时间产生的工资报酬的,除在规定的时间内全额支付劳动者工资报酬外,还需加发相当于工资报酬百分之二十五的经济补偿金。

2. 用人单位支付劳动者的工资报酬低于当地最低工资标准的,要在补足低于标准部分的同时,另外支付相当于低于部分百分之二十五的经济补偿金。

3. 经劳动合同当事人协商一致,由用人单位解除劳动合同的,用人单位应根据劳动者在本单位的工作年限,每满一年发给相当于一个月工资的经济补偿金,最多不超过十二个月。工作时间不满一年的,按一年的标准发给经济补偿金。

4. 劳动者不能胜任工作,经过培训或者调整工作岗位仍不能胜任工作,由用人单位解除劳动合同的,用人单位应按其在本单位工作的年限,工作时间每满一年,发给相当于一个月工资的经济补偿金,最多不超过十二个月。

5. 劳动合同订立时所依据的客观情况发生重大变化,致使原劳动合同无法履行,经当事人协商不能就变更劳动合同达成协议,由用人单位解除劳动合同的,用人单位按劳动者在本单位工作的年限,工作时间每满一年发给相当于一个月工资的经济补偿金。

本办法中经济补偿金的工资计算标准是指企业正常生产情况下劳动者解除合同前十二个月的月平均工资。

十、劳动争议处理

因履行本合同发生的劳动争议,当事人可以向本单位劳动争议调解委员会申请调解,调解不成,当事人一方要求仲裁的,应当自劳动争议发生之日起六十日内向企业所在地的劳动争议仲裁委员会申请仲裁。对裁决不服的,可以向企业所在地的人民法院提起诉讼。

十一、其他

1. 本合同一式两份,甲、乙双方各执一份。合同自签订之日起生效,具有同等法律效力。

2. 本合同未尽事宜,按照《中华人民共和国劳动法》、当地劳动合同法律规定和甲方的有关规定执行。

3. 本合同条款如与国家法律、法规和政策相悖时,以国家法规政策为准。

甲方(盖章):　　　　　　　　　　乙方(签字):
法定代表人(盖章):　　　　　　　　代表人(签字):
签订日期:　　　　　　　　　　　　签订日期:

四、入职引导管理

入职引导，是企业对新员工开展的有关企业文化、岗位职责、行为准则等方面的入职教育、培训和指导，使员工快速适应企业环境，尽快进入岗位角色。现代企业已经把新员工入职引导纳入企业的整体培训体系当中，新员工入职培训和引导相结合，对于企业和新员工来说是双赢的选择。进行新员工入职引导，其作用如下。

1. 从企业的角度来说，入职引导的作用
（1）帮助新员工适应工作群体和规范。
（2）帮助新员工学习企业的价值观、文化和期望。
（3）鼓励新员工形成积极的态度。
（4）协助新员工获得适当的角色行为。
（5）减轻新员工的压力和焦虑。
（6）减少前期成本。
（7）降低员工流动率。
（8）缩短新员工达到工作熟练及精通程度的周期。

2. 从新员工的角度来说，入职引导的作用
（1）更快地适应新环境。新员工通过了解企业概况、发展前景及规章制度，减少其初到新环境的紧张和不安，能够更快地适应新环境。
（2）快速胜任新工作。新员工可以尽快熟悉自己的工作，明确自己的职责，更快地胜任本职工作。
（3）快速融入新文化。企业创造了良好的人际关系氛围，新员工能有效、快速地融入企业文化，减少因不同工作背景带来的"文化冲突"，增强全体员工的团队合作意识。

3. 入职引导的内容
基于对于企业及员工个人的重要作用，入职引导的内容已基本明确，内容包含以下3个方面。
（1）熟悉工作环境。工作环境包括企业宏观环境和工作微观环境。企业宏观环境的内容包括其发展历史、行业地位、发展趋势、优势和挑战、产品和服务、企业文化等；工作微观环境的内容包括企业架构、部门职能、办公设备、生产设备、办公场所、后勤保障等。
（2）了解工作制度。企业规章制度的培训是入职引导的重点部分，也是占用时间较长的部分，且关系到员工的切身利益。包括企业各项人力资源管理制度（招聘、薪酬、培训、绩效等方面）、行政办公管理制度、奖惩管理制度、财务管理制度、安全管理制度等。
（3）认知工作岗位。根据职位说明书，向新员工介绍其所在岗位的主要职责、上级主管、工作任务、工作流程及绩效考核的具体规定等。对于技术性较强的岗位，还应安排新员工进行实操训练。

此外，与工作岗位有关的入职引导还应包括员工行为标准、着装要求、工作场所行为规范、工作休息制度、礼仪仪表等方面的培训。

五、入职培训管理

进入一个新的企业，开始一项新的工作对新员工来说是充满压力的，他们经常会发现自

己要在一个完全陌生的工作环境中与不熟悉的人一起工作。为了在新的工作岗位上取得成功,新员工必须学习新的工作方法、新的业务类型、新的工作流程,了解企业对自己的期望、企业的文化、价值观、制度体系等。

因此,企业采取措施帮助新员工完成其在新企业中的顺利过渡是非常必要的,入职培训与关怀是普遍使用的一种方法。

1. 入职培训的目的与内容

新员工培训就是向新员工介绍其工作环境,让新员工了解企业的历史、现状、未来发展计划、他们所在部门的情况、企业的规章制度、岗位职责、工作流程、企业文化、企业绩效评估制度和奖惩制度,以及让新员工熟悉他们的同事,关键是要让新员工明确企业对他们的期望。此外,还应让新员工了解到,在遇到困难和问题时应通过什么渠道来解决。不同的企业使用不同的入职培训方法,但其目的确具有共性,具体如下。

(1) 帮助新员工适应工作群体和规范。
(2) 帮助新员工学习企业的价值观、文化和期望。
(3) 鼓励新员工形成积极的心态。
(4) 协助新员工获得适当的角色行为。
(5) 减少新员工的压力和焦虑。
(6) 缩短新员工达到工作熟练精通程度的时间。

2. 入职培训的内容

(1) 公司介绍:公司的发展历程,公司的发展方向与目标,公司的企业结构及重要人物,公司的业务介绍,公司的工作场所与设施。

(2) 公司文化训练:理解公司的企业文化,公司的使命与价值观,行为标准,礼仪规范等。

(3) 制度、程序与工具:公司的基本管理制度、公司的人事管理制度、公司的财务管理制度、公司的行政管理制度、公司的信息系统管理制度、有关的管理工作流程、管理信息系统的使用、办公设备的使用、各种工作表单的使用等。

3. 入职培训的类型

入职培训可以分为上岗前的集中培训和上岗后的分散培训。

(1) 上岗前的集中培训

上岗前的集中培训的目的是要解决一些共同的问题,让新员工尽快了解企业的基本情况。可以采用发行内部刊物以及观看企业相关录像或实地参观的形式。其培训有以下3个方面的内容。首先能帮助员工了解企业,培训新员工的认同感。可采用观看企业相关录像的形式了解企业的发展历史、主要负责人、有关产品的生产经营状况、经营方针与发展目标等;其次,在上述活动的基础上,要求新员工明确自己的工作态度和人生目标,同时提供有关员工常识的宣传册,使其尽快完成角色转换;第三,请新员工讲述对企业的感想,了解新员工的思想状况和对于企业的期望。

(2) 上岗后的分散培训

上岗后的分散训练是对新员工进行所在部门的基本情况以及具体工作操作方法的培训。上岗后的分散训练可采用现场演练法或录像观摩法等。

员工上岗后进行基础知识教育的主要目标是吸引新员工,同时增进新老员工的了解,加强企业内团结合作、互相协调的精神。主要培训内容包括企业的经营理念、经营方针、发展计划、战略目标、本部门的具体要求(如着装、谈吐等方面的要求)等,通过联谊等活动增强集体意识。

员工上岗后的培训重点是帮助新员工树立社会人、企业人的观念。其内容包括表达能力的训练,如即兴演讲、指定题目的小组讨论等;了解企业对新员工的期望以及员工对企业的期望,找出相同或不同的地方进行分析与协调。

4. 入职培训的形式

新员工入职培训可以采用多种多样的形式,主要有以下几种。

(1) 讲授式。即进行课堂讲授的形式,如由各个部门的经理介绍各自部门的业务情况。

(2) 讨论式。即在老师的指导下由学员进行讨论,如开展关于企业文化的讨论,或者与老员工进行讨论交流等。

(3) 参观式。即参观公司的工作现场或者展示,加深直观印象。

(4) 演练式。即对一些行为规范和工具使用,进行现场演练操作,以增强新员工实际操作技能。

(5) 活动式。即采用游戏、团队活动、竞赛等多样化的方式进行团队合作和企业文化的培养。

(6) 多媒体式。即运用录像等多媒体的方式展示公司的发展历史和业务。

各种培训形式都有自身优点和适用的场合,在实际运用中可以根据培训的具体情况选择使用。

第三节 试用管理

企业与员工签订劳动合同后,对新员工有一个考察期,即试用期,时间一般为1~3个月不等,最长不超过6个月,企业根据员工在此期间的表现决定是否正式聘用。具体而言,试用管理包括4个方面,其中试用考核管理是对新员工在试用期间能力的鉴别,试用评估管理是对其考核结果的分级和评议,试用转正管理和试用辞退管理是对试用期满人员的结果处理。

一、试用考核管理

试用期间,员工和企业可以增进双方的了解,待员工试用期考核合格后,才能转为正式员工。

1. 考核内容

(1) 对新员工的工作能力、发展潜力、岗位匹配度、职业趋向、人品素养等方面的考察。

(2) 对新员工的纪律性、团队意识、主动性、积极性等工作态度方面的考察。

2. 考核信息来源

(1) 主管所记录的员工工作过程中的关键行为和关键条件。

（2）员工的各种培训记录。
（3）定期的工作汇报、日常总结资料。
（4）同一团队的评价、相关部门或团队的反馈意见和证明材料。
（5）主管与员工沟通过程中积累的有关信息。
（6）直接产生的工作绩效。

3. 考核方式

（1）笔试。主要针对岗位的基本工作常识和专业知识水平的测试。

（2）面试。面试一般由部门经理及以上的领导来考核，除了考察新员工专业知识的掌握程度外，还要考察其综合素质。

（3）实操演练。实操演练主要是针对技术性较强的岗位，采取的方式是让岗位任职者从事实际工作。

4. 试用期考核的基本原则

（1）实事求是原则。考核要以日常管理中的观察、记录为基础，定量与定性相结合，强调以数据和事实说话。

（2）区别对待原则。相对于正式员工的绩效考核而言，对于试用期员工的考评是综合考评，需要对其任职状况、工作态度和工作绩效做全面的评价。

（3）考评结合原则。对于试用期员工的考核，以日常的周、日、试用期结束的期终评议相结合的方法进行综合评价，力求客观、公正、全面。

（4）效率优先原则。对于考核结果证明不符合录用条件或能力明显不适应工作需求，工作缺乏责任心和主动性的员工，要及时按规定中止试用期。管理者未按公司规定而随意辞退员工或符合公司辞退条件而未及时提出辞退建议，以致造成不良后果或不良影响的，相关人员必须承担管理责任。

5. 试用期考核流程

（1）员工入职试用后，公司人力资源部为其指定入职引导人，并向其发放《新员工试用期表现记录表》。

（2）入职引导人帮助新员工熟悉工作环境、工作内容、规章制度等，使其迅速进入工作角色。

（3）入职引导人根据新员工的工作表现填写《新员工试用期表现记录表》，作为考核依据。

（4）人力资源部在规定时间对新员工企业试用考核。

（5）人力资源部汇总考核结果，并将考核结果通知试用员工。

二、试用评估管理

1. 考核等级

"优秀"，相对于试用期而言各方面都表现突出，尤其是工作绩效方面已经远超出了试用期员工的要求。

"良好"，各方面超过对试用期员工的目标要求。

"合格"，达到或基本达到对试用期员工的要求。

"不合格",达不到对试用期员工的基本要求。

2. 阶段考核与期终评议的关系

综合阶段考核和期终评议结果决定员工的转正(提前转正、正常转正、延期转正)定级与辞退。

试用期员工阶段(周月)考核结果为不合格时,取消试用资格。

试用员工阶段月评议结果为优秀时,可由部门安排提前进行期终评议,杰出者由部门、个人申请,报人力资源部可提前转正、定级。

其他情况原则上要执行满试用期管理程序,并参加期终评议,根据结果办理相关手续。

三、试用转正管理

试用期转正管理包括以下 3 个方面内容。

1. 到期转正

劳动合同中根据期限,均会约定新员工的试用期。对于在试用期内无重大违法、违纪行为,经过试用期的培训、考核能够胜任岗位本职工作的新员工,试用期到期日前填写相关资料并经审批后,可办理转正手续,即到期转正。

试用期员工转正与否等事宜,人力资源部应和用人部门进行沟通,并依据试用期的考核结果和考核表的记录执行。

2. 提前转正

在试用期内新员工工作勤奋,掌握工作要领及时、充分,工作表现突出,并且认同企业文化,能够很快融入工作团队。鉴于此,用人部门负责人可与人力资源部沟通,提出缩短试用期的建议,双方协商,经总经理审批后生效,此即提前转正,但新员工试用期最短不应少于 1 个月。

新员工提前转正所需填写资料表格及需要的审批流程,与到期转正相同。提前转正是对新员工工作等方面的高度认可,能够很好地激励新员工继续努力。

3. 推迟转正和延期转正

在新员工试用期阶段,由于个人原因或企业原因,也有可能发生协议变更,一般协议变更有推迟转正、延期转正等情况。

(1) 推迟转正。员工在约定的试用期内,经过培训、考核,不能很好地胜任工作,但鉴于员工工作态度良好,愿意继续学习试用,用人部门负责人在与人力资源部沟通后,可适当延长其试用期。延长的试用期到期后,如能胜任岗位则按转正流程执行,如仍不能胜任岗位则按辞职或辞退流程执行。

(2) 延期转正。新员工试用期满后,由于个人原因或公司原因没能及时办理转正手续,称为延期转正。延期转正者其试用期自动调整到转正手续办理完毕为止。

四、试用辞退管理

试用期辞职是指在试用期内,员工经过对新环境的了解及对新工作的熟悉和接触,感觉自身对新工作不适应或由于其他原因不愿继续在公司工作,主动提出离职要求。

试用期辞退,即在试用期内由于新员工有重大违法违纪行为、严重违反公司规章制度、不能胜任工作且态度不端正、不认同企业文化等一种或几种情况发生时,用人部门负责人在与人力资源部沟通后,依公司规定终止对该员工的试用。辞退的情况具体包括以下两种。

(1) 试用期内未通过考核的新员工,符合其他岗位要求的,可以调到其他缺员岗位并在新岗位开始新的试用期;不符合其他岗位要求或企业无其他缺员岗位的,给予辞退处理。

(2) 试用期间,新员工若有严重违反企业制度的行为或有明确证据证明其能力不足的情况,直接上级应将相应事实报人力资源部审核,查实后给予辞退处理。

本章小结

人员录用是人员招聘的重要环节之一,它主要涉及在对应聘者进行挑选之后,进行录取、任用等一系列具体事宜,如决定录用人员、通知录用人员、试用合同的签订,员工的初始安排、试用、正式录用等内容。入职与录用管理包括三大部分:录用管理、入职管理、试用管理。

复习思考题

1. 招聘团队如何做录用决策?请详述。
2. 如何对拟录用人员进行背景调查?背景调查主要了解哪些方面的信息?
3. 怎样做员工录用面试?请简述。
4. 新员工的录用流程是什么?请简述。
5. 入职引导和入职培训的作用有哪些方面?
6. 如何评估新员工的试用期的考核情况?
7. 试用期转正的形式有哪些?
8. 试用期辞退的情形有哪些?

案例讨论

雇员入职信息化管理实践

西门子股份公司是全球领先的技术型企业,专注于电气化、自动化和数字化领域。目前,西门子在华员工超过 32 000 名。由于人员规模庞大且区域分散,西门子(中国)有限公司通过人力资源信息系统 DOE 进行人力资源管理。

以新员工入职流程为例:员工通过面试后,会收到系统生成的录用通知邮件,邮件中有一个链接,员工点击链接,通过输入身份证号和系统发送的密码口令就能登录 DOE 系统的信息平台。由于公司对系统流程进行了划分和授权并设计了各流程的逻辑关系以确保流程逻辑的合理性,新员工进入平台后,只能打开与个人相关的流程平台进行操作。员工入职流程包括在线填写"员工入职信息表"、提交"入职信息材料"、完成"体检"等。如果没有完成前面的步骤,便无法进行后续操作。而针对入职体检,新员工在体检前,能够在平台上查看体检流程介绍。为了优化员工体验，西门子制作了不同城市的入职体检指南，员工通过扫描平台中的二维码，还能在手机端查看体检流程介绍并进行预约。完成体检后，新员工能够在线查看体检结果。当员工试用期结束时系统会自动给相应的经理发邮件，提醒其进行在线评估。如果评估结果为"通过"，整个入职流程便结束了。如果员工没有通过试用期，系统会自动生成一条 HR 待处理的任务记录，提醒 HR 后续跟进。

DOE 系统应用在新员工入职流程中，实现了入职流程自动化、标准化、集中化、透明化的目标，极大地提高了录用与入职管理环节的效率。

思考：

（1）人力资源信息化管理为何会成为人力资源管理的一大趋势？

（2）人力资源管理信息系统如何提高员工录用与入职管理的效率？

【实训游戏】

假如你是 B 公司人力资源部成员，由于公司现在需要入职体检的程序，但还没有外部体检机构，现在人力资源经理委任你调查和比较体检机构，机构只需要做一般的入职体检项目就可以。结合表 7-2，请完善体检机构调查表，你有两周的时间去完成任务。

表 7-2 体检机构调查表

机构地点	机构名称	联系方式	优势	劣势

最终选择：

选择理由：

调查人：

第八章 招聘评估管理

学习目标

- 掌握招聘评估管理的内涵和流程。
- 理解面试评估管理的意义和方法。
- 了解录用评估管理的意义和方法。

开篇故事

民企招聘的有效性评估

民营企业为了保证招聘活动能够取得良好的效果,都会设置一套比较完整的流程体系,囊括招聘渠道的选择、发布招聘信息、甄选方式的选择、人员背调、确定人选等几个步骤。但是有了这些步骤和流程,就一定能保证民企招聘的质量和有效性吗?且慢回答,我们来看看下面由 HR 人力资源案例网提供的三个案例。

案例一

深圳 R 公司前往湖南大学进行了一次校园招聘。拟招聘 12 人,收到 200 多封求职简历。招聘人员通过笔试环节,挑选了 50 余人进行面试,然后通过面试筛选出 12 人,从湖南大学招聘到硕士毕业生 3 名,本科毕业生 9 名,一举完成了招聘任务。可是好景不长,在三个月的实习兼培训的试用期过程,有 3 名员工无法完成试用期答辩,另有 3 名员工通过了试用期答辩却透露出离职意向。研发岗位一时面临青黄不接的状况。反观当时的招聘,出现了什么问题?又如何评估招聘的有效性呢?

案例二

武汉 C 公司是一家制造型企业,主打产品小家电。由于 C 公司有一整套的生产过程检测体系,产品质量颇为稳定,一直深受客户好评。2014 年初,品质经理离职,公司的品质管理一下子陷入忙乱之中。总裁要求人力资源部尽快启动多渠道的招聘。人力资源部马上行动,但网上招聘和现场招聘、包括精英招聘专场等多渠道招聘均未能招聘到合适的人员。无奈之下,人力资源部经总裁同意,通过猎头公司进行招聘,最终在 4 个月后招聘到新的品质经理。

案例三

厦门 L 公司是一家民营企业,生产日化产品,销售渠道广,海外订单多。公司的进出口工作一直颇受重视,即使是普通文员,也要求有一定的收付汇知识和进出口知识。2012 年 5

月,原商务文员离职,公司通过网络招聘,很快招到了一名员工,可不久之后,员工在试用期提出离职。随后人力资源部再次通过网络招聘,招到了一名文员,但很快人员提出离职。人力资源部反思招聘过程,认为也许是薪酬低于同行业水平导致人员不稳定,于是经总裁同意,在后来的招聘中将该岗位的薪酬提高了25%,可是即使如此,后来该岗位又有两人连续在试用期离职。

招聘环节的设置为招聘的有效性提供了流程保障,招聘的有效性评估为招聘的实际效果提供了分析比较的依据。只有通过两者相结合,总结经验,不断改进,才能从实质上提升招聘效果,做到人岗匹配、人尽其才。

资料来源:http://www.hrsee.com/?id=486(有删改)

请分析:三个小案例分别反映了什么问题?请阐述你对招聘有效性评估的理解。

第一节 招聘评估概述

招聘评估是招聘过程中必不可少的一个环节。招聘评估通过成本与效益核算使招聘者清楚地知道费用的支出情况,区分哪些为应支出部分,哪些是不应支出部分,有利于企业降低今后的招聘费用,为企业节省开支。招聘评估通过对录用员工的绩效、实际能力、工作潜力进行评估,检验招聘工作成果与方法的有效性,有利于招聘方法的改进。

1. 招聘评估的概念

招聘评估是指在招聘工作结束后对整个招聘过程中招聘的结果、成本与收益,录用人员和招聘方法等方面进行审视、统计和分析的过程,其目的是进一步提高下次招聘工作的有效性和效率。

2. 招聘评估的参照维度

企业对招聘工作评估通常可参照以下八个维度。

(1) 根据计划评估。依照计划评估主要是参考事先制订的招聘计划,评估各项工作的完成情况,这是最直接、最基础、最根本的招聘评估维度。依照计划进行评估的核心内容主要包括以下4个方面。

- 实际招聘人数与质量和计划预期进行比较。
- 各招聘渠道获得的候选人数量与质量和计划预期的比较。
- 招聘实施程序与计划的比较。
- 各项招聘指标完成情况与计划预期进行比较。

(2) 根据费用评估。招聘费用是评估招聘效果的一个重要指标。依照费用评估是指对招聘工作中的费用进行调查、核实,并对照预算进行评价,找出其中合理的部分和不合理的部分,并分析原因,便于以后制定更加合理的费用预算。

- 招聘费用评估。具体请见下文招聘成本核算。
- 招聘成本效用评估。招聘成本效用评估主要是对招聘成本产生的效果进行分析,相关指标包括总成本效用、招聘成本效用、选拔成本效用和录用成本效用。其中:

总成本效用＝录用人数/招聘总人数＊100%
招聘成本效用＝应聘人数/招聘期间费用＊100%
选拔成本效用＝被选中人数/选拔期间费用＊100%
录用成本效用＝正式录用人数/录用期间费用＊100%

- 招聘成本收益分析。招聘成本收益分析是一项经济评价指标，同时也是对招聘工作有效性进行考核的一项指标。招聘成本收益越高，说明招聘工作越有效。

（3）根据入职评估。根据入职评估通常参照的指标包括录用比、应聘比、录用成功比和入职比。其中入职比是指实际入职的人数与实际录用人数的比例。

（4）根据试用评估。根据试用评估是指根据录用人员在试用期的实际表现，对招聘工作做出评价。根据试用评估考虑的因素主要包括3个方面。

- 录用人员离职情况，比如入职较短时间就离职，则说明员工与企业或部门文化不匹配。
- 录用人员试用考核情况，试用期考核也是转正的依据，同样也能说明招聘的效果。
- 录用人员满意情况，录用人员试用期间，不仅企业会评价试用期员工的表现，员工也会对企业进行评价，新员工对企业、对招聘工作、对岗位工作的满意程度是招聘效果的重要体现。

（5）根据离职评估。离职不仅是企业和员工双向选择的结果，同时也是衡量招聘效果的重要指标。按照离职评估涉及的指标，通常包括离职人数、离职时间、离职人员在岗时间比和离职平均时间比，另外还可以根据离职成本等进行评估。

- 直接离职成本。如额外支出、付给员工的离职费用、再次招聘费用、离职面谈成本、临时性加班费等。
- 间接离职成本。如员工离职前工作效率下降、新员工入职后低效成本、顾客或企业交易的损失、留下来的员工工作效率下降、资产的潜在损失、员工士气下降等。

（6）根据时限评估。招聘时限评估主要是对招聘及时性进行的评估，通常情况下，招聘岗位空缺时间越短，说明招聘的效果越好。

- 整个招聘时限评估。企业对空缺岗位通常都有到岗时间要求，企业通常以平均职位空缺时间为招聘时限的评估标准，其反映了平均每个职位空缺多长时间后新员工才能补缺到位，计算公式如下：

职位平均空缺时间＝职位空缺总时间/补充职位数＊100%

不同招聘岗位的情况可能不同，企业应结合实际情况和以往不同职位的实际招聘时间为企业不同层级、不同类别的岗位设定合理的职位平均空缺时间。

- 各招聘工作环节时间评估。招聘者事先对招聘各环节工作时间进行分配，根据分配时限进行评估。首先看招聘工作是否达到了规定的时间要求；其次分析各个环节的实现情况，对于超出时限或者提前完成的，要做详细的分析，以使得以后招聘工作的时间计划更加合理。

（7）根据业绩评估。根据录用人员在岗位中的实际工作业绩表现进行的招聘效果评价，即对招聘质量方面的评估。录用人员的学历、专业技能、工作经验、个人能力等是招聘质量评估的基础方面，最能说明招聘质量高低的，是录用人员的岗位工作表现。

(8) 根据升迁评估。根据升迁评估也就是按照招聘者的职位升迁速度和职位等级进行招聘效果评估。升迁意味着人员能够胜任较高层级的岗位要求，也就是间接说明企业招聘效果良好。升迁评估涉及的两个指标是升迁人数及录用人数之比和录用人员升迁速度。

3. 招聘评估的指标体系

衡量人力资源招聘工作的有效性，实质上就是要考察招聘目标的实现程度。市场经济体制下，人力资源流动频率变高，人才竞争日趋激烈，无论是企业还是员工都面临着更多的机遇。而企业的人力资源招聘工作则面临着更大的挑战，突出表现为对招聘工作成效的关切，也是对人力资源招聘工作业绩的量化和价值化评价的需要。有不少学者认为，可以考虑用一些客观因素作为指标，对招聘工作进行评价，这些指标包括不同渠道来源的申请人的招聘成本、学绩、业绩、留职率以及不同的招聘者招聘来的员工的业绩差异等。详细的招聘评价体系如表8-1所示。

表8-1 招聘评价指标体系

指标类别	具体指标
一般评价值指标	补充空缺的数量或百分比
	及时补充空缺的数量或百分比
	平均每位新员工的招聘成本
	业绩优良的新员工的数量或百分比
	留职至少1年以上的新员工的数量或百分比
	对新工作满意的新员工的数量或百分比
基于招聘者的评价指标	前来面试人员的数量评价
	被面试者对面试质量的评价
	推介的候选人中被录用的比例
	推荐的候选人中被录用而且业绩突出的员工的比例
	平均每次的面试成本
基于招聘方法的评价指标	指出合格申请的数量
	平均每个申请的成本
	从方法实践到接到申请的时间
	平均每个被录用的员工的招聘成本
	招聘的员工的质量（业绩、人员变动率、出勤等）

这些学者认为，所有的评价方法最终都要基于既定资源，为工作岗位招到的申请人的适用性。这种适用性可以用全部申请人中合格数量所占的比重、合格申请人的数量与工作空缺的比率、实际录用到的数量与计划招聘数量的比率、录用后新员工绩效的水平、新员工总体的辞职率以及各种招聘来源得到的新员工的辞职率等指标来衡量。另外，企业不能忽视对拒聘的申请人的调查分析，尤其是对所提供薪资的接受与否状况进行了解，从中便可以发现许多与当时劳动力市场工资行情相关的重要信息。

朱军、夏童雨、旷开源（2006）从分析招聘有效性的基本内容和影响因素入手进行研究，并在此基础上构建了一套人力资源招聘有效性评估指标体系，如表8-2所示。他们经研究发现，影响招聘目标实现程度的因素主要包括信息不对称、工作分析不全面、招聘系统不规范以及招聘方法和招聘工作的效度、信度不高等几个方面。因此，衡量人力资源招聘工作的有效性具体内容包括以下4个方面。

第一，基于招聘结果来评价招聘工作的有效性。企业的运行需要一定的人力资源作为保证，而企业开展招聘工作正是因为职位有空缺或需要实现一定的资源更替。因此，衡量企业招聘工作成效的最直接体现就是空缺职位填补数量和及时性。新招聘员工与企业的职位、文化、制度越匹配，招聘工作就越有效。

第二，基于招聘成本来评价招聘的有效性。人力资源的招聘工作是企业的一种经济行为，比如要纳入企业的经济核算，这就要求企业应用价值工程的原理，即以最低的成本来满足企业的招聘需求。招聘的成本包括在招聘过程中的招聘、选拔、录用、安置以及员工的单位招聘成本等。因此，作为一种经济行为，招聘成本应该被列为评价行为有效性的主要内容。

第三，基于新员工的质量来评价招聘的有效性。在招聘过程中，企业对于应聘者只能简单地接触和了解，加上信息的不对称，企业只能简单地选取理论上最合适和最优秀的人员；然后通过员工进入企业后的专业技术能力、企业协调能力、用人部门对员工的满意度等的分析来验证招聘工作是否有效，这也是企业衡量招聘有效性的主要手段。

第四，基于招聘渠道、方法来评价招聘的有效性。企业的招聘渠道和方法很多，不同的渠道和方法在招聘工作中表现出来的效率是不同的。例如，不同的信息发布渠道、信息的覆盖面所吸引的应聘者的人数和结构等都不相同。面试过程中的甄选方法不同，所产生的效度即对最佳申请人预测的准确程度也不同。因此，企业在招聘过程中所采用的渠道、方法也影响着招聘的有效性。

表8-2 招聘工作有效性评估指标体系

指标类别	具体指标
基于招聘结果的评价指标	招聘的员工数量和空缺职位比
	空缺职位填补的及时性
	员工与企业制度的匹配度
	员工与职位的匹配度
	员工与企业文化的匹配度
基于招聘成本的评价指标	单个员工的招聘成本
	招聘成本
	选拔成本
	录用成本
	安置成本

(续表)

指标类别	具体指标
基于新员工质量的评价指标	员工的道德素质水平
	员工的企业协调能力
	员工的专业技术能力
	员工解决问题和进行决策的能力
	用人部门对员工表现的满意度
	员工的流失率
基于招聘渠道、方法的评价指标	招聘渠道的效率
	招聘方法的信度
	面试方法与招聘结果的关联度
	招聘周期和速度

罗锡勇(2007)基于"平衡计分卡"思想，将"企业招聘管理评价"从4个维度进行分析：包括财务维度、用人部门维度、内部流程维度及学习与改进维度，如表8-3所示。该体系不仅包括财务方面与非财务方面的指标，也包含了过程与结果方面的指标。在这个体系中，既包括了基本的招聘管理评价指标，如新员工质量、招聘成本、招聘效益、时间投入等，也包括对人力资源部的招聘者以及业务部门参与招聘工作的员工的评价。此外，还包括了内部沟通程度、环境影响等指标。这些指标构成的体系，既包含了企业招聘管理的短期评价，也体现了长期改进的作用。在这个评价指标体系中，每一个维度都有一组指标。每组指标都体现了招聘管理能力的某一方面，虽然每个维度都可能有多个指标，但并不是必须将所有的指标都进行考核，而是应当依据战略来选择，招聘管理的指标也是如此。

表8-3 企业招聘管理评价指标体系及权重

核心	维度	指标
招聘管理	财务维度	单位招聘成本
		招聘的投资效益
	用人部门建设	用人部门的满意度
		新进员工的留职率
		新员工质量
	内部流程维度	计划的完备性
		方法的科学性
		时间的投入
		环境影响
	学习与改进维度	员工满意度
		员工的培训
		内部沟通程度

无论哪种观点都是围绕着这几个根本问题来设计招聘评估指标体系的。招聘评估首先是对招聘的成本效益进行评估，其次是对录用的人员的数量与质量进行评估。在实践中，这些都是可以采用的行之有效的评价指标体系。

4. 招聘评估的作用

从企业长期发展要求分析，企业不断地需要新的人才加入，同时企业的进步也是在不断地总结变革中产生的，而评估正是起到这种作用。招聘评估的作用，具体体现在以下几个方面。

(1) 符合招聘工作纳入企业经济核算的要求

假设某公司为了提高销售工作业绩，历时4个月下大力气招聘优秀的销售经理。首先在报纸上的广告费为10 000元；又参加了招聘会，场地租金和招聘专员的费用为5 000元；最后又通过猎头公司招聘经理人员，向其缴纳的代理费为2 000元，终于寻找出了一位符合要求的销售经理。

人力资源的招聘工作是企业的一种经济行为，必然要纳入企业的经济核算，这就要求以最低的成本来满足企业的用人需求。就企业而言，人员招聘工作的成效可以由多种方法来检验。但是归根结底，所有的评价方法都要落实到在耗费既定资源的条件下，为工作岗位招聘到具有适用性的应聘者。因而通过招聘评估中的成本与效益核算，就能够使招聘者清楚费用支出情况，对于其中的非应支项目，在今后招聘中加以去除，这有利于降低今后招聘的费用。

(2) 为改进人员招聘工作提供依据

对录用员工数量的评估是对招聘工作有效性的一个重要方面。通过数量评估，分析在数量上满足或不满足需求的原因，有利于找出各个招聘环节中的薄弱之处，改进招聘工作。同时，通过录用人员数量与招聘计划数量的比较，为人力资源规划的修订提供了依据。通过对录用员工质量的评估，对员工的工作绩效、实际能力、工作潜力进行评价，有利于招聘方法的改进，又对员工培训、绩效评估提供了必要的信息。

(3) 反馈招聘者的工作情况

应聘者是企业招聘过程的全程参与者，由于身份和地位的差别，他们对招聘效果有着不同的看法。因此，招聘结束后，对录用的员工和没有录用的员工进行抽样调查。了解他们对于企业招聘的有效性和科学性的看法，是十分必要的。应聘者往往能较真实地反映企业招聘中存在的问题，特别是没有被录用的应聘者，他们的看法较为客观。从企业来说，如果企业招聘活动在应聘者眼中是高效、公正和科学的，那么，也有利于企业形象的建设。

第二节 招聘成本核算

在许多评估体系中，成本经常作为评估的重点和首要出发点。招聘成本的管理也在企业招聘管理中得到重视。招聘成本就是在员工招聘工作中所花费的各项成本的总称，包括在招聘和录用员工的过程中的招聘、选拔、录用、安置以及适应性培训的成本，也包括因招聘不慎使得员工离职给企业带来的损失，即离职成本以及重新招聘的费用，即重置成本。

1. 招聘成本

招聘成本是为了确定企业所需的人力资源、发布企业对人力资源需求的信息、吸引所需的内外部人力资源所发生的费用,主要包括招聘者的直接劳务费用、直接业务费用(如招聘洽谈会议费、差旅费、代理费、广告费、宣传材料、办公费、水电费等)、间接费用(如行政管理费、临时场地设备费用)等。招聘成本既包括在企业内部或外部招聘人员的费用,又包括吸引未来可能成为企业成员的人选的费用,如为吸引高校研究生与本科生所预先支付的委托代赔费,或向其发放的奖学金等;其计算公式如下:

招聘成本＝直接劳务费＋直接业务费＋间接管理费＋预付费用

招聘专员工资、福利、差旅费及其他管理费用等发生在招聘者身上的费用也被称为内部成本。内部成本是企业进行招聘核算时最容易忽略的部分,而实际上却占有相当大的比重。在实际工作中,有时只通过一次招聘流程并不能招聘到合适的人选,需要重复两三次,所以内部成本不容忽视。

2. 选拔成本

选拔成本由对应聘者进行鉴别选择,以便做出录用或不录用这些人员时所支付的费用。它是指企业对应聘者进行选拔、评价、考核等活动所发生的成本,具体包括通过初步面谈或处理应聘人的申请材料而进行初选的费用,对初选合格者进行深入面谈、心理测试、评价中心测试等的费用,对合格者企业答辩、进行背景调查的费用以及体格检查费用等。在某一企业中,选拔成本取决于受雇人员的类型及招聘方法等若干因素。被选拔人员所担任的职务越高,选拔的过程就越长,成本就越大。另外,在招聘成本和选拔成本之间通常也会有权衡,如果利用具有广泛影响的宣传工具来公开招聘职工,则审查成本较高;如果利用代理机构招聘职工,会减少审查成本,但将导致更高的代理费支出。选拔成本随着应聘者所需从事工作的不同而不同。一般来说,选择外部人员比选择内部人员的成本要高,选择技术人员比选择操作人员的成本要高,选择管理人员比选择一般人员的成本要高。总之,选拔成本随着被选择人员职位的增高以及对企业影响的加大而增加。

一般情况下,选拔成本主要包括:① 初步口头面谈,进行人员甄选;② 填写申请表,并汇总候选人资料;③ 进行各种书面和口头测试,评定成绩;④ 进行各种调查、比较、分析,提出评论意见;⑤ 根据候选人资料、考核成绩、调查分析评论意见,召开负责人会议讨论决定录用方案;⑥ 最后的口头面谈,与候选人讨论录用后职位、待遇等条件;⑦ 获取有关证明材料,通知候选人体检;⑧ 企业候选人体检,在体检后通知候选人录取与否。

以上进行的每一步骤所发生的选拔费用不同,其成本的计算方法也不同。

(1) 面试时间费用＝∑(每个人面试前准备时间＋每人面试时间)×面试考官工资率×候选人数。

(2) 汇总申请资料费用＝[印发每份申请表费用＋(平均每人资料汇总时间×选拔者工资率)]×候选人数。

(3) 笔试费用＝(平均每人的材料费＋平均每人的评分成本)×参加笔试人数×笔试次数。

(4) 心理测试评审费用＝测试所需时间×管理者工资率×测试次数。

(5) 测试评审费用＝测试所需时间×（人事部门人员工资率＋各部门代表工资率）×次数。

(6) 体验费＝[（检查所需时间×检查者工资率）＋检查所需器材费＋药剂费]×检查人数。

3. 录用成本

录用成本是企业从应聘者中甄选出合格者后，将其正式录用为企业的成员的过程中，所发生的费用总和，具体包括手续费、调动补偿费、搬迁费、旅途补助费等由录用引起的费用。这些费用一般都是直接费用。被录用者职务越高，录用成本也就越高。从企业内部录用职工仅仅是工作调动，一般不会再发生录用成本。录用成本的计算公式如下：

$$录用成本＝录取手续费＋调动补偿费＋搬迁费＋旅途补助费等 \qquad (8-1)$$

4. 安置成本

安置成本是为安置已录用员工到具体的工作岗位上时发生的费用。安置成本由为安排新员工的工作所必须发生的各种行政管理费用、为新员工办公所必需的装备条件，以及录用部门因安置人员所花费的时间成本而折合的费用构成。被录用者职务的高低对安置成本的高低有一定的影响。安置成本的计算公式如下：

$$安置成本＝各种安置行政管理费用＋必要装备费＋安置人员时间损失成本 \qquad (8-2)$$

5. 适应性培训成本

适应性培训成本是企业对上岗前的新员工在企业文化、规章制度、基本知识、基本技能等方面进行培训所发生的费用。适应性培训成本由培训者和受培训者的工资、培训者和受培训者离岗的人工损失费用、培训管理费、资料费用和培训设备折旧费用等组成。适应性培训成本的计算公式如下：

$$\begin{aligned}适应性培训成本＝&（负责指导工作者的平均工资率×培训引起的生产率降低率＋新职\\&工的工资率×职工人数）×受训天数＋教育管理费＋资料费＋培训\\&设备折旧费用\end{aligned} \qquad (8-3)$$

6. 重置成本与离职成本

人力资源的重置成本指目前重置人力资源应该付出的代价，包括为取得和开发一个替代者而发生的成本，也包括由于目前受雇的某一员工的流动而发生的成本，表现为离职补偿成本、离职前业绩差别成本和空缺成本。招聘的重置成本是一种间接成本，受人力资源的重置成本的影响，如空缺成本，但又有招聘行为自身的特点。这种重置成本的产生是由于招聘失误造成的。例如，由于招聘决策的失误使得企业招聘到的员工并不适合岗位的要求而造成其离职，而同时企业又不得不重新再招聘新的员工来满足企业岗位工作的需求。有报告显示，招聘新员工以取代误用员工，其耗费的成本往往高达该员工工资的2～4倍之多。

离职成本也被称为风险成本或者是机会成本。其中，补偿成本是企业辞退员工或员工自动离职时，企业应补偿给员工的费用，包括到离职时间为止的应付工资、一次性付给员工的离职金等；离职前业绩差异成本是员工即将离开企业而造成的工作或生产低效率损失的费用；空职成本是员工离职后职位空缺的损失费用，不但包括因该职位空缺所造成的直接损失，也包括因该职位空缺对相关职位工作造成的不利影响而导致的间接损失。

具体来说，员工的离职成本可以分为直接成本和间接成本两个部分。直接成本是通过检查记录和准确估计时间和资源而可以被量化的成本,主要包括:① 由于处理离职事务带来的管理成本;② 解聘费;③ 离职面谈的成本支出;④ 临时性的加班补贴;⑤ 策略性外包成本;⑥ 应付的工资和福利。间接成本要比直接成本高得多,主要包括:① 员工离职后留下来的员工生产力降低;② 替补人员学习过程中的低效成本;③ 资产的潜在损失;④ 顾客或公司交易的损失;⑤ 员工士气降低;⑥ 销售战斗力下降。

导致高离职率的原因可能是:① 公司的管理制度上存在问题;② 公司录用了不合适的员工;③ 公司在对员工的培训和管理方式上存在缺陷;④ 公司的激励机制与员工的绩效脱节。聘用一个表现不佳的员工,还可能带来更为严峻的负担,如培训的费用,由于该员工不胜任工作而产生的附加费用或利润损失、解雇赔偿等。而且,聘用到不合格的人很可能就错过了一个优秀的但未被录用的应聘者,而这个表现良好的应聘者如果刚好被公司的竞争对手聘用,那么公司在市场中的竞争优势将可能受到不小的冲击。如果企业招入一名素质较差或不符合团队文化的员工,可能会使团队的关系变得紧张,凝聚力随之下降。招聘的风险成本由于成本的无形性而容易被企业所忽视。

离职率的计算公式为:

$$离职率 = 一定时期内离职时间的数量 \div 平均劳动力数量 \times 100\% \quad (8-4)$$

当企业员工流失时,所产生的离职成本和重置成本非常高,所以必须对这两项成本进行认真的考核,具体如下。

(1) 直接离职费用包括的项目

- 离职前的面谈费用包括由于面谈引起的面谈者和离职员工的时间耗费所发生的费用。

面谈者的时间费用=(面谈前的准备时间+面谈所需的时间)×面谈者的工资率×计划期间的离职人数。

离职员工的时间费用=面谈所需时间×离职员工的加权平均工资×计划期间的离职人数。

- 与离职有关的管理活动费用=人力资源部对每一离职时间的管理活动所需时间×人力资源部员工的平均工资×计划期间的离职人数。

其中,人力资源部门对每一离职时间的管理活动所需的时间包括从工资单中删除离职员工的姓名、停止发放福利费、收回离职员工手中的公司器材设备等所花费的时间。

- 离职金=每位离职者的离职金×离职人数。
- 增加的失业税=(实际失业税率-基本税率)×(起征工资×工资不低于起征工资的员工人数+工资低于起征工资的员工的加权平均工资×工资低于起征工资的员工人数)+实际失业税率×起征工资或工资低于起征工资的员工的加权平均工资×计划期间的离职人数。

(2) 新员工补充费用包括的项目

- 职位空缺通告费用=[每个员工离职后的广告费和就业代理费+(通告职位空缺所需要的时间+人力资源部门员工的工资率)]+计划期间的离职人数。
- 雇佣前的管理活动费用=人力资源部门从业前的管理活动所需的时间×人力资源部员工的平均工资率×计划期间的应聘者人数。

- 录用面试费用＝一次面试所需要的时间×面试者的工资率×计划期间的面试次数。
- 考试费用＝（平均每人的材料费＋平均每人的评分成本）×参加考试人数×考试次数。
- 集体评审费用＝每次评审会议所需时间×（人事部门人员的工资率＋各部门代表的工资率）×计划期间的开会次数。
- 车旅费和迁移费＝每位申请人的平均车旅费×申请人数＋每位新员工的平均迁移费×新员工人数。
- 雇佣后的情况收集和报告费用＝每位新员工情况的收集和报告所需要的实践×人力资源部门员工的平均工资率×计划期间进行补充的离职人数。
- 新员工医疗检查费用＝（公司内部医疗机构检查一位员工所需要的时间×检查者的工资率＋检查一位员工所使用的器材药剂费）×计划期间的离职人数＋在公共医疗机构的人均检查费用×计划期间的离职人数。

（3）新员工培训费用包括的项目
- 工作情况介绍文献费用＝文献单位成本×计划期间替补员工的人数。
- 正式培训中的指导和培训费用＝每次培训时间×培训者的平均工资率×培训次数×替补员工的培训成本与总培训成本之比＋每位受训者平均工资率＋计划期间培训的总替补人数×培训时间。
- 指派员工进行指导或训练费用＝指导所需要的工时数×（有经验员工的平均工资率×培训引起的生产率降低率＋新员工工资率×计划期间的指导人数）。

合理的评估。招聘目的是否达到，招聘渠道是否有效，招聘流程是否流畅，招聘预算的执行是否得当，招聘时间（周期）的安排是否合理，人才测评的方法是否可靠有效，所录用人员的实际业绩如何等，这些都是我们所要认真探究的问题。有些企业仅注重对招聘效果定性的、表面的考察，缺乏对招聘绩效考核的定量、理性认识，只将是否在一定时期内找到合适的人选并安排在所缺岗位上作为招聘好坏衡量的依据；有些企业甚至只关心招聘到多少人，在招聘上花了多少时间、金钱，更有甚者认为人已经招到，工作已经完成，招聘评估便显得可有可无或多此一举。其实招聘效果的评估可以帮助我们反思招聘过程中存在的问题，对招聘工作形成一个更加清晰的认识，从而总结经验、吸取教训、降低招聘成本，提高招聘效率，进而避免招聘工作的盲目性，合理配置企业资源。

第三节　招聘评估总结

"有计划就要有总结"。招聘评估的最后步骤就是对整个招聘活动进行小结。对招聘的实施、招聘工作的优缺点等仔细进行回顾分析，撰写招聘总结报告。招聘总结报告要作为一项重要的人力资源管理资料存档，为以后的招聘工作提供信息支持。该阶段主要是通过撰写总结报告，来对招聘工作的全过程进行记录和经验总结，并对招聘活动的结果、经费支出等进行评定。虽然看似简单，但是评估总结报告是整个招聘及评估工作的书面体现，不能有丝毫马虎，要为下一次成功的招聘打好基础。评估报告的主要内容包括以下 6 个方面。

（1）招聘计划的完成情况。历数招聘计划的完成情况，并与招聘计划进行对比。

（2）整个招聘工作进程的情况。将招聘的流程和安排以及取得的成果进行汇总。

（3）招聘结果。招聘结果记录每次通过测试的人员的数量和最终录用决定。

（4）招聘经费。部分内容介绍招聘费用的使用和支付情况。

（5）招聘方式有效性分析。计算不同招聘方式下的招聘结果和招聘成本，从而考察不同招聘方式的招聘效果。在企业招聘的实际过程中，由于企业的行业、招聘岗位、招聘地区和招聘对象的不同，在评价不同招聘渠道的区别时，应分开考虑这些变量。例如，某公司因项目发展迅速，长期招聘项目负责人，他们对猎头招聘方式比较满意，而其他招聘方式则存在很多信息不对称现象。

（6）招聘工作的经验总结。总结招聘的得与失，积累招聘经验。

第四节　招聘评估方案

招聘总结报告的撰写应由招聘工作的主要负责人执笔，报告应该真实、客观地反映招聘计划、招聘进程、招聘结果、招聘经费、招聘评估等重要内容，不掩盖缺点和不足，不夸大成绩。对取得的成绩和不足之处做出客观的评价，有利于以后招聘工作的开展和招聘效率的提高。其中，搜集竞争对手的情报非常重要。搜集公司的直接竞争对手的有价值情报计划、工作方法及人员资料，能帮助我们在其下一次招聘活动开展之前进行人才招聘时，更好地抗衡竞争对手。针对竞争对手的情况总结通常包含以下方面。

（1）最优秀的应聘者为什么向竞争对手申请工作而不愿意向我们申请？

（2）应聘者为什么查询竞争对手的公司网站？

（3）如果应聘者不来我们公司求职，他们会转向哪家公司？我们公司与其他公司之间的薪水差额是多少？

（4）我们公司在招聘中最终取胜的原因是什么？

（5）哪些因素促使应聘者最终选择竞争对手提供的职位？

（6）影响我们公司招聘工作的不良因素是什么？

（7）在竞争对手的广告、网站及其他招聘方式中，哪一项对应聘者的影响最大？

第五节　面试评估管理

面试评估管理包括面试总结、对面试信度、效度的总结以及面试方案的评估管理。

一、面试总结管理

面试评估管理包括面试总结管理、面试评估管理以及面试方案的评估管理。

一般在某个岗位的面试环节完成后，招聘者需要对面试环节的工作进行总结。面试总结包括以下4个方面的内容。

1. 面试通知及面试出勤率

通过面试出勤率反映应聘者参加面试情况，一方面可以了解可供选择的人才情况，另一方面总结面试通知环节的经验，提高面试出勤率。

2. 面试准备工作

面试准备工作包括面试时间、面试地点、面试人员、面试资料准备等。考察面试准备工作是否完备，面试准备工作是否为面试进行提供了保障以及后续如何做好面试准备。

3. 面试方法总结

（1）可靠性。对某项测试所得结果的稳定性和一致性进行总结评估。通过对同一应聘者进行两次内容相当的测试，比较测试结果，其相关程度越高，说明该方法稳定性和一致性越高。

（2）有效性。通过比较被录用后的绩效考核分数与录用前的选拔得分，如果两者相关性越大，说明所选的测评体系越有效。

4. 面试官

面试官是否在面试前做好了充分的准备，面试官在面试过程中是否表现出良好的职业素养，面试官的提问或其他方面是否恰当等。

二、面试的信度与效度

随着企业对人力资源管理的重视程度的提高，越来越多的企业采用了心理测验、情景模拟、无领导小组访谈等新技术。这些技术有其自身的适用性，对于不同的行业、不同的岗位来说，其效果是不一样的。因此，对招聘采用的评价方法也必须进行评价。

对招聘评价方法的有效性可以通过计算招聘方法的信度和效度指标来评价。招聘信度是指招聘的可靠性程度，具体指通过某项测试所得的结果的稳定性和一致性。招聘效度是指招聘的有效性。

1. 信度

在员工的面试甄选过程中，会对应聘者进行不同的测试，通过测试来确定录用人选。那么如何对测试的可靠性进行评估？这一评估就是进行测试的信度评估，对信度进行评估可采用以下方法。

（1）再测信度评估。我们在两个不同的时间点对同一个人实施同一测试，然后考察第一次测试所得到的分数与第二次进行同样的测试所得到的分数之间的相关性。如果两次测试分数之间的相关度很低，说明该测试工具不具有一致性，因而其测试结果不可靠。

（2）复本信度评估。复本信度又称稳定性系数。它的计量方法是采用重测法，即用不同的测试，在不同时间对同一群体施测两次，这两次测验分数的相关系数即为复本信度。

（3）内部一致性信度评估。内部一致性信度主要反映的是测试内部题目之间的关系，考察测试的各个题目是否测量了相同的内容和特质。假如进行的测试有几个项目，这几个项目对测试对象的不同方面进行测评，实施测试后，通过统计分析反映这几个项目的总差异程度，就是内部一致信度。

2. 效度

效度同信度一样，是衡量测试方法有效性的重要评估指标。

（1）校标效度。校标效度是通过测试分子与工作绩效相关来证明测试是有效的一种效度类型。效标效度要证明那些测试中表现好的受测试者，在工作中表现亦好；在测试中表现不好的，在工作中亦表现不好。因此，测试分数高的人工作绩效高，则测试有效度。

（2）内容效度。内容效度通常是指一项测试对工作内容的反映程度。其基本程序是，从对工作绩效十分关键的工作行为角度界定工作内容，然后随机挑选一些任务和工作行为作为测试中的行为样本。

证明内容效度听起来容易，做起来难。需要证明测试中所执行的任务实际上是在工作中执行的任务的全面和随机的样本，而要证明测试发生的环境与实际工作环境类似也是不容易的。

三、面试评估方案

图8-1所示为××公司面试评估方案。

××公司面试评估方案

一、目的
  1. 检验面试方法的有效性程度。
  2. 为下次面试工作安排的改进提供依据。

二、面试评估工作小组的构成
  招聘工作评估小组由人力资源部经理、招聘工作人员及用人部门的负责人组成。

三、评估内容
  1. 面试出勤率
  主要评估参加面试人员的出勤情况，评估面试通知落实和执行标准的到位程度。
  2. 面试成本
  它由对应聘人员进行人员测评与选拔，及做出录用决定时所支付的费用构成。
  3. 面试安排情况
  主要评估面试的场地、环境、资料准备等情况的到位程度。
  4. 面试方法
  主要评估面试方法的信度和效度情况。
  5. 面试官
  主要评估面试官的专业度、职业素养、准确情况等。

四、评估总结
  面试工作结束后，面试安排工作的主要负责人应撰写面试评估报告，报告应真实地反映面试工作的过程、方法及与面试相关的情况，为企业下一次的招聘面试工作提供经验。

图8-1 ××面试评估方案

第六节　录用评估管理

企业录用评估管理包括对录用人员数量、质量、时限的总结管理,尤其是评估指标的设计。

一、录用总结管理

录用总结包括录用人员数量、录用人员质量、录用时限等内容。

1. 录用人员数量

要对比人员招聘需求数量和人员录用数量,以考核是否达到了人员需求标准。

2. 录用人员质量

录用人员质量评估是在人员选拔过程中对录用人员能力、潜力、素质等进行的各种测试与考核的延续,方法与选拔中用到的方法相似。

3. 录用人员时限

看是否在人员需求时间限制前完成录用并到岗。按时、按质、按量完成人员引进,保证用人部门的人员需求。

二、录用评估

录用评估就是根据企业招聘计划和招聘岗位的工作分析,对所录用人员的质量、数量和结构进行评价的过程。招聘工作结束后,对录用人员进行评估是一项十分重要的工作,只有在招聘成本较低,同时录用人员数量充足且质量较好时,才说明招聘工作的效率高。

判断招聘数量的一个明显的方法就是看职位空缺是否得到满足,雇用率是否真正符合招聘计划的要求。

招聘质量是按照企业的长、短期经营指标来分别确定的。在短期计划中,企业可根据求职人员的数量和实际雇用人数的比例来认定招聘质量;在长期计划中,企业可根据接受雇用的应聘者的转换率来判断招聘的质量。由于存在很多影响转换率和工作绩效的因素,所以,对招聘工作质量的评估十分不易。

可以通过以下3个方面来评估招聘录用人员的数量和质量。

1. 录用人员数量评估

(1) 应聘比。该比率说明员工招聘的挑选余地和信息发布状况。该比率越大,说明企业的招聘信息发布得越广、越有效,企业的挑选余地也越大,招聘信息发布效果越好,同时录用人员的素质可能较高;反之,该比率越小,说明企业的招聘信息发布得不适当或无效,企业的挑选余地也越小。

一般来说,应聘者比率至少应该在200%以上。越重要的岗位,该比率应该越大,这样才能保证录用者的质量。

(2) 某职位的选择率。这是衡量企业对人员选择的严格程度和人员报名的踊跃程度的一个指标。

某个职位聘用的人数与所有报名这一职位的人数之比称为选择率。如果选择率为100%,则表明每个职位只有一位申请人。出现这种情况则很难有进行有效的选择,在这种情形下,本来可能被拒绝的人常常被录用了。选择率低于100%的程度越大,管理者的可选择方案就越多。

(3)录用比。该比率反映录用人员的挑选余地。一般该比率越小,表明对企业来说可供选择的人员越多,实际录用者的素质就越高,但同时也加大了企业的招聘成本;反之,则可能实际录用者的素质较低。

$$录用比=(录用人数/应聘人数)\times 100\%$$

(4)招聘完成比。该比率说明新员工招聘计划的完成情况。如果招聘完成比等于或大于100%,则说明在数量上全面或超额完成招聘计划。比率越小,说明招聘员工的数量不足。

$$招聘完成比=(录用人数/计划招聘人数)\times 100\%$$

2. 录用人员质量评估

录用人员质量的评估是对员工的工作绩效行为、实际能力、工作潜力的评估,它是对招聘工作成果与方法的有效性检验的另一个重要方面。录用人员的质量评估实际上是对录用人员在人员选拔过程中,对其能力、潜力、素质等进行的各种测试与考核的延续,也可根据招聘的要求或工作分析中得出的结论,对录用人员进行登记排列来确定质量。员工录用质量分数是以应聘岗位的工作分析文件为依据所设置的分数等级,以此来考察员工的录用质量。也可以在一段时间后对人员使用部门进行调查,确定录用人员的质量。

录用人员质量的评价主要依据"认知匹配原理",通过 P-J(合适度)、P-O(适应度)等来考察。P-J(合适度)、P-O(适应度)是国际上著名的招聘公司 DDI 公司提出的利用 P-J-O 合适度、适应度理论指导企业招聘工作的方法。所谓 P-J(合适度)(Person-job Fit)是指人与工作的匹配程度,即职位匹配性;P-O(适应度)(Person-organizaiton Fit)则指与企业的匹配程度,如有的企业对员工的团队协作性有很高的要求。如果员工的知识、技能和工作能力能满足空缺职位,则 P-J 高;如果员工的知识、技能和工作能力与企业提供的职位有利于职业生涯的发展,则 P-O 高。当然,录用人员的质量也可以通过用人部门的满意度(如用人单位或部分对新录用员工的数量、质量的满意度,对招聘过程的满意度以及是否按照用人单位或部门的要求招聘到合适的人选等)和某职位的平均流动率或招聘重复率来考核,也可以通过所招聘录用人员的类型、职位薪金等对人员招聘选拔工作的难度进行考察。

我们也可以用下面的公式来进行定量分析。

$$QH=(PR+HP+HR)N$$

上述公式中,QH 为新聘用的新员工的质量;PR 为工作绩效百分比,如以 100 分为满分,该员工的绩效分值为 85,则 PR 为 85%;HP 为新聘员工在一年内晋升人数占所有当期新员工的比例,如 20%;HR 为一年后还留在企业工作的员工占招聘新员工的数量的百分比,如 75%;N 为指标的个数,若按以上 3 个指标假设数字计算,新聘员工的质量就是 60%。

QH 的数值只是一个参考值,并不能完全反应新员工的质量,这主要是因为绩效和吞并率并不被新员工所控制。企业内部的复杂环境导致人才流失,或者是因为企业的绩效评价系统并不完善等,这都有可能影响到新员工的最终考评结果,但该指标或多或少地能反映出新聘用员工的数量。

3. 招聘者工作评估

作为招聘工作的主体,对从事招聘工作的企业员工的评价也应当作为该评价体系中的一部分。对招聘者的评价,既是对当前招聘管理能力的评价,也是促进企业招聘管理优化的一个重要途径。对招聘者的评估实际上也就是在评估招聘工作。对招聘工作的评估除了对招聘成本、招聘效益、录用人员、招聘方式的信度和效度进行评估外,企业还应该从以下几个方面进行评估。

(1) 平均职位空缺时间

$$平均职位空缺时间 = 职位空缺总时间 / 补充职位数$$

该指标反映的是平均每个职位空缺多长时间能够有新员工补缺到位,能够反映招聘者的工作效率。平均职位空缺时间越短,特别是如果低于行业平均水平,说明招聘效率高,否则,说明招聘效率较低。当然,不能孤立地分析该指标,还应该结合招聘合格率、录用人员的质量等指标综合分析。

(2) 招聘合格率

$$招聘合格率 = 合格招聘人数 / 总招聘人数$$

如果平均职位空缺时间是从量的角度来评价招聘者的工作,那么招聘合格率就是从质的角度进行评价。这里的合格招聘人数是指顺利通过岗位适应性训练、试用期考核合格并最终转正的员工。招聘合格率高,说明录用人员对企业的适合度高。

(3) 新员工对招聘者工作的满意度

$$新员工对招聘者工作满意的百分比 = 满意度高的新员工数量 / 新员工总数 * 100\%$$

新员工对招聘者工作进行满意度评价,满意和比较满意的比例高,说明新员工对招聘工作的认可度高,这在一定程度上反映了招聘者的工作效果。

(4) 新员工对企业的满意度

$$新员工对企业满意的百分比 = 满意度高的新员工 / 数量新员工总数 \ 100\%$$

满意度高的新员工数量是指企业在进行新员工满意度调查时,对企业总体满意与比较满意的新员工数量。该比例在一定程度上反映了新员工对企业的认可程度,它在很大程度上影响新员工的工作士气与工作绩效。该比例高(如高于老员工),说明新员工的需求、动机、价值观与企业文化和企业价值观的吻合度高。

三、录用评估方案

图 8-2 所示是××公司录用评估方案,供读者参考。

××公司录用评估方案

一、目的
　　1. 检验录用工作的成果。
　　2. 为后续录用工作的改进提供依据。
二、录用评估工作小组的构成
　　录用工作评估小组由人力资源部经理、招聘工作人员及用人部门的负责人组成。
三、评估内容
　　1. 录用周期
　　录用周期是指从做出录用决策到人员实际到岗之间的时间。
　　2. 用人部门满意度
　　主要从招聘分析的有效性、信息反馈的及时性、提供人员的适岗程度等方面进行综合评估。
　　3. 招聘成本评估指标
　　(1) 录用成本
　　录用成本是指经过对应聘人员进行各种测评考核后，将符合要求的合格人选录用到企业时所发生的费用，主要包括入职手续费、安家费、各种补贴等项目。
　　(2) 安置成本
　　安置成本是指企业录用的员工到其上任时所需的费用，主要是指为安排新员工所发生的行政管理费用、办公设备费用等。
　　(3) 离职成本
　　离职成本是指因员工离职而产生的费用支出(损失)，它主要包括以下 4 个方面。
　　① 因离职前员工工作效率的降低而降低的企业效益。
　　② 企业支付离职员工的工资及其他费用。
　　③ 岗位的空缺产生的问题，如可能丧失销售的机会、潜在的客户、支付其他加班人员的工资等。
　　④ 再招聘人员所花费的费用。
　　4. 录用人员数量评价
　　(1) 录用比

$$招聘完成比 = \frac{录用人数}{应聘人数} \times 100\%$$

　　(2) 招聘完成比

$$招聘完成比 = \frac{录用人数}{计划招聘人数} \times 100\%$$

四、评估总结
　　录用工作结束后，录用工作的主要负责人应撰写录用评估报告，报告应真实地反映录用工作的过程，为企业后续的录用工作提供经验。

图 8-2　××公司录用评估方案

本章小结

　　在完成了招聘、面试、选拔与录用工作以后，企业者需要对招聘工作进行准确的评估并反馈有用信息。招聘评估管理在改善人力资源管理过程中占据举足轻重的地位，是招聘工作中不可或缺的一个重要环节。通过对招聘工作的评估与审核,检验招聘工作成果与方法的有效性,企业可以发现招聘工作中的不足以及使用的方法和渠道,从而在以后的招聘工作中利用有利因素,规避不利因素,最终实现招聘方法的改进。招聘的评估管理包括三大部分:招聘评估管理、面试评估管理和录用评估管理。

复习思考题

1. 招聘评估报告的主要内容包含哪些方面?
2. 招聘评估的指标体系包括什么?
3. 进行招聘评估的目的是什么?
4. 面试总结的内容包含哪些方面?
5. 面试评估主要评估哪些方面?
6. 如何进行面试评估?
7. 录用总结包含哪些方面的内容?
8. 如何进行录用评估?
9. 录用评估的内容是什么?

案例讨论

丰田全面招聘体系

丰田公司著名的"看板生产系统"和"全面质量管理"体系名扬天下,但是其行之有效的"全面招聘体系"却鲜为人知,正如许多日本公司一样,丰田公司花费大量的人力、物力寻求企业需要的人才,用精挑细选来形容一点也不过分。

一、全面招聘体系

丰田公司全面招聘体系的目的是招聘最优秀的、有责任感的员工,为此,公司做出了极大的努力。丰田公司全面招聘体系大体上可以分成五大阶段,前四个阶段大约要持续5~6天。

在第一阶段,丰田公司通常会委托专业的招聘机构,进行简历的初步筛选。应聘者一般会观看丰田公司的工作环境和工作内容的录像资料,同时了解丰田公司的全面招聘体系,随后填写工作申请表。1个小时的录像可以使应聘者对丰田公司的具体工作情况有个概括性的了解,初步感受工作岗位的要求,这同时也是应聘者自我评估和选择的过程,于是许多应聘者知难而退。专业招聘机构也会根据应聘者的工作申请表和具体的能力、经验做初步筛选。

第二阶段是评估员工的技术知识和工作潜能。通常会要求员工进行基本能力和职业态度心理测试,评估员工解决问题的能力、学习能力和潜能以及职业兴趣爱好。如果是技术岗位工作的应聘者,则需要进行6个小时的现场实际机器和工具操作测试。

在第三阶段,丰田公司接手有关的招聘工作。本阶段主要是评价应聘者的人际关系能力和决策能力。应聘者在公司的评估中心参加一个4小时的小组讨论,讨论的过程由丰田公司的招聘专家实时观察评估。比较典型的小组讨论可能是,应聘者组成一个小组,讨论未来几年汽车的主要特征是什么。实际问题的解决可以考察应聘者的洞察力、灵活性和创造力。同样在第三阶段,应聘者需要参加5个小时的实际汽车生产线的模拟操作。在模拟过程中,应聘者需要组成项目小组,负担起计划和管理的职能,比如如何生产一种零配件,如何进行人员分工、材料采购、资金运用、计划管理以及生产过程等一系列生产因素如何有效运用。

在第四阶段,应聘者需要参加1小时的集体面试,分别向丰田的招聘专家谈论自己取得的成就,这样可以使丰田的招聘专家更加全面地了解应聘者的兴趣和爱好,他们以什么为荣,成就什么样的事业才能使应聘的员工兴奋,从而更好地做出工作岗位安排和职业生涯计划。在此阶段也可以进一步了解员工的小组互动能力。

最后阶段,新员工需要接受6个月的工作表现和发展潜能评估,新员工会接受监控、观察、督导等方面的严密的关注。

二、丰田公司到底招聘什么人

丰田的全面招聘体系使我们理解了如何把招聘工作与员工未来的工作表现紧密结合起来。从全面招聘体系中,我们可以看出:首先,丰田公司招聘的是具有良好人际关系的员工,因为公司非常注重团队精神;其次,丰田公司生产体系的中心是品质,因此需要员工对于高品质的工作成果进行承诺;再次,公司强调工作的持续改善,这也是为什么丰田公司需要招收聪明且受过良好教育的员工,基本能力职业态度心理测试以及能力解决问题能力模拟测试都有助于良好的员工队伍形成。正如丰田公司的高层经理所说:"受过良好教育的员工,必然在模拟考核中取得优异成绩。"品质是丰田公司的核心价值观之一,因此,公司也在找寻对于工作质量有责任感的员工。小组面试的一个主要原因,就是发现员工自己最感到骄傲的成就。

丰田公司的生产体系基于决策的一致性、工作轮换制、富有弹性的职业发展路线。这就需要思路开阔、灵活、适应力强的员工队伍,而不是因循守旧的教条主义者,丰田公司的全面招聘体系正是为此而设计的。

思考:

(1) 丰田公司全面招聘体系的主要特点有哪些?

(2) 丰田公司的全面招聘体系体现了该公司的哪些核心价值观?

【实训游戏】

6个同学一组,轮番作为面试官,利用以下的面试题和评分表考察其他同学,思考自己有哪些方面有待改进。应聘职位自行设定和所学专业相关。

面试题目如下。

1. 请做自我介绍。
2. 平时喜欢什么活动,有哪些兴趣爱好?
3. 你的优缺点是什么?
4. 曾经遇到最大的困难是什么,如何解决的?

5. 你未来 3 年的规划是什么?
6. 你为什么想应聘这份工作?
7. 你认为你有哪些有利的条件来胜任将来的职位?
8. 你更喜欢独自工作还是协作工作?
9. 所学专业知识的提问(可以提问所学的专业术语)。
10. 你对待遇有什么要求?

面试官在面试完毕后,请根据应聘者的表现,将表 8-4 所示的面试评估表填写完毕。

表 8-4 面试评估表

姓名		性别		年龄	
专业		院校		学历	
应聘职位		应聘部门		应聘时间	
考评项目	考评内容	评分(分)			
仪表礼仪	穿着打扮	优(10) 良(8) 中(6) 差(4)			
	行为举止	优(10) 良(8) 中(6) 差(4)			
	形象气质	优(10) 良(8) 中(6) 差(4)			
语言表达	清晰准确	优(10) 良(8) 中(6) 差(4)			
	条理分明	优(10) 良(8) 中(6) 差(4)			
	简洁流畅	优(10) 良(8) 中(6) 差(4)			
思维反应	敏捷迅速	优(10) 良(8) 中(6) 差(4)			
	逻辑性强	优(10) 良(8) 中(6) 差(4)			
专业水平	理论知识	优(10) 良(8) 中(6) 差(4)			
	职业技能	优(10) 良(8) 中(6) 差(4)			
	总计	分			
评语(录用、待考核、不考虑):					考核人:

第三篇

应 用 篇

第九章　公职人员与外资企业人员的招聘与录用

 学习目标

- 了解公职人员招聘的政策要求。
- 掌握公职人员主要的招聘渠道方法。
- 了解外资企业招聘的流程。

 开篇故事

2020 年南京市公务员考试简章

根据《中华人民共和国公务员法》和公务员录用的有关规定,以及《江苏省 2020 年考试录用公务员工作实施方案》的精神,经省公务员主管部门批准,2020 年南京市将组织考试录用 676 名担任一级主任科员以下及其他相当职务层次的公务员和参公管理单位工作人员(含省以下垂直管理机构 90 名)。考试录用简章如下:

一、报考条件

(一) 具有中华人民共和国国籍;

(二) 拥护中华人民共和国宪法,拥护中国共产党领导和社会主义制度;

……

二、考录对象及要求

(一) 报考本市及在宁垂直管理机构职位的人员不受生源地或户籍限制(职位有特殊规定则从其规定)。

(二) 定向考录残疾人的职位,职位代码 80,考录对象为:报名时持有残联核发的第二代《中华人民共和国残疾人证》,且符合职位要求的残疾类别、等级的人员。

(三) 定向考录大学生村官的职位,职位代码 90~93,考录对象为:本市聘期满 3 年且考核合格,现仍在本市所属村(社区)任职的省、市组织人社部门选聘大学生村官。

……

三、报名程序和方法

(一) 职位查询:各招录机关的考录计划职位、考试类别、资格条件等详见《南京市 2020 年度考试录用公务员职位简介表》。可通过南京党建网(www.njdj.gov.cn)、南京人事考试网(www.njrsks.net)查询。报考人员报考前要认真阅读《简章》和《报考指南》。考录职位所要求的专业、学历、学位、技能、证书等资格条件以及基层工作经历等方面的问题,由招录机关负责解释。需要咨询时,请报考人员直接与招录机关联系,招录机关的咨询电话可以通过《南京市2020年度考试录用公务员职位简介表》查询。

(二)网上报名:报名、资格初审和缴费采用网络方式进行。报名网址是南京人事考试网(www.njrsks.net)。报考人员可选择在全省各省辖市考区参加笔试。

(三)报名时间:2019年10月29日9:00至11月4日16:00。

(四)资格初审时间:2019年10月29日9:00至11月6日16:00,报考人员网上提交报名信息48小时后,可到报名网站查询是否通过招录机关资格初审。

报考资格初审工作,市级机关由招录机关负责;区级机关和乡镇(街道)机关由该区公务员主管部门负责;省以下垂直管理部门由招录机关所属主管部门负责。报名期间,招录机关公布咨询电话,并在工作时间安排专人值班,回答报考人员的咨询。资格初审期间,招录机关根据规定的报考资格条件和拟任职位要求,依据网上报考人员提供的信息进行资格审查,并在报考人员提交报名信息后48小时内提出审查意见。

……

(六)报名注意事项:

1. 报考人员要仔细阅读诚信承诺书,应按职位要求和网上报名的规定,如实、完整、准确、规范地填写有关信息,填报专业以毕业证书或普通高校2020年应届毕业生就业推荐表为准。招录机关根据报考人员提供的信息进行审核,报考人员提供虚假报考申请材料的,一经查实,即取消报考资格。对伪造、变造有关证件、材料、信息,骗取考试资格的,将按照《公务员录用考试违纪违规行为处理办法》的有关规定严肃处理。

2. 报考人员在全省范围内只能选择一个职位报名并缴费;报名必须使用在有效期内的二代身份证;报名上传的报考人员照片为本人近期免冠正面2寸(35×45毫米)电子证件照片(jpg格式,大小为20kb以下)。报名信息提交后一般不得更改,姓名中的错别字(生僻字)经当地考试机构同意后方可修改。

2019年10月29日9:00至11月4日16:00期间,报考资格尚未审核或资格审核未通过的,可以改报其他职位;2019年11月4日16:00至11月6日16:00期间,报考资格未审核或资格审核未通过的,不能再更改报名信息,也不能再改报其他职位。

……

(七)网上打印准考证。报考人员要按规定时间到报名确认的网站下载并打印准考证,时间为2019年12月4日9:00至12月6日24:00。打印中如有问题,请与南京市人事考试中心联系,联系电话:025-83151200。

四、考试程序和方法

考试包括笔试、面试和专业能力测试。

……

五、体检和考察(政审)

根据报考人员的总成绩,按职位计划数1:1的比例从高分到低分确定体检、考察人选。总成绩相同,按笔试成绩由高分到低分排序;笔试成绩仍相同,按行政职业能力测验成绩由高分到低分排序。

体检工作由市公务员主管部门和招录机关按修订后的《公务员录用体检通用标准(试

行)》、体检操作手册、《公务员录用体检特殊标准(试行)》和《江苏省公务员录用体检工作办法(试行)》等文件规定组织实施;根据《江苏省公务员录用考察办法(试行)》等相关文件规定和拟录用职位的要求开展录用考察工作。

六、公示和录用

各招录机关从考试成绩、体检(体能测评)、考察(政审)都合格的人员中确定拟录用人员。拟录用人员名单通过南京党建网(www.njdj.gov.cn)、南京人事考试网(www.njrsks.net)进行公示,公示期为5个工作日。公示期满后,没有问题或者反映的问题不影响录用的,办理录用手续;对反映有影响录用的问题并查实的,不予录用;对反映的问题一时难以查实的,可暂缓录用,待查清后再决定是否录用……

七、招考政策咨询电话

……

资料来源:http://www.jsgwyw.org/2019/1028/66083.html(有删改)

请分析:公职人员招聘与企业招聘有何异同?

第一节　公职人员招聘与录用

一、公职人员招聘的概念

公职人员招聘,是指公共部门为了事业发展的需要,根据人力资源和工作分析的数量和质量要求,吸收所需要的人力资源到适当工作岗位的过程。我国的公职人员是指依法履行公共管理职务的国家立法机关、司法机关、行政机关,中国共产党和各个民主党派的党务机关,各人民团体以及国有企业的工作人员;或者是指具有国家公职身份或其他从事公职事务的人员,也就是通常说的"干部"。公职人员的概念内涵和外延也在随时代和国家社会形势发展而不断变化。公职人员核心的问题是所谓"公职"的概念,"履行公职"这个概念非常广泛,核心词是"公职",就把很多单位、机关的人员都包含进来了,如国家机关,或者说政府序列以外的人员,如果他也是在履行公职,同时又占有编制,财政上负担他的工资福利,他就是公职人员。显然公职人员的范围要大于国家公务员。

本节将以从公务员的招聘甄选与录用为例为大家进行分析。公务员,是指依法履行公职、纳入国家行政编制、由国家财政负担工资福利的工作人员。

二、公职人员招聘的程序、渠道与方法

1. 公务员的招聘程序

公务员的招聘程序须要按照我国公务员录用相关规定执行,一般应当按照下列程序进行:

(1) 发布招考公告;

(2) 报名与资格审查;

(3) 考试;

(4) 考察与体检；

(5) 公示、审批或备案。

此外，公务员招聘管理机构也是按照公务员录用相关规定的政府部门执行，并且在招聘过程中必须遵循国家出台的公职人员招聘政策。例如，公务员应当具备的条件如下：

① 具有中华人民共和国国籍；

② 年满十八周岁；

③ 拥护中华人民共和国宪法；

④ 具有良好的品行；

⑤ 具有正常履行职责的身体条件；

⑥ 具有符合职位要求的文化程度和工作能力；

⑦ 法律规定的其他条件。

2. 公职人员招聘渠道

公务员招聘采用内部招聘、外部招聘或内外部招聘相结合的方式。采用外部招聘时，相关部门在门户网站其他渠道发布招聘公告，报考人员在相关网站或政府部门查询报考信息。具体如下所示，供读者参考。

公务员考试报名主要采取网络报名的方式进行。报考人员可登录中央机关及其直属机构年度考试录用公务员专题网站进行网上报名，也可以通过人力资源社会保障部门户网站或国家公务员局门户网站上的相关链接登录考录专题网站。

3. 公职人员招聘方法

录用公务员，应坚持公开、平等、竞争、择优的原则，按照德才兼备的标准，一般采取考试与考察相结合的方法进行。

笔试包括公共科目和专业科目。笔试结束后，招录机关按照省级以上公务员主管部门的规定，根据笔试成绩由高到低确定面试人选。面试由省级以上公务员主管部门企业实施，也可以委托招录机关或授权设区的市级公务员主管部门企业实施。面试的内容和方法，由省级以上公务员主管部门规定。面试应当组成面试考官小组。面试考官小组由具有面试考官资格的人员组成。面试考官资格的认定与管理，由省级以上公务员主管部门负责。

考察是根据报考者的考试成绩由高到低的顺序确定考察人选，并对其进行报考资格复审和考察。考察内容主要包括报考者的政治思想、道德品质、能力素质、学习和工作表现、遵纪守法、廉洁自律以及是否需要回避等方面的情况。考察应当组成考察组，考察组由两人以上组成。考察组应当广泛听取意见，做到全面、客观、公正，并据实写出考察材料。

第二节　外资企业员工招聘与录用

外资企业聘用外国人需要当地人力资源和社会保障局批准，企业必须显示为何本地员工无法填补空缺职位，或者不合职位的资格要求。外籍雇员需满足学历、专业资格、职位、合同期限等一系列要求。

一、外资企业的招聘范围

外资企业招聘范围为公司内的所有空缺职位。用人部门在发生人员招募需求时,应填写"人员需求申请表"(见表9-1),并附"岗位说明",若人员超出需求计划或需招聘岗位的名称与部门现有企业机构图有不一致的,由业务部门提出,经人力资源部审核通过后报总经理审批,同时须附新的部门企业机构图、岗位说明书。另外,人力资源部门每季度对于人员的规划须重新回顾,并形成更新后的"岗位增减变化表"(见表9-2),按照实际情况对企业招聘范围进行控制。

表9-1 外资公司人员需求申请表

申请部门 Dept.：_____   申请日期 Date：_____

需求岗位和级别 Job Title&Grade：	直接上司 Reporting to：	需求人数 Amount：	
部门计划人数 AOP of Departmen Headcount：_____人 persons		目前部门实际人数 Actual Headcount：_____人 Persons	
此人员需求是否在部门年度人员发展规划内 New Personnel Request within AOP？： 是 Yes 否 No			
申请理由 Applying Reason： 离职补充 Replacement 新增 Additional HC 人才储备 Backup 其他 Other：	建议招聘方式 Proposal for Recruiting Channel： 内部招聘 Internal Recruitment 外部招聘 External Recruitment		
主要工作职责 Main Responsibilities：			
资格要求 Qualifications Required：			
专业经验和要求 Professional Experience：			
文化程度 Educational Degree：	专业 Speciality：		
外语要求 Foreign Language：	其他资格 Other Qualifications：		
其他属性 Other Attributes：			
性别要求 Gender： 男 Male 女 Female 不限 No Preference	年龄范围 Age Range：	地区要求 Location Required：	
需求部门/人力资源部/总经理审批 Opinion from Department/HR/GM：			
生产经理意见 Production Manager：	相关管理层意见 Related MT：	人力资源部意见 HR Manager：	总经理审批 GM Approval：

表 9-2　外资公司岗位增减变化表

增设岗位（New-added Position in Detail）

新增的职位 New Position	数量 Num	类型 Type(I/D)	解释 Explanation	期望的月份 The Desired Month
合　计				

减少岗位（Decrease Position in Detail）

取消的职位 Cancle Position	数量 Num	类型 Type(I/D)	解释 Explanation	搬迁计划 Relocation Planning
合　计				

二、外资企业招聘中的主要工作

外资企业招聘的主要工作也是渠道与甄选。

1. 招聘渠道

（1）内部渠道

有些岗位可与需求部门确认后进行内部招聘，在公司内部由人力资源部以公告栏和网络公告的方式公布招聘的职位。内部员工可以向人力资源部递交个人简历并注明申请职位，或者由相关人员进行内部人选的推荐，并向人力资源部提交被推荐人的简历。

（2）外部渠道

外部渠道包括网络招聘、招聘会场、平面媒体、猎头公司、校园招聘等。

在实施内部招聘的同时，企业也可以实施外部招聘，但须按照内部人员优先面试的原则进行，同时人力资源部相关人员及用人部门经理有义务为内部候选人保密。

2. 人员甄选

（1）人力资源部通过各种招聘渠道收到应聘材料后，按照空缺岗位的要求对应聘者材料进行初步筛选后企业面试。面试侧重于对应聘者个人性格、人际交往、求职动机和个人发展等方面的考查，在面试结束后完成"面试评估表"（见表 9-3）的人力资源部评估内容，并给出面试后的简短评语。

表 9-3　外资公司面试评估表（部分）

评估项目 Item	人力资源部 HR	直接主管 Direct Supervisor	间接主管 Indirect Supervisor/Mgr
应聘者在面试中的整体印象（形象、谈吐、语言等）？Whole impression via wearing, face expression etc.	4		4
应聘者所受的教育程度与需求职位适应性？Education Backgroud	4		4
应聘者所受的培训与需求职位的适应性？Training Experience	4		4
应聘者是否具备与工作相关的经验？Working Experience	4		4
应聘者是否具备与工作相关的专业知识？Professional Knowldege	4		4
应聘者对应聘职位的兴趣程度和意愿？Interest and Willingness	4		4
应聘者语言表达能力和反应程度如何？Talk Show and Reaction	4		4
应聘者对自己是否有正确评价？Right evaluation	4		4
应聘者的性格是否有利于他今后的工作？Personality	4		4
对于需求的岗位，三种必要的技能（列出并评估）List 3 key skills and make assessment			
(1)	4		4
(2)	4		4
(3)	4		4
给出面试后的简短评价 Comments： 人力资源部 HR： 需求部门 Hiring Dept：	评价分数 Score： 可以推荐 Recommend 取消 Cancel 供以后参考 Hold for Further Consideration 签名日期 Signature：	评价分数 Score： 可以录用 Extended Offer 取消 Cancel 需再次面试 Hold for Further Consideration 签名日期 Signature：	评价分数 Score： 可以录用 Extended Offer 取消 Cancel 需再次面试 Hold for Further Consideration 签名日期 Signature：

（2）应聘者参加面试前，应如实完整填写"应聘登记表"（见表9-4），并提供学历证书、培训证书、身份证、照片等相关材料。

表9-4　外资公司应聘登记表(部分)

应聘事项：
申请职位_____要求薪金_____可以最快就职时间_____
你通过什么渠道获悉本职位招聘信息：

　　(3) 需求部门进行的面试,采用二级面试原则(该职位的直接上级以及间接上级两级来进行,面试内容主要侧重于空缺岗位所需技能、知识和经验的审查,在面试结束后完成"面试评估表"的需求部门评价内容,并给出面试后的简短评语。

　　(4) 为提高面试效率,对候选人的考察也可以通过联合面试的方式进行,由人力资源部会同需求部门和相关人员统一进行面试,并在面试结束后分别给出面试意见及最终意见。

　　(5) 根据岗位需要,人力资源部企业对部分岗位(财务、技术、人事、采购、供应链等)进行专业测试或笔试,测试结果作为录用的参考依据之一。

　　(6) 根据需要,人力资源部负责对某些岗位进行必要的背景调查,并完成"候选人背景调查表"。

　　(7) 面试合格的人员,用人部门与人力资源部共同最终确定应聘者的岗位、试用期限、级别、薪资,并将相应结果填写在《面试评估表》上。

　　(8) 面试合格的内部候选人,将由当前所在部门经理及用人部门经理共同确认其到岗日期,时长不应超过3个月,用人部门经理需及时通知人力资源部其可到岗日期。

3. 体检及录用程序

　　(1) 经批准的拟录用的候选人,根据公司安排在指定医院参加体检,体检出现部分不合格项的候选人,根据不同岗位的要求,公司将不予录用,医务室参照"体检项目与岗位基本要求对应表",向人力资源部反馈员工体检记录。

　　(2) 体检合格后,由人力资源部发给拟录用人"聘用确认函",对方确认后在复印件上签字返回。此件将作为劳动合同附件由人力资源部保存。除总经理、人力资源经理外,其他所有职位均由人力资源经理签发"聘用确认函"。

　　(3) 被录用者准备相关材料,如就业证或与原单位解除劳动关系证明以及转移人事档案、养老保险关系手续等。

　　(4) 人力资源部应向未被录用的候选人发出未录用通知书并表示谢意。

　　(5) 被录用的新员工的有关体检记录由人力资源部转交公司医务室,存入员工健康档案。

　　(6) 在收到候选人确认接受本公司聘任后,人力资源部应将"新员工报到通知单"在候选人承诺的到岗日至少提前一周及时反馈给用人部门及培训主管,安排入职培训。

4. 报到程序

　　(1) 新员工到岗第一天,在收到及核对必备的资料后,人力资源部安排新员工填写"员工履历表",并签订劳动合同。领取考勤卡、劳保用品、饭票和员工手册,并接受人力资源部的入职培训。

(2) 在员工报到当月内办理工资卡,并在一个月内办理档案、社会保险及公积金等转移手续。

(3) 员工的社会保险缴纳地为劳动合同的雇用方所在地,特殊情况报总经理审批。

(4) 新员工入职当天,人力资源部向新员工发放"新员工入职核对表"(见表9-5),并于一个月后交还人力资源部。

表9-5 外资公司新员工入职核对表

责任部门 dept	内容 content	责任人 owner	签收 sign	日期 date
人事部 HR dept	录取通知书已收到 Offer letter has been received			
	劳动合同已签订 Labor contract signed			
	员工工作证已拿到 Employee card received			
	劳保用品已领到 PPE related availiable			
	餐券已领到 Canteen ticket availiable			
	生产厂区、食堂、医务室等已参观 Factory visit			
	基本信息已获知(作息时间、班车安排、用餐时间、薪资发放日等) Basic information got (working time, shuttle bus arrangement, lunch time, payment date, etc)			
	公司级入职培训已参加 Orientation training attended			
用人部门 working dept	指定专人进行入职期初帮助 Appoint an experienced employee for help for orientation period			
	办公用品的配备 Stationary related available			
	执行岗前培训 Pre-position training implementation			
IT部门 IT dept	计算机已配备 Laptop/computer provision			
	个人邮箱申请 Application for e-mail			

# 本章小结

由于所招人员类型不同,招聘呈现不同的特点,本章重点介绍公职人员与外资企业人员类的招聘与录用。首先,从公职人员的招聘管理、考试管理和录用管理3个环节,来系统介绍公职人员的招聘、甄选与录用。其次,针对外资企业用工特点,介绍其招聘与录用的程序和注意事项。

复习思考题

1. 公职人员招聘的定义是什么,你如何理解?
2. 公职人员招聘有哪些政策要求?
3. 外资企业招聘的范围是什么?

案例讨论

李鸿的一次应聘经历

李鸿毕业于国内某著名大学的工商管理学院,获得MBA学位。她在报纸上看到某大型跨国公司要招聘一位销售部主管,决定去试一试,以下是她的应聘经历。

"当我到公司的时候,一位小姐友好地将我引到一个房间,房间里有一张椭圆形的会议桌,来参加面试的人都围着这张会议桌坐下。应聘者总共有8位,他们分别应聘不同部门的职位。一会儿,几位外国人和一位中国人一起进来了,估计他们是面试我们的考官。其中一个先生代表公司向大家问好,并让房间里的人都做了自我介绍。他们没有发给我们考题,而是拿出一盒积木。接着,之前那位先生向我们介绍了活动的规则——让我们8个人一起设计一个公园。我们花了大约一个小时的时间建好了一个公园,之后那几个考官问了我们一些问题,这个"节目"就算结束了。休息一会儿后,考官给我们发了一些题本,里面的题目有图形的,也有文字的,好像是一些心理测验。上午的时间就这样过去了。午饭之后,一位外国人和一位中国人一起对我进行面试。然后又让我们做了一些测验,这个测验与上午的不同,我被安排在一个单独的小房间里,在一个文件袋里装了一大堆各式各样的文件,我被假设成一个公司的代理总经理,批阅这些文件。在我批阅文件的过程中,有一个莫名其妙的'顾客'闯进来投诉。我想这下糟了,本来批阅文件的时间就很紧张,我快要无法完成作业了。最后,总算把那个难缠的顾客打发走了,我也继续批阅那些文件。在我快要批阅完那些文件的时候,一个工作人员进来递给我一张纸条,上面说要求我作为这家公司的总经理候选人参加竞选,竞选将在10分钟后开始,我必须根据文件中得到的关于公司的信息做出一个3~5分钟的竞选演说。于是,我又匆忙准备这个竞选演说。10分钟后,工作人员带我到另一个房间。考官们已经在那里坐好了,我按照自己准备的内容做了演讲,紧张而有趣的一天就这样结束了。

请回答下列问题：

(1) 你从李鸿的经历中得到了什么样的启示？

(2) 你认为该企业在招聘过程中最看重的是员工哪个方面的能力？

【实训游戏】

H同学2014年通过高考的"独木桥"考上某名牌大学，在风花雪月和游山玩水中度过了愉快的大学时光。大四时，同学们都在为升学、出国或者找工作做准备，他的目标是考上国家部委的公务员或者广东省的公务员。9月份即开始复习，12月份参加国考，但没有过复试线。随后，他参加了广东省的公务员考试，勉强挤进广州某街道办事处的面试，面对占尽先机的广东本地考生，他终究还是出局。大学毕业，他是班里少数几个还没有出路的学生之一。那时他还不觉得有什么问题，毕竟第二年的国考又马上来临。家境尚可的他在家脱产全职考公务员，国考又没有过线，广东公务员也没有过线。随后，他转战南方数省，却始终没有能端起公务员的"铁饭碗"。最可惜的是，他错过了年轻时在社会上历练的机会，现在始终没有找到合适的事情做。

如果你是H同学，面对现在的情况，你会选择怎么办？

第十章　基于大数据的人员招聘与管理

 学习目标

- 了解大数据对人员招聘的影响。
- 掌握基于大数据的人员招聘的流程。
- 熟悉大数据时代招聘的创新策略。

 开篇故事

"云招聘"上线，借大数据精准匹配岗位

2020年3月，临港新区和漕河泾开发区联手在上海交通大学推出一场"云招聘"：互联网、智能制造、生物、大数据等高新企业悉数进场，一千多家企业，带来一万多个岗位。仅仅一天，就有上万名学生投递简历。

周一"云开幕"的上海高校毕业生春季网络招聘会，场面也很火爆：当天就有三万名大学生在线上"访问"，共有1375名毕业生投递简历，180人精准匹配到了工作岗位。

非常时期，高校纷纷为毕业生开启"云招聘"的求职新模式。毕业生在家扫码逛招聘会，加上大数据在云端精准匹配毕业生与岗位的需求，多所高校就业指导中心负责人称，现在正是求职最好的时机，建议应届生做好准备。

求职简历一键发送，上午投递下午收到反馈。

从2020年2月下旬起，沪上高校的线上招聘、双选会就开始升温。BOSS直聘最新发布的调查显示，就业市场自2月24日起就进入需求快速复苏阶段，春节过后五周，企业招聘需求规模就恢复到2019年同期的85%。这一点，在目前的高校招聘市场上已有所显现。

据悉，上海高校毕业生春季网络招聘会首日，就有1 500家企业带着两万个岗位"上线"，主办方表示，还有一大波岗位"在路上"。同一天在线开幕的上海财经大学"空中双选会"，也有175家参会企业，带来10 065个岗位。

"往年找到心仪的企业，通常需要一家家挨个儿网申、单独填表。今年就方便了，只要扫码进入线上招聘会，通过测评后，向企业一键发送自己的简历就可以了。"上海财经大学公共经济与管理学院的硕士毕业生徐利刚刚感受过"云招聘"的速度，直言太赞了。在"空中双选会"上，徐利通过测评，很快就匹配到了岗位招聘的具体建议。当天上午，她向心仪的券商研究岗和财务岗投出了简历，中午就收到手机提醒，这些企业的HR已经浏览过她的简历并获取联系方式。当日下午就有两家企业联系她，希望进一步交流。

上海财经大学就业指导中心主任褚华表示,经过筛选分类的企业招聘信息,还会通过推送,发到关注这些行业的毕业生手机端。该校的"空中双选会"将持续一个月,在此期间,毕业生可以继续投简历、预约线上招聘活动。

华东政法大学近日以电邮方式,组织3 000多家用人单位参与春季网上招聘会。上海交大就业中心主任顾希垚分析,不论是"组团式"线上招聘,还是"云招聘会"上为毕业生和岗位提供的精准匹配,都能帮助毕业生把自己关注的岗位一网打尽。

资料来源:https://wenhui.whb.cn/third/jinri/202003/13/332779.html?tt_group_id=6803500823570547207(有删改)

请分析:疫情期间,"云招聘"发挥了巨大作用,谈谈你对人力资源管理板块中大数据的理解与认识。

第一节　大数据与人力资源管理

一、大数据的内涵及其应用

大数据,是指企业涉及的数据资料量的规模巨大到几乎无法通过目前国际主流的软件处理工具,在合理的时间内快速地达到有效撷取、管理、处理并进行整理,成为一种能够帮助企业实现经营和决策更积极目的的数据资讯。它在本质上是一种需要新处理技术和模式的支持才能实现具有更强的分析决策力、洞察发现力和企业经营流程数据优化处理能力的一种海量、高增长率和丰富多样化的企业信息分析资产。

大数据的特性主要有以下几点。第一,容量大。企业数据分析中的非结构数据占企业数据分析总量的80%~90%,比结构数据的增长快10~50倍。第二,格式多。数据具有很多不同的分析形式,如海量文本、视频、图像、机器数据等,其语法或句义并不连贯,也没有固定或明显的数据分析模式。第三,价值高。可以通过对大量不相关企业信息的分析提纯,对未来的趋势数据进行一些可预测的或是深度复杂的分析。第四,速度快。大数据可以立竿见影地对数据进行实时分析。通过对其应用特性的综合分析,可见利用企业大数据的应用实质也就是在于对企业大数据内部知识和信息的整合进行关联、挖掘,通过对大量企业数据的整合和竞争进行分析,发现新的知识、创造新的价值,带来新发展。现在的监管措施和体制日益完善,企业的管理制度逐渐得到固化,资源又日益匮乏的这个年代,要想充分利用有限的信息资源使企业获得最大的经济收益,充分利用企业信息等各种无形资产提高竞争力对企业的综合软实力至关重要。大数据在信息时代的整合和竞争,已经逐渐转变为是基于知识和生产率的竞争,而不再基于劳动生产率的整合和竞争。而大数据和技术是企业传递信息的基础和载体,是其知识的源泉。所以,基于企业知识的整合和竞争,将集中的表现和竞争变为基于知识和数据的整合和竞争,这将使其发展成为信息时代经济社会持续发展的必然,大数据的应用和商业价值也显而易见。

二、大数据应用

全球各国的企业对于大数据研究和应用的迫切发展需求,也突显出了一个严重的全球性问题,就是各国普遍缺乏优秀的数据分析专家,国内对于大数据的研究和应用虽然才刚开始,但企业也应该直面这些重大的挑战。

1. 数据分析人才不足

企业对于大数据的研究和应用,首先需要对大数据进行分析处理和应用才能真正实现,而在对大数据的分析处理和应用环节,数据分析专业人才是企业能否真正点燃企业大数据应用和价值的关键之匙。通过优秀的数据分析专家对企业数据和应用关系进行重新分析和建构,赋予企业数据新的价值和意义,方能为更多的企业所理解和利用,构筑整个企业数据的核心竞争力。

但是,成为一名合格的企业数据专家,必须能够同时具备三种能力。第一种就是能同时熟悉企业数据的分析和工具的操作的能力。第二种就是同时能够透析整个企业的业务和运作的细节。第三种就是兼备企业数据分析和勘探的知识。所以,可以同时具备这三种能力作为专长的数据分析人才,是非常稀缺的。目前,国内所有的专业应用型大数据分析专家与技术分析师,都擅长于对正在快速形成的未知的大数据应用问题进行分析,找出这些未知的潜在问题的数据源头并有效地分析来排除潜在的数据问题。然而,他们中大多数人是否具备一种能够有效发掘与分析解决这些未知潜在数据问题的应用数据分析处理能力却受到了人们的质疑。所以,企业在对于有关大数据处理相关信息资料,能够进行实时收集与分析处理的相关工作的进行过程中,往往都需要国外的专业顾问人员飞来国内来协助企业解决处理大数据的相关问题,而这所需要花费的往往不仅是大量时间、人力和金钱成本,还会因此让大数据处理工作的准确性与经济效益大打折扣。更根本的一个问题是,国内的很多数据分析技术企业在长期以来对其他应用分析数据存在的重要性与价值都没有充分且深入的理解与正确认识,也因为他们没有完全养成一种充分依赖其他应用分析数据来做出应用分析与管理决策的良好习惯,甚至很多完全忽视了其他应用分析数据的存在及其价值,所以,很多国内数据应用分析技术企业都认为他们没有能够通过长期性的具体方法与行动计划来独立制定并及时保留、处理其他应用分析数据,这也导致了数据分析的所有基本前提都难以及时得到充分的满足。

2. 数据存储能力的限制

从对大数据存储能力的定义中我们可以了解到,大数据的存储能力是指,应需求所涉及的信息数据量的规模巨大到几乎无法通过大量人工在合理的时间内直接进行数据获取、管理、处理,并将其整理成人们日常生活所能够获取和解读的重要信息。企业数据存储体量最大的一部分——视频,其数据量也正以平均55%的速度逐年增长。目前,单个视频节点的数据存储设备已无法完全满足很多企业巨大规模的视频监控数据的采集和管理存储需求,其发展也很难完全跟上视频监控数据的发展和增长速度。如今,企业视频文件的数据存储仍然主要存在以下三个基本问题。第一,文件系统存储设备的管理方式和接口不统一。第二,文件系统存储资源的管理和存储资源分配制度还亟须补充和完善。第三,以文件系统元数据为存储核心的企业数据存储方式仍然存在很多的弊端。例如,写入视频文件会直接导致文件系统的元数据存储区频繁地出现持续数据更新,从而直接导致文件系统的元数据区被严重损坏,进而不可正常使用。作为重要的图像数据和报警事件记录的存储载体和基础的视频存储,其功能和重要性不必多说。其中,视频存储的功能和需求已经不是一台或几台视频存储设备就能够完全满足的了,我们现在需要解决的问题就是,如何建立一个视频存储平台来提供问题的解决方案。但是这些需求和条件,目前还难以得到完全满足。

3. 数据安全的隐患

虽然对海量终端信息的数据进行集中化处理和存储可以使得数据的采集和分析更加便捷,但若是管理不当,反而容易直接导致海量终端数据的泄露、丢失或者严重损坏,继而可能使得个人和企业的利益遭受重大损失,更有甚者还会对社会造成不良影响。研究结果表明,对数据安全造成的威胁长期存在。目前在组织内部泄密数据安全的事故中,由组织内部人员所导致的事故发生率约为75%以上,虽然通过保密管理制度规范、访问控制手段约束以及审计、威慑等多种防护手段措施能在很大的程度上有效降低内部数据泄密的风险,但在组织和个人灵活地掌握终端的实际情况下,这些控制和防护的手段尤为脆弱。一旦终端信息完全脱离了组织内部的环境,泄密的情况就有机会发生甚至可能很严重。所以,为了有效维护其信息安全,必须对企业的信息生命周期采取更完善的加密措施,才能真正实现整个企业信息安全的有效保护,根除数据容易泄露的安全性问题。

综上所述,大数据时代对于企业来说,既是历史性的机遇也是严峻的挑战,大数据中潜在的巨大商业价值必然会引领企业掀起一场对商业模式和管理决策的深刻变革。身处大数据时代的企业,为了更好地获得行业领先优势,必须做到转换其思维,变革其管理模式,充分、有效地利用企业中的大数据,挖掘其中可能蕴含的巨大附加价值,力求在瞬息万变的全球化市场经济的环境中能够赢得更激烈的竞争,从而发展壮大。

第二节 基于大数据的人员招聘流程

1. 在线简历填写

企业负责招聘和管理人力资源的专业人士通过对招聘岗位人才的专业、能力和素质进行综合性调研分析(其中包括该公司本岗位的特定需求和行业中类似岗位的大数据分析),并建立了人才综合素质评价模型,设计好简历的基本格式,通过移动互联网或者是互联网等多种方式,将企业标准化的简历模板和个性化的应聘要求公开于公司官网的招聘平台上。访问网页的应聘者在了解到企业存在空缺职位的情况后,就能直接在线填写自己的个人基本信息,同时输入自己的求职意愿。该系统在对用户具体求职意向的数据分析的基础上,结合个性化的表单来收集各种结构化或非结构化的数据,最终自动创建了候选人的简历。

2. 智能筛选简历

公司智能招聘机器人对招聘岗位人才的专业、能力和素质进行综合性调研分析(其中包括该公司本岗位的特定需求和行业中类似岗位的大数据分析),并在此基础上建立了甄别人才素质的分析模型,专门为候选人设计了一套有针对性的人才素质甄别算法和参数来自动分析候选人的简历信息。根据招聘岗位的需求通过相应的算法和参数对关键词进行搜索,从而初步过滤和筛选简历信息,甚至可以通过前雇主的评价和反馈,以及收集社交网络平台的资料来自动丰富候选人的简历。大部分不合适的候选人将通过智能化的简历筛选方式被有效去除。通过在公司现有的简历数据库中学习成功的招聘案例,可以从分析员工表现、任期和岗位流动率等数据的角度来为公司招聘提供创新型决策。

3. 智能在线聊天面试

在智能招聘机器人筛选出符合本单位招聘岗位需求的候选人之后,通知初面简历合格者在线完成智能机器人聊天面试,并通过公司网页或者移动客户端 app 进行初步面试。在本公司规定的地点和时间内,候选人可以在任何时刻、任何的地点与面试机器人进行人机交互的实时面试,初步接受。面试聊天机器人为每位候选人提供了人机互动的解答,实时地回答了候选人提出的问题,根据不同的候选人做出不同的判断进行应答;基于岗位要求对候选人情况进行提问,并提供信息反馈和招聘建议。之后,后台重新确定候选人对招聘岗位的工作兴趣和变化,更新了候选人的工作经历和职业技能,对合格候选人进行的筛选结果自动形成了评估分析报告。

4. 虚拟场景面试

通过智能机器人聊天初面后的候选人,到公司参加复试,安排他们到公司进行基于公司岗位的虚拟现实复试。虚拟现实针对特定的任务和情景进行模拟,可以更加精准地考察候选人与岗位匹配的能力。虚拟场景面试官一般会根据每位求职者所应聘的岗位,选取一系列任务所需要的场景,通过虚拟现实的设备将其呈现给每位应聘者,并对他们虚拟现实面试的进展情况进行实时监测,最终结合大数据进行分析,评估出候选人虚拟场景面试的表现。

5. 综合评判

对于通过了虚拟现实场景面试考核的应聘者,为了避免因人才筛选系统设置的问题导致错失人才,招聘部门可以采用人机结合的人才筛选方式,初步综合筛选数据,并利用大数据的精准分析和匹配结果推荐人才(如图 10-1)。

首先,构建企业职位胜任能力两层评价标准,对企业招聘的人才进行全方面、多维度的综合考核,对企业招聘岗位考评数据的准确性和逻辑结构进行分析和评价,这样能够更加精准地为所有企业甄选的人才建立评价标准。比如性格因素、行为因素、知识因素、技能因素、行业竞争因素等。

第一层,相关部门完成招聘信息发布后,会通过招聘系统针对职位提取求职网站简历数据库、网络实时数据源、社交网络等数据的用户特征,科学地量化和分析员工的行为性格以及其行为特征,进行多维异构数据的集成、挖掘和分析,应用数据来发掘合适的人选数据中潜在的变化规律,建立起直接关系到员工在岗胜任率和人才能力等的多维度指标,描绘出高绩效企业人才的"数字画像"。比如,企业大数据人才招聘系统对高绩效人才储备项目经理的行为和性格特征进行分析后发现,抗压适应能力与主动服务意识是两个关键因素,其得分是最高的,团队协作意识与对人员、生产等基础管理服务能力的得分则排在后面。

第二层,由企业用人部门与企业人力资源部共同完成职位胜任能力筛选体系的标准与参数的确定。当相关数据的收集工作结束后,人力资源部门的数据分析者可以通过对企业关联数据的收集整理和综合分析,确定可以识别企业优秀人才的筛选标准。需要用人的相关业务部门着重从绩效要求的各个角度对求职者设立胜任能力参数,人力资源管理部门则更多地从求职者的基本素质与企业的文化、环境融合度的各个角度确定胜任能力参数标准。胜任能力的每个评价要项都可以通过大数据分析或者由企业的人资主管和业务主管共同给予量化的评价,构成职位胜任能力评价体系的得分矩阵。专家知识具有很高的可信度与参考价值，构建一个完整的专家知识体系能为更多的用人单位推荐相关专业的优秀人才，或者为更多的求职者推荐与专业相关的职位甚至更高一级的专业职位等。

其次，用数据分析求职者特定职位的胜任能力的评分。面对海量的多元求职简历，通过建立多元人才数据分析模型，根据特定空缺职位的能力评分权重和系数，利用大数据技术对这些简历数据进行定向筛选和深度挖掘，分析应聘者在简历中反映出的胜任能力特征，精确地识别其胜任能力素质与特定职位间的匹配度，可以更准确地得到该求职者在这一特定职位上的胜任能力的评价得分，预测其胜任该职位的可能性和成功率，给企业做出正确的人才招聘战略决策提供建议。比如，对于求职者个人的微博、博客、其他平台的评论等各类信息的分析考察，可以更准确系统地及时获取关于求职者个体的人格特质、行为特征、认知思维模式、业内评价等综合信息，高效率的同时又不失精准地对求职者进行了人才的识别，同时对其进行了人岗匹配的智能分析与评估。面向同一空缺职位的多个求职者胜任能力的评价得分数据统计、发布的多元招聘数据都可以形象地展示，如在招聘报告中会有各种图表直观地表现出求职者的区别。

人资主管和业务主管等人员应该对这些由大数据技术分析筛选出来的应聘者通过人才匹配到岗的综合评估方式再进行综合评判。而网络招聘通过大数据技术选择出候选人的结果报告，将分析结果发送给企业内人资经理和业务主管。依据大数据分析技术所做出的招聘人员分析结果，需要人资经理和业务主管根据求职者的职位偏好与企业用户招聘偏好相互匹配做出最终的决策。企业可以借助于大数据对最终决策的优化，重塑企业人才使用和管理的决策过程，使得大数据在 HR 自己的管理领域可以发挥最大的价值。

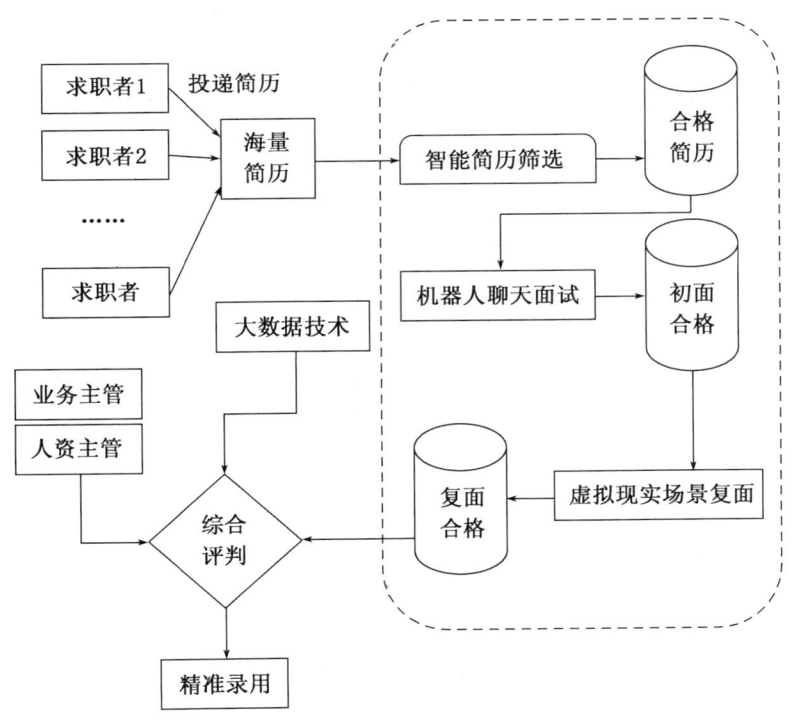

图 10-1　综合评判流程

第三节　大数据时代招聘模式存在的问题

一、主观应用应聘者数据

目前,在我国很多的大型企业中,人力资源和企业管理人员只是根据自己的一些个人喜好或者个人工作经验就对应聘者的数据进行了概括,主观地对应聘者的数据和信息进行相关的选择与舍弃,并没有真正地、全面地了解应聘者的相关数据和信息,这些做法说明了企业缺乏对于大数据时代信息技术敏感性的问题,没有高度地重视大数据和信息技术在企业优秀人才的招聘计划和工作过程中的积极作用和影响,很容易就会使得招聘计划和工作完成得不到位,导致一些优秀应聘者的流失。虽然这种做法表面上并没有对企业造成很大的影响,还有些企业会在后期的人才招聘和挑选的过程中大大降低相应的成本,但从长远的利益和眼光的角度来看,这种做法对企业后期的人才招聘工作产生了很大的影响,会大大增加工作成本。但是企业人力资源管理人员的这种做法,容易间接泄露应聘者个人的相关数据信息,使得人才招聘工作变得不公平,从而人力资源管理者的招聘决策不理性,还增加了企业后期人才招聘的成本。

二、信息化技术落后于时代

目前,随着经济水平的进一步提高,我国的科学信息技术水平也得到了提高,大数据已经应用到各行各业中。近年来,我国很多行业及相关领域,都在积极地进行着一系列信息化的技术创新,企业信息化引起更多重视,这些创新现象都充分说明了企业信息化的时代已经正式到来。但在我国,就人力资源管理方面来说,企业没有深刻意识到企业信息化对于招聘的重要性,也没有将大数据应用的便利性与招聘优秀人才紧密联系,可见企业对于信息化技术的运用还是不够充分。在企业对人才招聘的管理中,主要依靠的是企业人力资源管理者的主观认识和判断,仍然是运用以前企业比较传统的招聘渠道、招聘模式、招聘方式,已经不能完全适应信息化时代中经济发展的潮流。因此,企业需要创新招聘模式、招聘手段等,从而实现我国企业招聘往更加理性化的方向发展。

三、数据分析预测作用不显著

在企业的招聘管理工作中,招聘一名人员首先需要对应聘者的相关数据信息进行深入的了解以及考察,包括他的基础数据、效率数据、能力数据以及潜力数据。现在比较流行和倡导的招聘管理方法是,通过对以上数据进行了解以及深入的考察之后,分析其社会综合实力以及他的未来发展潜力,最后做出正确的决策,从而快速筛除大量应聘者。但从实际情况分析来看,我国大多数企业的人力资源管理者并没有很好地做到这一点。大多数企业的人力资源管理者都是采用一些以前的招聘管理方法,通过笔试、面试等传统的方法为企业选择合适的应聘者,缺乏数据的合理性,且这些传统的方式和方法一般都是依靠企业人力资源管理者的主观意识来判断,往往无法准确预测应聘者的数据,也没有办法准确判断应聘者未来的职业发展潜力。所以在人才数据预判的环节中，这些企业没能做好对人才挖掘和挑选的工作，也没有充分利用数据分析技术来判断和确定一个人究竟是否真正的适合这个该职业，并对其发展前景做出预判，只是一味地通过简单的面试和笔试这种过于传统的、落后的应聘方式来进行现场招聘，不利于企业对人才的挑选。

四、基于大数据提高人力资源招聘有效性

人才招聘已成为人力资源管理中最为关键的一部分，关系到企业未来的发展。人才招聘首先需要记录各种数据，即基于个人行为的微观数据。通过专人负责，利用大数据思维、大数据分析技术，整理、分析、筛选，为候选人提供科学、准确的画像，并映射到适当的人才模型上。大数据招聘方法可以探测到候选人简历之外的多维信息，从而建立更加全面的人才度量机制。

随着人力资源管理日益成为企业生存关键的时候，人才测评作为人力资源管理的一项专门技术也越来越受到人们的重视。为了科学有效地进行人才测评，将大数据技术的挖掘和应用与人才测评有机地结合起来，能够起到对人才的选拔进行聚类研究的作用，并对人才测评指标体系进行量化分析，将定性与定量相结合，发现隐藏在数据库中的信息，帮助决策人员找到数据间的潜在联系，从而有效地进行人才测评，实现人力资源的优化配置。

第四节　解决方式

一、树立数据招聘意识

企业管理者必须树立数据招聘的意识，加深对大数据的理解和认识，这决定了大数据在管理者工作中的应用领域、使用范畴和资金支持。人力资源管理者一定要有意识地顺应时代的潮流，树立数据招聘意识，推动大数据在人力资源招聘管理工作过程中的发展和应用，形成用数据说话的企业文化。在人力资源招聘工作中，企业管理者应当积极建立基于大数据的招聘信息储备库，有意识地及时收集相关数据信息，并充分利用大数据等信息技术科学地分析其特性，从而明确招聘的需求，拓宽招聘的渠道，优化招聘的方法，使企业获得更高质量的企业招聘信息和结果。企业只有将大数据招聘的意识贯彻到底，并切实投入到招聘工作中，才能形成良性的工作循环，真正地实现了大数据招聘技术在人力资源招聘管理工作过程中的有效发展和应用。

二、提升数据运用能力

由于对数据信息的综合运用与处理能力直接决定了企业对数据信息价值的挖掘程度，因此企业要不断培养和提升招聘人员的数据分析与信息处理的综合能力。在对人员数据分析能力的培养与提升上，企业有两个基本的选择。一个就是对企业人力资源管理部门现有招聘人员直接进行培训，使其接受一定周期的系统化课程与技术培训之后，能够掌握数据分析的理论基础与技术要领，同时数据分析的能力也得以提升。二个就是直接招聘具备一定

的数据挖掘与分析处理能力的优秀人才。前者主要有利于提升内部人员的能力,强化其对组织的忠诚度,后者则有利于扩大企业人才储备,进一步降低培训成本。

三、优化数据分析技术

信息技术的迅猛发展为大数据在企业人力资源招聘工作过程中的广泛应用提供了良好的契机与关键的技术保障。企业要更好地将大数据运用和拓展到人力资源招聘的过程中,必须不断地优化技术提升大数据的使用,提高大数据技术的先进性和应用的科学性。现有应用于企业人力资源招聘的各种大数据技术,例如 Galaxy 人才星云技术、纳人网络押宝、人才雷达技术等。企业通过定向挖掘和深度分析大数据,寻求最佳的人才上岗选择和匹配,从而实现了精准化、个性化、智能化的定向推荐和人才筛选。企业可自行购买成熟的应用管理软件,也可自行开发新的管理软件或管理技术,以进行优化数据分析,为有限的岗位选择并匹配到最合适的人选。

四、保障数据信息安全

对于在招聘工作过程中收集和产生的个人信息,企业要妥善地保管和谨慎地使用,为确保数据和信息的安全,要求企业建立并完善数据的使用监管机制和监察管理方案。目前,大部分企业借助底层权限控制和内网部署的信息管理方法最大限度地确保了企业的数据信息安全。企业在招聘时应当定期地对网络进行维护,及时修补其系统漏洞,确保数据信息安全。另外,企业应当正确设置使用权限,并明确要求其在使用时必须进行身份信息认证。企业负责人还应及时地删除超过有效使用期限的或者不必要的个人信息。

第五节　大数据时代招聘模式的创新策略

一、保证招聘人员的专业性

在我国企业实际招聘的过程中,人力资源管理者的思想和判断都比较主观,容易忽略一些重要信息,从而不能真实地反映出每一位候选人的全部招聘信息。因此,在大数据时代,企业要改变传统,创新招聘管理模式,变革企业传统的思想,引导企业招聘者和人力资源管理者更新其判断和思想。大数据的信息分析已经不是对单个数据、个别数据的分析,而是针对大量的数据信息进行的,进而使管理者做出更加明智、更加理性的判断和决策。许多企业管理者除了要改变传统思想、转变传统观念外,还要了解和掌握企业招聘的相关信息,具备比较专业的技术知识和招聘素质,努力提高大数据应用的技术水平,从而更好地规范和开展招聘工作、增强企业的竞争力和人才综合实力。

二、以信息化技术促进智能招聘

在互联网和大数据的发展背景下,我国很多的行业都已经充分认识到了信息化技术对现在企业生存和发展的积极作用。因此,很多企业都开始应用数据化技术进行信息化的生产,在企业进行人才管理的过程中,已经学习和运用了很多信息化技术。但是,我国很多的企业没有随着信息时代的发展而与信息技术切实的结合,仍然使用着传统的笔试、面试方法招聘人才,在信息化时代的浪潮中闭目塞耳,停滞不前。因此,为了企业更好地跟上信息化时代的步伐,维持更高的企业招聘人才水平和实力,节省实际招聘时间和成本,提高核心竞争力,立足长远发展,企业管理者需要充分学习和利用信息化技术,紧跟信息化时代的步伐,将该广泛应用到实际的招聘中,全面了解企业应聘者的需求和信息,客观的分析其数据,尝试开发和建立一套专门的人才招聘管理的信息化技术和系统,推动人才招聘朝着更加合理化、理性化发展。因此,使用智能化、信息化的人才招聘对于促进企业人才招聘管理事业的发展意义重大,企业管理者和决策者一定要有意识地注重这一点,完善企业人才招聘管理制度体系的信息化建设。

三、拓展社交网络招聘新模式

现阶段,我国已经有很多的企业采用了报纸、杂志、多媒体等媒介进行招聘,这些媒介虽然都可以在一定程度上帮助企业传播其需求和招聘的相关信息,但实际上却都是单向的,企业与所有应聘者之间主要是通过第三方招聘平台进行信息沟通,存在一定的弊端,从而无法相互进行深刻的了解。在一定的程度上,这些媒介对于企业需求和招聘的过程起到了阻碍性的作用。因此,这类传统的招聘方法不仅效率非常低,而且成本很高,对企业发展会造成不利影响。基于此,企业招聘人员应该对于招聘方法的进行深刻反思,改变过去传统的工作方法,比如企业可以借助先进的现代科技通过社交媒体或者网站进行招聘,该方式可以说是打破了企业向社会广大群众公开发布信息的传统单项式招聘模式,企业招聘人员可以从报纸和网络上的信息中寻找到一批具有求职意向的应聘者,并利用互联网和大数据对这些人的需求进行分析,从而挑选出一批最适合本企业的优秀人才,不仅于此,这种创新的招聘方式实际上还具有更多的优点。现在,国外很多发达国家都在尝试使用先进的互联网络技术来汇总应聘者的信息,并根据应聘者的浏览信息,通过预测与推断,总结出他们的个性与兴趣爱好,从而为企业招聘提供全面的资料与信息。这在很大程度上为企业人才选择工作提供了相当大的便利,降低了企业投入人才招聘工作的成本,有利于促进企业的可持续发展。因此,我国企业一定要有意识地充分利用先进的互联网技术,为企业的招聘工作做出更多的贡献,通过先进的社交互联网络开展相关的招聘工作,发挥社交网络在提高企业的招聘效率和竞争力及促进企业长远发展的重要作用,促进企业的未来发展。

四、描绘理想人才的"画像"

招聘需求源于现在或未来可预见的企业岗位空缺,传统的招聘方式对求职候选人的测评主要源于企业对此岗位的"说明书"和招聘 HR 的主观经验判断。在如今这个信息大数据的时代下,人力资源管理部门可根据本企业战略、发展目标、企业文化和对候选人专业知识、素质与技能设立的标准等多种因素对数据作出准确的定义与判断,再根据要素定义就能找到符合要求的数据。以企业寻找具有一定的团队协作能力的要素为例,人力资源管理部门可根据"团队协作能力"这一要素的定义,找出来自公司内外部符合要求的人群,对其进行数据的收集、整理与分析,得出符合"具有一定的团队协作能力"这一要求的人群图谱,对于这些人群的概括从各方面进行细化。当然，随着信息时代的演进与发展这种现有数据也会呈现出动态的特征，企业对具有团队协作能力的细分定义也并非一成不变。人力资源部门应该及时把握人才动态信息，通过数据分析进行人才决策分析，以此来支撑人力资源招聘体系的不断发展与创新。

五、构建社交网络招聘平台

社交网络招聘是企业人力资源部门为了满足企业的发展需要，借助社交网络进行宣传与选拔的方式。研究显示，在美国等发达国家，使用Facebook和Twitter进行人才招聘的企业分别达到65%与55%，其中49%的企业认为借助社交网络平台提升了招聘效率。转观国内现有的微博、微信、人人网等社交平台都为企业提供了网络招聘的契机，而基于网络招聘开发出来的智联招聘网、中华英才网、51job网更是有针对性地为网络招聘提供专业服务。企业HR通过这些网站建立属于公司自己的主页，发布招聘信息，借助社交网络招聘可信度高、互动性强、病毒式传播的特点，大大提升人力资源招聘效率。社交网络具有病毒式传播的特点，企业发布精美的H5招聘推送后，企业内部员工以及企业主页粉丝对招聘信息的大量点赞与转发，"熟人"推荐"熟人"，"熟人"再推荐"熟人"的"熟人"，招聘广告信息将会呈现指数倍增长，人人都可以充当摆渡者，若加入相关伯乐奖励措施，传播速度可能会进一步提升。

六、人才雷达技术的精准匹配

基于人才搜寻模型以及胜任力下的匹配算法，人才雷达可以对新浪微博、腾讯微博、微信、QQ空间等网络媒体的浏览数据进行深度分析。在如智联招聘、中华英才网等招聘网站人，通过大数据分析从学历背景、好友匹配、性格匹配、专业能力、求职意愿、工作地点、行为模式、价值观等八个维度对求职候选人进行分析，从多维度判别求职候选人与企业岗位的匹配程度，为企业HR推荐最优人选。同时，人才雷达技术能提供"HR—求职候选人"和"求职候选人—HR"的双向匹配，求职候选人可以关注理想公司的主页，分享笔试面试经验，在主页下留言以及与HR互动，双向匹配不仅能帮助HR精确定位与职位需求匹配的潜在求职候选人，还能计算出求职候选人的信任度和意愿程度。

参考文献

[1] 何桂嫦.移动互联网招聘管理浅谈[J].价值工程,2016,35(26):278-280.

[2] 边文霞.招聘管理与人才选拔:实务、案例、游戏[M].北京:首都经济贸易大学出版社,2012.

[3] 陈万思,赵曙明.家族企业人力资源经理的招聘管理——基于人力资源经理胜任力模型的视角[J].中国人力资源开发,2009(05):63-66.

[4] 董保华,杨杰.招聘管理的基本原则[J].中国劳动,2007(09):13-17.

[5] 刘泽双,丁洁.制造业转型升级背景下技能人才胜任特征模型研究[J].软科学,2020,34(06):136-144.

[6] 高秀娟,王朝霞.人员招聘与配置管理[M].北京:中国人民大学出版社,2013.

[7] 葛玉辉.招聘与录用管理[M].北京:清华大学出版社,2014.

[8] 韩燕,李淑贞.招聘甄选与录用[M].北京:人民邮电出版社,2014.

[9] 李旭旦,吴文艳.员工招聘与甄选[M].上海:华东理工大学出版社,2009.

[10] 李燕萍,齐伶圆."互联网+"时代的员工招聘管理:途径、影响和趋势[J].中国人力资源开发,2016(18):6-13+19.

[11] 李遇贤.基于Web的人力资源招聘管理系统的研究和实现[M].昆明:昆明理工大学,2011.

[12] 李志畴.招聘寻聘管理实务[M].北京:清华大学出版社,2016.

[13] 陆敬波.企业招聘管理法律实务[M].上海:上海社会科学院出版社,2011.

[14] 王震.人力资源管理三支柱模型:理念与实践[J].中国人力资源开发,2015(18):3.

[15] 滕晓丽.招聘管理工作手册(费布克HRM工作手册系列)[M].北京:人民邮电出版社,2013.

[16] 王胜会.招聘面试管理方法与工具[M].北京:中国人事出版社,2015.

[17] 王昱读.中科声威有限公司招聘管理分析及对策[J].人口与经济,2011(S1):18-19.

[18] 王中志.知识型人才的特殊性与招聘管理激活[J].科技管理研究,2006(05):141-143.

[19] 吴文艳.组织招聘管理[M].大连:东北财经大学出版社,2014.

[20] 杨从杰,戴巧玲.基于TAM的企业招聘微信特征对雇主吸引力的影响研究[J].管理评论,2016,28(06):140-161.

[21] 杨辛.员工招聘与录用实操细节[M].广州:广东经济出版社,2008.

[22] 赵曙明.招聘甄选与录用——理论、方法、工具、实务[M].北京:人民邮电出版社,2014.

[23] 赵耀.组织中的招聘管理[M].北京:中国劳动社会保障出版社,2005.

[24] 朱晓静.人员招聘管理实训实战实务[M].北京:人民邮电出版社,2016.

[25] Anna,B,Holm. E‐recruitment:Towards an Ubiquitous Recruitment Process and Candidate RelationshipManagement[J]. *German Journal of Human Resource Management:Zeitschrift für Personalforschung*,2012,26(3):241-259.

[26] 肖慧,李萍,廖建桥,王建英.人员测评在美岛的实施与应用[J].管理现代化,2002(04):57-64.

[27] 吴国权.胜任特征测评体系的设计与应用[J].中国人力资源开发,2007(12):46-49.

[28] 马克·霍斯特曼.卓有成效的招聘管理[M].北京:机械工业出版社,2021